이런 시급
6030원

이런 시급 6030원

2016년 최저임금은 어떻게 결정되었는가

청년유니온,
한국비정규노동센터,
김연희, 이상원 지음

북,콤마

추천의 글

당사자의 역할이 왜 중요한가

최장집(고려대 명예교수)

청년의 취업과 임금 및 고용 조건, 나아가 청년을 위한 교육 기회를 포함해 청년의 삶의 조건을 향상시키는 문제는, 오늘날 한국 사회가 그 어떤 사회경제적 이슈에 우선해 해결해야 할 최우선 과제로 우리 앞에 나타난 지 오래다. 청년들이 미래의 삶에 대해 희망을 갖지 못한다면 한국의 경제발전을 칭송하는 소리가 아무리 화려하다 한들 한국 사회에 미래는 존재하지 않는다.

지금까지의 우리 경험에 비추어볼 때, 청년 문제의 해결 또는 개선의 과제는, 정부 정책이나 정당의 정치적 노력, 전문가의 정책 대안, 그리고 기존의 노동운동에 맡겨 그들이 해결해주기를 기대할 수만은 없게 되었다. 청년 문제는 지금 한국 사회의 최대 현안이고, 지금 바로 스스로의 삶을 살고 경험하는 청년들 자신의 문제다.

이것은 문제 해결에 있어서 청년 당사자의 역할이 왜 중요한가를 말하는 것이다. 그들 스스로가 문제를 적시하고 해결에 직접 참여하

5

는 것이 필요하다. 그 점이 바로 당사자주의를 내걸고 청년 노동운동을 이끌고 있는 청년유니온의 위원장 김민수 군에게 기대하게 되는 이유다. 그는 지나치게 이념적이지 않으며, 그의 글은 수사가 아니라 현실을 싱싱하게 반영하면서, 일하는 삶의 경험으로부터 우러나오는 젊은 생명력으로 넘쳐흐른다. 한국 사회의 현실이 허용하는 범위를 이해하는 데에 민감하며, 문제 해결 중심으로 사안의 해결을 위해 헌신한다. 그가 최저임금위원회 위원으로 참여하는 것을 통해 보여준 태도는 기대를 갖게 할 만큼 인상적이다.

그가 제도를 부정하는 것이 아니라 제도를 존중하고, 상황이 허용하는 범위에서 대안을 발견하고, 상대와 대화하고 협상하는 것을 통해 작은 문제라도 가능한 것부터 해결하려 하는 자세는 괄목할 만하다. 김민수 위원장을 보면서 좁게는 청년 노동운동, 넓게는 제2세대 한국 노동운동의 미래에서 한 줄기 희망을 발견한다.

인간에 대한 품위와 자격을 증명해내는 일

조성주(정의당 미래정치센터 소장)

2015년 5월 김민수 청년유니온 위원장이 최저임금위원회에 노동자위원으로 들어갔다. 한 나라의 노동자 중 절대 다수인 수백만 명의 임금을 정하는 자리. 그런 이름의 회의가 있는지도 잘 모르는 이들이 있지만 누군가에게는 엄청난 무게의 자리로 다가올 수밖에 없는 위치다. 6년 전 김민수 위원장을 만났을 때 그는 열아홉 살이었다. 난 열아홉 살 청소년에게 그렇게 말했다. 언젠가 우리가 최저임금위원회에 들어가는 날이 와야 한다고. 그리고 아름답고 희망찬 미래를 그에게 속삭였다. 아르바이트 노동자, 청년 그리고 비정규직의 임금 협상은 바로 그곳에서 이뤄지는데 우리가 거기에 들어갈 수 있으면 세상이 바뀔 수 있다고. 그러나 나는 잘 알고 있었다. 그것은 거짓말이었다.

대한민국 청년 비정규직 노동자를 대표하는 청년유니온의 위원장과 비정규 노동 문제를 오랫동안 연구하고 실천해온 이남신 한국비정규노동센터 소장이 최저임금 위원으로 들어갔다. 〈시사IN〉 기자

둘은 자신의 몸을 던져 최저임금이 우리의 삶에 어떤 의미를 가지는 지 증명하는 기사를 썼다. 그리고 지루하지만 치열한 공방이 오고갔 다. 각종 통계가 도출되었고 갑론을박이 오갔다. 숫자를 증명해내지 못하는 것은 몸으로 증명해내려 했다. 지난 몇 달의 싸움의 끝은 거대 한 벽과도 같았다. 세상은 바뀌지 않았다. 6030원. 2014년 최저임금 시급 5580원에서 450원 인상된 액수다.

수백만 노동자의 1년의 삶을 결정하는 자리임에도 6년 전과 똑같 이 사용자 측은 30원 인상안 따위를 던졌고, 그것을 본 노동자위원이 퇴장하자 공익위원이 정부가 정해준 가이드라인 수준에서 적당히 결 정했다. 수백만 명의 삶이 그렇게 결정돼버렸다. 나는 당장 액수의 많 고 적음보다 청년과 비정규직 노동자를 대표해 위원회에 들어간 노 동자위원과 진실을 알리고자 했던 기자 그리고 그들을 응원했던 이 들이 느꼈을 절망과 모욕감, 아득함에 몸이 아파왔다.

이 책은 2015년 봄에 벌어진, 치열하고 가슴 아픈 공방전에 대한 기록이다. 매년 봄 반복해온 이야기를 하나의 기록으로 남겼냐고? 결 코 그렇지 않다. 30년 넘게 반복해온 싸움이 올해는 달랐다. 결과는 예년과 크게 다르지 않았을지도 모른다. 하지만 그 과정을 꾸준히 지 켜본 이들의 마음은 분명히 달라졌다. 장담하건대 이제 최저임금위 원회는 대한민국에서 가장 거대하고 중요한 임금 협상의 장이 되어 버렸다. 2015년 봄, 최저임금위원회에서 그리고 현장에서 한 사회가 반드시 제공해야 할 인간 생존에 대한 품위와 자격을 바로 이 책의 주인공들이 하나씩 증명해냈기 때문이다.

결국 우리는 다시 희망할 수 있게 되었다. 이제 내가 6년 전 김민수 위원장에게 속삭였던 거짓말은 필요 없게 되었다. 우리는 이미 알고 있다. 세상을 바꾸는 힘은 최저임금위원회 회의장이 아니라 우리의 마음에서 비롯한다는 것을. 이 책을 다 읽고 나면 우리는 그전과 같은 마음을 가질 수 없게 될 거라고 나는 자신 있게 말할 수 있다. 그래서 이 책은 최저임금을 받고 있거나 그조차도 받지 못하는, 그리고 앞으로 어쩔 수 없이 최저임금을 받을 수백만, 수천만 사람들의 삶에 대한 기록이다. 그리고 그들이 가질 수 있는 작은 희망에 대한 근거가 될 것이다. 이제 억지 희망은 필요 없다. 우리는 담담히 걸어갈 것이고 또 그것을 기록할 것이다. 이 책처럼.

우리 삶의 새로운 가능성, 최저임금 1만 원

구교현(노동당 대표 · 알바노조 초대 위원장)

2013년 한여름, 햄버거 배달을 했습니다. 불금의 홍대 거리에 넘치는 활기도, 빼꼼히 열리는 문 안쪽으로 엿보이는 안락함도 내 것일 수 없는 그 박탈감은 차치하더라도, 배달 일은 생각보다 고된 일이었습니다. 아스팔트의 열기와 자동차가 뿜어내는 매연까지 더해 구토가 나올 지경이었습니다. 식은 햄버거를 내밀었을 때 마주하게 될 고객의 일그러진 표정이 싫어서 어길 수 있는 모든 교통법규를 어기며 달렸습니다. 그렇게 '새빠지게' 일하고 시급 5000원을 받았습니다. 그렇게 일해본 사람이라면 누구라도 알 수 있을 겁니다. 그 근거가 무엇인지 설명하진 못하더라도, 노동의 가치가, 시간과 청춘의 가치가 말도 안 되는 가격으로 계산되고 있다는 것을 말입니다. 최저임금 1만 원의 요구가 너무나도 절실히 다가왔습니다.

알바노조를 시작한 후 여러 알바 노동자를 만났습니다. 편의점에서 10년 넘게 아르바이트를 하며 살아가는 한 노동자는 '일자리를 구해봐야 어차피 저임금 비정규직인데 지금과 뭐가 다르냐'고 반문했습니다. 한때 취업 준비생이었던 그는 그렇게 취업을 포기했습니다. 하루 14시간 오토바이 배달을 하던 어떤 노동자는 빚을 내 치킨집을 차렸다가 망했다고 했습니다. 건물주와 본사에 임대료와 수수료를 내느라 가진 돈은 탈탈 털리고, 그에게는 '더 큰' 빚만 남았습니다. 은행 빚을 갚느라 하루 14시간도 모자라다고 했습니다. 그들은 1시간에 5580원을 받으며 '다른 삶'은 꿈도 꾸지 못하고 있었습니다.

2년 전 알바노조는 최저임금 1만 원을 주장했습니다. 첫 반응은 왜 1만 원이 되어야 하느냐는 '의문'이었습니다. 근거가 무엇이냐, 가능성이 있느냐는 질문도 있었습니다. 알바노조가 1만 원을 말했던 이유는 '다른 상상'이 필요하다는 생각에서였습니다. 당장 학비를 내고, 집세를 내고, 밥을 먹기 위한 최저임금 인상도 중요하지만, 삶의 여유를 위한 최저임금 인상, 다른 미래를 준비할 수 있는 최저임금 인상, 잘못된 노동시장을 바꾸는 최저임금 인상이 필요하다고 생각한 것입니다. 최저임금 1만 원은 하나의 상징이었습니다.

최근 들어 최저임금 수준을 받는 노동자의 규모가 정부조차 우려할 만큼 커졌고, 미국·아시아 유럽 등 세계 각국에서 최저임금 인상 바람도 불었습니다. 그럴수록 우리나라 최저임금 수준에 대한 비판도 거세졌습니다. 더불어 최저임금 1만 원에 대한 관심이 점차 높아졌습니다. 길거리 캠페인의 호응이 있었고, 언론도 관심을 가졌습니다. 그리고 올해 노동계, 시민사회계에선 최저임금 요구로 1만 원을 채택했습니다. 정치권에서도 1만 원 주장이 나왔습니다. 중소 상인

측에서도 최저임금 인상을 지지하는 목소리가 나왔습니다. 2015년은 최저임금 1만 원을 향한 중요한 진전을 이룬 해입니다.

이제 '최저임금 1만 원'은 실업자와 임시직 노동자만 늘어나는 우리 사회 노동시장 구조를 바꾸는 운동으로 나아가야 합니다. 장시간 불안정 노동에 시달리는 알바 노동자의 숨통을 틔우고, 일자리의 질을 바꾸며, 노동시간 단축과 일자리 나누기를 위한 핵심적인 요구가 되어야 합니다. 우리의 삶을 바꾸는 새로운 가능성, 바로 최저임금 1만 원입니다. 이 책이 다른 삶을 꿈꾸는 길에서 만난 작은 디딤돌이 되기를 바랍니다.

차례

두 위원

올해는 역대 처음으로 최저임금위원회에 최저임금 당사자가 위원으로 들어갔다. 노동자위원, 사용자위원, 공익위원 각 9명씩 모두 27명의 최저임금 위원이 해마다 다음해 최저임금을 결정한다. 그런데 양대 노총이 노동자위원 자리에 비정규직과 청년을 대표할 수 있는, 조직 바깥의 적임자를 추천한 것이다. 청년유니온의 김민수 위원장과 한국비정규노동센터의 이남신 소장이다. 두 위원이 4월 30일 위촉된 날부터 7월 9일 최저임금이 결정된 순간까지 71일간의 긴 여정을 소개한다. 위원회의 고질적인 제도 개선 문제, 2016년 최저임금을 결정하기 위한 본격적 협상을 복기한다.

|위원|

김민수

우리의 의지는 '6030'이라는 숫자에 갇힐 수 없다

마지막 그날, 7월 9일, 새벽 1시, 세종시, 12차 전원회의

<u>2016년 최저임금, 6030원</u>

7월 8일, 2016년 최저임금을 결정하는 마지막 전원회의가 진행된 날이다. 위원회 홈페이지에 게시된 12차 전원회의 회의록을 보면 이 날의 논의 과정이 담겨 있다. 공익위원이 제시한 '심의 촉진 구간'이 턱없이 낮은 것에 대한 항의 표시로 노동자위원 9명이 전원 불참한 가운데, 사용자위원과 공익위원 18명이 모여 회의를 진행했다.

회의록에 따르면 사용자위원은 메르스 사태로 인해 누적된 자영업자의 위기를 지적하며 최저임금 고율 인상을 받아들일 수 없다는 입장을 표명했다. 반면에 공익위원은 소득분배율을 개선하려면 인상률을 고려해야 한다는 입장을 내비쳤다.

저녁 7시 30분에 시작한 전원회의는 자정을 넘겼고, 달력의 날짜는 7월 9일을 가리켰다. 사용자위원은 공익위원에게 '표결에 부칠 최종

우리의 의지는 '6030'이라는 숫자에 갇힐 수 없다

안'을 제시해줄 것을 요청했다. 공익위원은 정회를 해 논의한 끝에 새벽 1시경 6030원(2015년 대비 8.1퍼센트 인상)을 제시하기에 이른다.

공익위원이 제시한 최종안을 두고 표결이 시작되기 직전, 소상공인을 대표하는 사용자위원 2명이 그 금액을 받아들일 수 없다며 퇴장한다. 그리고 남은 사용자위원과 공익위원 16명이 표결을 진행한다. 찬성 15명, 반대 1명. 출석 위원의 과반수 찬성으로 2016년 최저임금이 결정되었다. 10대 최저임금위원회가 구성된 4월 30일 이후 71일간의 여정이 일단락된 것이다.

D-1, 7월 8일, 새벽 5시 30분, 세종시, 11차 전원회의
공익위원, 심의 촉진 구간을 제시하다

2016년 최저임금이 결정되기 하루 전, 노동자위원을 포함한 27명 위원이 모두 참석한 가운데 진행된 11차 전원회의에는 팽팽한 긴장감이 감돌았다. 그 긴 싸움의 끝이 얼마 남지 않았음을 위원은 물론 회의장에 둘러앉아 있는 배석자들 모두 느낄 수 있었다.

이날 회의는 오후 3시 30분부터 다음날 8일 새벽 5시 30분까지 14시간에 걸쳐 마라톤협상으로 진행되었다. 회의 과정에서 노·사 양측은 최저임금 인상률에 관한 각자의 마지노선을 꺼내놓았다. 노동자위원이 제시한 최종 금액은 8100원, 사용자위원은 5715원이었다. 노동자위원으로 최저임금위원회에 참여한 나는 사용자위원 측이 제시한 마지노선 앞에 실망감을 감출 수 없었다. 이미 주사위는 던져졌고 노·사의 최종 입장이 첨예하게 갈린 가운데 공은 공익위원에게로

　　　　　　　　　위원 | 김민수

넘어갔다.

그 시점에 이르러 공익위원은 심의 촉진 구간을 제시한다. 노·사 양측의 간극이 좁혀지지 않으니 자신들이 설정한 구간 안에서 협상을 진행하라는 의미다. 최종적으로 협상이 마무리되기 직전, 2016년 최저임금 수준을 가늠할 수 있는 구간이라 할 수 있다. 새벽 5시경 공익위원이 제시한 심의 촉진 구간은 다음과 같다.

[2016년 적용 최저임금 심의 촉진 구간]

5940원(6.5퍼센트 인상)~6120원(9.7퍼센트 인상)

박준성 최저임금위원회 위원장은 심의 촉진 구간을 지독하리만큼 차분한 목소리로 읽어 내려갔다. 그가 강단에서 학생들에게 경영학을 가르칠 때 저 목소리가 나왔으리라. 그 담담한 목소리를 듣는 나의 심경은 참담했다.

단계적 인상을 고려하더라도 최소 두 자릿수 인상률이 나오리라 기대했다. 그만큼 우리 사회를 짓누르는 위기의 무게가 대단했고, 최저임금 인상에 대한 국민의 기대가 컸다. 하지만 그 절박함은 공익위원이 제시한 심의 촉진 구간 앞에서 설 자리를 잃었다. 노동자위원 9명은 11차 전원회의를 무산시키기로 중지를 모으고 모두 퇴장했다.

우리의 의지는 '6030'이라는 숫자에 갇힐 수 없다

D-1, 7월 8일, 오전 7시, 세종시

이 구간 받아들일 수 없습니다

전원회의에서 퇴장한 노동자위원들은 세종 정부청사 인근에서 향후 대응 계획을 논의했다. 이미 공익위원이 제시한 심의 촉진 구간은 되돌릴 수 없었다. 6.5퍼센트에서 9.7퍼센트까지, 그 안에서 인상률을 논의하라는 지엄한 경계만이 쳐져 있을 뿐이다.

노동자위원 여럿은 심의 촉진 구간을 받아들일 수 없고, 구간 안에서 논의하더라도 실익이 없으며, 향후 싸움을 전개해나가기 위해서라도 위원회에서 퇴장하는 것이 바람직하다는 입장을 피력했다. 나는 그 논의에서 소수의견이었다. 비록 구간 자체는 받아들이기 어려운 수준이지만 위원회를 지켜보는 이들을 위해서라도 끝까지 남아서 논의해야 한다는 생각을 개진했다.

그러나 최저임금위원회는 나 혼자만의 싸움이 아니었다. 내가 소수의견을 굽히지 않는다고 해서 결과가 좋은 방향으로 흐를 리 만무했다. 나는 12차 전원회의를 보이콧한다는 노동계의 협상 전술에 함께한다는 뜻을 밝힌 뒤 오전 9시경, 정준영 청년유니온 정책국장과 함께 용산으로 향하는 기차에 몸을 실었다.

D-71, 4월 30일, 오후 2시, 세종시

'최저임금 위원으로 위촉함'

'BRT'라는 것이 있다. 'bus rapid transit'의 약자이고 간선 급행 버스 체계를 의미한다. 말이 좀 어려운데, 그냥 제법 긴 거리를 빠르게 달리는 버스라고 하자. 대한민국에서 가장 대표적인 BRT는 오송역에 있다. 서울역에서 KTX를 타고 40분이면 오송역에 당도하고, 역의 끝자락에는 세종시 정부청사로 향하는 BRT 정류장이 있다. 더운 여름날에도 넥타이와 양복 외투를 여민 이들이 긴 줄을 선 채로 노란색 버스를 기다리고 있다. 그 버스를 타고 시원스레 뚫린 도로를 20분가량 내달리면 정부청사 단지가 모습을 드러낸다.

세종시 정부청사는 규모가 어마어마하다. 광화문, 경기도 과천 정부청사에 몇 번 가본 적이 있는데, 어림잡아도 비교가 안 된다. 공무원 수가 급격히 늘어난 건 아닐 테고, 건설 경기와 지역 경제 활성화를 위해 일부러 크게 지은 건지 아무튼 대단한 수준이다. 문제는 외관이다. 특색 없는 회색빛 건물을 새까만 울타리가 촘촘히 둘러싸고 있는데 그 광경이 (설계자에게는 미안하지만) 마치 교도소를 연상시킨다. 조감도로 보면 '승천하는 용'을 떠올리게 만든 건축 설계라는데, 애석하게도 나는 날아다니는 새가 아니다. 내가 정부 부처의 공무원이라 여기에서 일해야 한다면 엄청 답답할 것 같다.

그 답답한 건물의 11동에 고용노동부가 자리하고 있다. 그리고 11동 4층으로 올라가면 최저임금위원회 전원회의장이 나온다. 4월 30일 오전, 그 자리에서 10대 최저임금위원회가 새로 구성되었다.

우리나라에 최저임금 제도가 도입된 역사를 되짚어보면 1953년으로 거슬러 올라가게 된다. 당시 근로기준법이 제정되는 과정에서 34조와 35조에 최저임금제를 실시할 수 있다는 근거를 두었으나, 당시 경제 수준이 제도를 수용하기가 어렵다는 정치적 판단에 따라 그

규정을 운용하지는 않았다.

1970년대 중반 지나친 저임금과 고강도 노동이 큰 사회문제로 대두되자 정부가 이를 해결하기 위해 기업이 자율적으로 시정하도록 행정지도를 벌여왔으나, 실효를 거두지는 못했다. 그러면서 심각한 저임금 문제를 해소하지 않으면 사회 갈등이 커지고 국민경제의 건전한 발전에 장애가 된다는 문제의식이 확산되었다. 노동자에게 일정 수준 이상의 안정된 생활을 보장해주기 위한 구속력 있는 제도를 도입하는 것이 불가피해졌다. 결국 국회는 1986년 최저임금법을 제정하고, 1988년부터 최저임금위원회가 구성되어 최저임금제가 실시되었다.

최저임금법에 따라 고용노동부에 설치된 최저임금위원회가 매년 최저임금을 결정한다. 위원회는 노동자위원 9명, 사용자위원 9명, 그리고 정부가 추천하는 공익위원 9명, 총 27명으로 구성된다. 최저임금 위원의 임기는 3년이다.

보통 공익위원의 경우 노사 관계, 경제학, 경영학, 사회학 등에 조예가 있는 교수·연구진 등이 선임된다. 사용자위원은 전국경제인연합회, 한국경영자총협회, 중소기업중앙회 등으로 구성된다. 마지막으로 노동자위원은 전국 단위로 조직된 연합 단체에게 위원을 추천할 권한이 주어진다. 쉽게 말하면 민주노총과 한국노총이 9명의 위원을 추천한다.

1988년부터 3년 주기로 구성, 운영되어온 최저임금위원회가 2015년 들어 10대 위원을 새 식구로 맞이했다. 나는 청년유니온 위원장의 자격으로 민주노총의 추천을 받아 10대 최저임금위원회에 결합

위원 | 김민수

하게 되었다. 청년 당사자가 위원으로 위촉된 것은 최저임금 제도가 실시된 이래 최초라고 한다.

'최저임금위원회 노동자위원으로 위촉함'이라는 건조한 글귀가 적힌 위촉장은 크고 묵직했다. 이렇게 비교하면 안 되지만 초등학교 시절 남발되던 다종다양한 상장보다 훨씬 무거웠다. 단순히 중량의 문제가 아니었다. '최저임금 받으며 일하는 당사자가 최저임금 한번 직접 결정해보자'라는 외침과 함께 누벼왔던 지난 6년의 시간이 주는 무게였다.

6년 전, 2010년 3월
최저임금은 청년임금, 국민임금, 평생임금

내가 속한 청년유니온은 '청년들이 겪고 있는 일자리 문제를 당사자가 나서서 스스로 해결해보자'라는 취지로 만들어진 청년 세대 노동조합이다. 한국과 비슷하게 청년 일자리 문제를 겪은 일본의 사례를 참조하고 1년여 준비 과정을 거쳐서 2010년 3월 출범했다. 이 생경한 단체가 출범하면서 처음 주목한 것은 다름 아닌 최저임금이었다.

딱히 사야 할 물건이 있는 건 아니지만 눈에 보이는 편의점에 일단 들어간다. 혼자 있는 젊은 점원에게 말을 건넨다. 담배를 달라는 것이 아니다. "혹시 설문조사 잠깐 해주실 수 있을까요? 최저임금 관련된 건데, 딱 3분이면 되거든요." 보통 다섯에게 부탁하면 한두 명 정도 응해준다.

조합원들은 전국 500여 개 편의점을 발로 뛰며 그곳에서 일하는

우리의 의지는 '6030'이라는 숫자에 갇힐 수 없다

청년이 최저임금을 잘 받고 있는지 조사한 다음 그 결과를 언론을 통해 발표했다. 당시 조사 결과는 사회적으로 큰 반향을 일으켰다. 그간 중년·고령 노동자가 주로 받는 임금이라고 알려져온 최저임금이 청년에게도 무척 중요하다는 것을 보여주려는 노력이었다.

왜 최저임금이었을까. 곱씹어보면 최저임금은 젊은 노동자에게 참으로 고약한 현실이다. 이는 미래를 그릴 수 있는 '괜찮은 일자리'가 점점 사라져가는 한국의 실정과 연관이 깊다. 취업을 준비하는 모든 이들이 최저임금과 무관한, 대기업·공기업 정규직 같은 괜찮은 일자리에 진입하기를 희망한다. 그러나 그것은 부모의 경제적 지원 등으로 표현되는 특별한 행운을 가진 소수에게만 허락된다. 대다수는 저임금·장시간·불안정 노동으로 점철된 열악한 일터로 진입한다. 그리고 우리에게 허락된 일터는 최저임금이라는 제도에 상당한 영향을 받는다.

최저임금은 다양한 이름으로 변신해가며 우리의 현실 속에 등장하고 삶의 조건을 규정한다. 아르바이트, 인턴, 수습, 비정규직, 중소기업, 열정 페이, 블랙 기업…. 이 이름 뒤에는 최저임금이라는 제도가 소리 소문 없이 자리하고 있다. 최저임금조차도 못 받거나, 최저임금만큼만 받거나, 최저임금보다 조금 더 받거나.

실제로 한국 사회에서 최저임금이 가지는 영향력은 점점 더 커지고 있다. 2015년 기준으로 월 150만 원 수준의 임금을 받으며 최저임금의 직접적인 영향권에 있는 저임금 노동자는 450만 명에 달한다. 전체 임금 노동자 1800만 명에서 보면 4명 중 1명꼴이다. 비정규직으로 한정하면 2명 중 1명꼴이다. 최저임금을 받으며 가족의 생계를 책

위원 | 김민수

임져야 하는 사람도 적지 않다.

그뿐만이 아니다. 이제 최저임금은 평생에 걸쳐 언제든지 마주할 수 있는 '평생임금'이 되어가고 있다. 상대적으로 괜찮은 일자리를 가졌다 할지라도 해고, 계약 만료, 육아로 인한 경력 단절 등이 벌어질 경우, 다시 말해 한순간 삐끗하면 최저임금 수준의 열악한 일자리로 밀려날 수밖에 없다. 모든 사람이 최저임금을 받으며 일하는 것은 아니지만, 누구라도 최저임금을 받으며 일할 수 있는 시대가 온 것이다.

이러한 부조리를 외면한 채 '열심히 취업 준비해서 좋은 직장에 들어가라'는 충고를 반복하는 것은 서로의 삶에 별로 도움이 되지 않는다. 괜찮은 일자리로 넘어가는 관문이 점점 좁아지고 있다는 이 사회의 경향성에 주목해야 한다. 그리고 이 게임에서는 '원래 가진 게 많은 사람'이 절대적으로 유리하다는 사실도 인정해야 한다. 낮에는 생활비를 벌기 위해 아르바이트를 하고 밤에는 취업 준비를 하는 주경야독 젊은이와, 생활비 걱정 없이 어학연수를 다녀오고 인턴 경험도 쌓는 젊은이가 같은 일자리를 놓고 경쟁한다면 누가 이기겠는가.

게임의 규칙에 적응하려고 애쓰는 수많은 사람을 탓할 필요는 없다. 다른 선택지가 없기 때문이다. 그럼에도 청년유니온은 게임의 규칙을 바꾸는 것을 새로운 선택지로 상정했다. 모든 청년이 사람답게 살아보겠다고 각자의 자리에서 애쓰는데, 누군가는 살아남고 누군가는 버려지는 게임의 규칙에 동의하기 어려웠다.

우리는 생각했다. 하루하루 최선을 다한 이에게는 더 나은 내일의 삶이 기다리고 있어야 한다고. 타워팰리스나 벤츠는 바라지도 않으니 하루 세 끼 챙겨먹고, 가끔 영화도 보고, 사랑하는 가족을 돌볼 수 있는 정도의 삶. 그 정도는 모두에게 평등하게 주어져야 하지 않을까.

대기업에 취직하든 중소기업에 취직하든 말이다. 이를 바로잡아야 우리 사회에 '미래'라는 것이 있지 않을까. 2010년부터 진행한 청년 유니온의 최저임금 인상 운동은 이러한 생각이 조금씩 공감을 얻어 가며 6년이라는 시간에 걸쳐 발전해왔다.

D-57, 5월 13일, 구로 디지털단지
'잘은 모르겠지만 최저임금이 오르면 제 연봉 협상에도 반영되는 것 같아요'

2016년 1월 1일부터 적용되는 최저임금은 언제까지 결정해야 할까? 현행법에 따르면 2015년 6월 29일까지다. 이를 법정 의결 시한이라고 한다. 이때를 전후해 최저임금이 결정되면 고용노동부장관은 검토 후에 8월 5일 정식으로 2016년 최저임금액을 발표한다.

10대 최저임금위원회가 새로 구성되고 내가 노동자위원으로 위촉된 것이 4월 30일이므로 법정 시한까지는 2개월 정도의 협상 기간이 주어진 셈이다. 최저임금의 중요성에 비추어보면 상당히 빠듯한 일정이다. 그러다 보니 법정 시한을 넘겨 7월 초·중순에 최저임금이 결정되는 경우가 많다.

법정 의결 시한까지 2개월 남은 기간은 크게 보면 5월 사전 심의 기간, 6월 최저임금 관련 제도 개선 및 임금 협상 기간으로 구분할 수 있다. 쉽게 말해 5월에는 6월의 본격적인 협상을 시작하기에 앞서 원활한 논의를 뒷받침하기 위해 사전 작업을 한다.

중요한 사전 작업 중 하나가 바로 현장 방문이다. 최저임금 위원이 직접 최저임금 수준으로 근로 조건이 결정되는 사업체에 방문해서

위원 | 김민수

사업주와 직원을 만나 실태를 청취하는 과정이다. 위원들이 실제로 최저임금을 주거나 받는 당사자가 아닌 경우가 많으니 그 일정은 무게감 있게 다뤄져야 마땅하다. 그러나 나는 수차례에 걸친 현장 방문에서 괴로운 장면을 쉽사리 목격했다.

5월 6일 광주에 내려가 한 섬유 공장을 방문했다. 1시간 반 정도 시간이 주어졌다. 최저임금에 대한 사업주, 직원의 의견을 듣는 일정이기에 나는 당연히 시간을 나눠 각각의 이야기를 청취할 것이라 예상했다. 하지만 웬걸. 공장장과 소속 직원, 최저임금 위원들이 나란히 둘러앉은 자리에서 상임위원은 '자유롭게 대화를 나눠줄 것'을 주문했다. 많이 놀랐다. 사장님이 바로 옆에 앉아 있는데 '낮은 임금으로 생활을 꾸려나가는 현실의 고달픔'을 자유롭게 이야기할 수 있는 배포 있는 직원이 세상에 존재할까. 이를 두고 노동자위원이 항의의 뜻을 전달하자 이후에는 노·사 양측의 의견을 따로따로 청취하는 것으로 시정되었다. 노동자위원 자격으로 참여한 위원회의 첫 공식 일정에서 마주친 당혹스러움은 지금도 생생하다.

그리고 노동하는 사람의 노동조건과 생활수준 등에 대해 질문을 나눌 때는 상대방의 발언을 존중하는 자세와 품위 있는 태도를 갖추어야 한다. 청년유니온에서 활동하며 많은 청년을 만나는 과정에서 느끼고 경험한 바다. 사업주에게 경영상의 어려움을 물어보면 대차대조표로 표현되는 숫자를 보여주면 되지만, 직원에게 최저임금을 받는 고달픔을 물어보면 그 사람은 자신의 삶을 드러내야 한다. 일터에서 겪는 자신의 이야기를 누군가에게 들려주는 것은 대단히 어려운 일이고 상당한 수준의 신뢰를 요한다.

애석하게도 사용자와 공익 측을 대표하는 위원 중 적지 않은 수가 노동을 존중하는 품격을 보여주는 데에 실패했다. 상대방이 대답하기 난처할 수 있는 사생활에 대한 질문을 돌직구로 날리고, 어렵게 말을 꺼내고 있는 사람은 안중에도 없다는 듯 누군가는 의자를 뒤로 젖히고 잠에 빠져들었다. 다들 귀한 시간을 내는 이들이니 하루하루 피곤하다는 것까지는 인정한다. 하지만 피곤하기는 상대방도 마찬가지다.

심지어 한 사용자위원은 공장에서 일하는 직원에게 "당신이 만약 사장이라면, 최저임금이 올라서 어떤 직원을 해고해야 할 일이 생긴다면, 그래도 최저임금 인상에 찬성하겠어요?"라는 식의 정체 모를 가정법의 유도 심문을 하려다가 나와 한바탕 푸닥거리를 했다.

그리고 최저임금위원회에는 위원의 안정적인 활동을 보장하기 위해 고용노동부 소속 공무원들로 구성된 사무국이 꾸려진다. 현장 방문을 포함한 위원회의 주요 일정이 충실히 이루어지려면 사무국의 역할이 상당히 중요하다. 이 글을 빌려 최저임금위원회 사무국이 현장 방문이 좀 더 의미 있고 사려 깊게 진행될 수 있도록 조금 더 애써 줬으면 하는 바람을 전한다.

하다못해 위원과 최저임금 당사자가 좀 더 편한 자리에서 대화를 나눌 수 있도록 다과라도 챙겨주면 좋겠다. 위원이 현장 방문 중에 말이나 행동에 실수가 없도록 매뉴얼도 만들면 어떨까. (필요하다면 도와드릴 수 있을 것 같다.) 누군지도 모르는 10여 명의 최저임금 위원과 실무진이 정장을 빼입고 앉아서 "최저임금 받으면서 먹고살기 힘들죠?" 같은 질문을 던지면 나 같아도 제대로 대답 안 해준다. 딱딱한 책상과 의자에 멀찍이 둘러앉아 위원들을 경계하는 당사자의 눈빛을 지켜보는 일은 너무 곤욕스러웠다.

광주 현장 방문 이후 5월 13일 서울 구로 디지털단지 현장 방문에 결합했다. 구로 디지털단지는 낮은 임금을 받으며 불안정한 지위에서 일하는 청년층이 많아 청년유니온도 종종 실태 조사를 나왔던 곳이다. 구로 공단이 구로 디지털단지로 이름이 바뀌고 입주한 건물도 세련된 외형으로 탈바꿈했지만, 그곳에서 일하는 이들의 고달픔은 40년 전이나 지금이나 크게 달라진 것이 없는 것 같다.

현장 방문 일정 중에 디지털단지 안의 중소 IT 업체에서 일하는 입사 3년차 직원을 만났다. 두 번째 직장이라고 했다. 어려운 자리에서 만난 터라 깊은 대화를 나누지는 못했지만 순탄치 않은 삶의 무게를 견디고 있음이 전해졌다. 급여 수준은 최저임금보다는 약간 높게 받는 것 같았다. 질문을 남겼다.

"최저임금보다 조금 높은 임금을 받고 있는데, 최저임금이 인상되는 것이 자신의 삶에 긍정적인 영향을 미칠 것이라 생각하세요?"

"정확하지는 않은데, 그런 것 같아요. 최저임금이 인상되면 인상률이 제 연봉 협상 과정에도 영향을 주는 것 같아요. 최저임금 오르면 좋죠."

위원회 협상에 최선을 다해야 하는 이유가 한 가지 더 늘었다.

D-49, 5월 21일, 서울역, 1차 임금수준전문위원회
익숙함과 익숙하지 않음 사이의 갈등

위원회는 5월 중에 현장 방문 외에도 최저임금 결정을 뒷받침하기 위한 기초 자료를 조사하고 분석하는 역할을 수행한다. 분석해야 할 기초 자료가 꽤 많은 편인데 이를 위원 27명이 모두 참여하는 전원회의에서 전부 검토하는 것은 효율적이지 않다. 그래서 별도의 전문위원회를 둔다. 생계비전문위원회와 임금수준전문위원회라는 두 위원회를 두고 위원들이 나눠서 참여하게 된다.

사무국이 기초 자료 분석에 필요한 연구 보고서를 발주하고, 이 보고서는 전문위원회에 제출되어 위원들에 의해 검토 과정을 거친다. 그렇게 분석된 자료는 다시 전원회의에 제출되는 식이다. 전원회의가 최종적인 의사 결정 기구이고, 전문위원회는 조별 과제를 수행하는 팀이라고 생각하면 깔끔하다. 나는 임금수준전문위원회에 소속되어 5월 한 달 동안 두 번에 걸쳐 회의에 참여했다.

5월 21일 1차 임금수준전문위원회에 참여한 뒤 다음과 같은 소회를 페이스북에 남겼다.

"전문위원회 회의에 참여했습니다. 본격적인 심의가 시작되는 6월 4일 이전에 진행하는 사전 논의 격인데, 안건도, 쟁점도, 토론도 없는, 솔직히 말하면 암 걸릴 것 같은 자리였습니다."

최저임금 위원은 이른바 연임이 가능하다. 임기 3년을 재우고, 다음 임기에 다시 추천을 받아 위촉될 수 있다는 뜻이다. 나 같은 초선 위원이 있는가 하면, 10년 넘게 위원회에서 활동한 위원도 있다. 27명 위원의 전체 구성을 놓고 보면 절반가량이 '다선' 위원이다. 2002년 5대 최저임금위원회 때부터 결합해 10대에 이르기까지 무려 여섯 차례 위촉된 사용자위원도 있다. 박준성 위원장의 경우 2011년 8대 최저임금위원회에서 위원장으로 선출된 뒤 3대째 위원장직을 수행하고 있다.

현장 방문과 전문위원회에 참여하면서 느낀 것인데 사무국과 적지 않은 위원이 최저임금이 결정되는 프로세스에 '익숙함'을 느끼고 있었다. 좋게 말하면 경험이 많다는 것이고, 불편하게 말하면 일정하게 관성이 작동하고 있다는 뜻이다. 예컨대 현장 방문과 전문위원회의 논의만 하더라도 다른 이가 보기에는 '원래 하던 대로 잘 진행되고 있다'고 말할 수 있다. 하지만 새로 위촉된 내가 보기에는 '(최저임금 결정 과정의 중요성에 비해) 형식적으로 처리된다'는 느낌을 지울 수 없었다. 나는 지난 30년 가까이 최저임금위원회를 작동시켜온 익숙함에서 불편함을 느꼈던 것 같다.

아래는 5월 28일 2차 임금수준전문위원회에 참여한 뒤 서울로 올라오면서 페이스북에 남긴 글 중 일부다.

"세종시에서 2차 전문위원회 마치고 서울로 올라가는 길입니다. 최저임금위원회에 처음 참여한 입장에서, 이해가 안 되는 부분이 많았습니다. 왜 최저임금을 결정하는, 국가적으로 중대한 회의의 논의 과정은 투명하게 사회에 공개되지 않는가. 최저임금 당사자의 목소리를 듣는 현장 방문은 어찌 이리 형식적으로 처리되는가. 당초 위원회가 자체적으로 시행해야 할 '최저임금 당사자 생계비 실태 조사'는 왜 이루어지지 않는가. (…)

위원회의 투명성과 책임성, 사회적 위상을 높이기 위한 다양한 조치가 취해져야 하지만, 위원회의 운영 전반을 책임지는 사무국은, 최선을 다하고 있다, 예산과 권한이 없다는 말을 반복했습니다. 십여 년 요구해온 제도 개선안이 하나도 진척되지 않은 이유가 있었구나 싶습니다. 오늘 전문위원회에서는 당초 예정된 안건은 아니었습니다만, 이와 같이 위원회 운영 방안, 제도 개선 방안 등을 놓고 공방이 벌어졌습니다. 노·사 위원 양측이 개선 방안에 대한 장·단기 과제를 제출해 전원회의에서 검토하는 것으로 결론이 났습니다."

2015년 최저임금위원회는 '익숙함'과 '익숙하지 않음' 사이에서 갈등하고 있었다.

D-38, 6월 1일
6월을 시작합니다

6월 1일 나는 페이스북에 글을 띄웠다.

"6월을 앞두고.

최저임금위원회 위촉장을 받은 것은 지난 4월 30일이었다. 위촉장은 필요 이상으로 크고 무거웠다. 손으로 들고 있을 때보다, 최저임금을 결정하는 위원회의 성원이라는 글자를 읽을 때 더 많이 무거웠다.

밑도 끝도 없이 '잘해야 한다'라는 압박이 꽤나 심했던 것 같다. 우리가 처한 조건은 녹록지 않았고, 잘해볼 만한 틈새와 여지도 너무 허약했다. 하지만 무거웠다.

그렇게 5월을 맞이했다. 돌이켜보면 2014년 이후로 짧은 시간 동안 가장 많은 조합원과 동료 시민을 만난 것 같다. 5월 5일 어린이날,

영등포의 카페 봄봄에서 30명의 조합원이 모이는 사업단 첫 모임을 가졌다. 그리고 광주, 창원, 부산에 갔고, 대구와 수원을 다녀왔다. 난 생처음 걷기 대회라는 것에도 참여해보고, 사무실 식구들과도 여느 때보다 많은 시간을 보낸 것 같다.

한 장의 서명이라도 더 받기 위해 우리는 거리를 활보했고, 열정적으로 마음을 모았다. 위원회에 보내는 엽서를 작성할 때 자신의 삶을 남겨주었고, 누군가는 최저임금이 다른 사람이 아닌 바로 자신의 이야기라서 캠페인하면서 기운이 난다고 이야기해주었다. 먼 지역까지 내려와서 빡빡한 일정을 웃으면서 함께 보냈고, 누군가는 400킬로미터 운전하면서도 뒷자리의 식구들이 안전벨트를 잘 메고 있나 걱정해주었다. 누군가는 최저임금 리플릿을 챙겨서 밥 먹으러 간 식당의 종업원에게 나눠주었다고 한다. 5월을 보낸 소회랄까. 나는 우리가 걸어온, 그리고 걸어가려 하는 길의 의미와 무게를 되짚었고, 우리가 벌이는 싸움의 근거를 확인했다.

"거대한 게임에 뛰어들기에는 다음 세대의 전열은 아직 미약하다. 그러나 그것이 비관론의 근거가 될 수는 있어도 변화 가능성이 부정되는 이유가 될 수는 없다."

한 선배가 남긴 글이다.

최저임금 인상 운동에 있어서 6월은 본 게임이 열리는 시기다. 6월 말, 7월 초면 내년 최저임금이 결정되니 딱 한 달 남았다. 낙관하기에는 우리의 힘이 부족할지 몰라도, 변화 가능성을 부정하기에는 우리가 가진 힘이 크다. 이 싸움, 제대로 해보지 않을 이유가 없다.

함께하는 모든 이들에게 한가득 고마움을 전하며,

6월을 시작한다."

민주노총으로부터 최저임금 위원 추천을 받게 된 시점부터 함께 일하는 동료와 나누었던 다짐이 있다. 최저임금 인상 운동은 위원 한 사람이 회의장에서 화려한 언변이나 통계, 논리 같은 기술적 영역의 성취를 거두는 과정이 아니다. 최저임금 인상을 바라는 이들의 마음을 모으고, 인상에 대해 회의하는 이들의 마음까지 얻어가는 과정이 되어야 한다. 그 다짐을 실현하려고 잰걸음으로 달려왔다. 많은 이들을 만나 최저임금을 받는 삶의 고단함과 한국 사회가 나아갈 방향을 확인했다. 일정이 고되긴 했지만 나 또한 위원으로서 많은 기운을 얻었던 것 같다.

현장 방문과 전문위원회를 거쳐 사전 작업은 마무리되었다. 5월 한 달 동안 노력한 결과 회의장 안에서의 싸움, 바깥에서의 싸움, 그리고 안과 밖을 연결하는 싸움의 구도가 명확히 그려진 것이다. 이제 위원회의 제도 개선과 2016년 최저임금을 결정하기 위한 본격적 협상이 진행될 예정이다. 그 시작은 6월 4일 진행되는 3차 전원회의다.

D-35, 6월 4일, 3차 전원회의, 세종시
오랜만에 만난 최저임금 위원들의 격한 인사

"오늘 노동자위원이 제기한 핵심 쟁점은 최저임금 심의의 근거가 되는 공식 기초 통계 자료를 풍부히 하자는 것이었습니다. 종전에는 (2007년 의결 사항으로) 중위임금 대비 최저임금 수준만을 공식 기준으로 삼았는데, 평균임금 대비 최저임금, 그리고 5인 이상 사업장

위원 | 김민수

과 1인 이상 사업장을 함께 고려하자는 것이죠.

공식적인 기준 통계의 가짓수를 늘리는 것이 중요한 이유는 (각각의 기준 통계는 장단점이 있습니다) 현행 최저임금 수준을 가늠할 수 있는 기준이 여럿이기 때문입니다. 중위임금 기준만 활용할 경우 '최저임금이 지금 충분히 높다'라고 주장하는 사용자의 입장에 부합하는 통계가 나오고, 지켜보는 이로 하여금 '지금 최저임금 나쁘지 않네'라는 착시 효과를 불러일으키게 됩니다. (중위임금 통계가 문제라는 의미가 아닙니다.)

따라서 노동자위원은 최저임금 당사자가 최저임금 심의에 관한 내용을 풍부하게 이해할 수 있도록 소득분배율 공식 기준의 가짓수를 늘리자고 제기한 것입니다."(6월 4일 페이스북)

일반적으로 6월에 진행되는 첫 번째 전원회의는 위원들끼리 '인사'를 나누는 자리라고 한다. '5월에 다들 고생 많으셨고, 6월 한 달 동안 최저임금 협상 잘해봅시다.' 대략 이런 의미가 담겨 있다. 그런데 6월 4일 진행된 3차 전원회의의 '인사'는 조금 격했다.

위에서 언급했듯이 최저임금의 산정 근거가 되는 기초 자료를 풍부히 하자는 제안을 놓고 노동계와 경영계의 입장이 갈렸다. 내가 언급한 기초 자료는 이미 사회적으로 널리 통용되고 있는 것이다. 이를 위원회의 공식 통계로 격상하자는 제안이다. 합리적 토론을 통해 빠르게 합의되리라 기대했으나 사용자위원은 예상 밖에 거세게 반발했다.

그 쟁점 하나만으로 (내가 보기엔) 생산적이지 않은 논의가 3시간가량 이어지다가 최저임금 위원 22명이 참석한 상태로 표결(투표)이 진행되었다. 노·사 양측의 입장이 이미 정해진 가운데, 공익위원의 의사 결정이 중요했다. 결국 공익위원 상당수가 노동자위원 측의 제안이 타당하다는 쪽으로 의견을 모음으로써 표결이 성공적으로 마무리되었다. 무려 8년 만에 최저임금 산정의 기준이 되는 공식 기초 자료가 개선된 것이다.

격한 인사를 나누느라 예상보다 회의가 훨씬 늦게 끝났다. 이러한 상황을 예상하지 못한 나머지 사무국은 저녁을 준비하지 못했던 것 같다. 위원들의 배곯는 소리가 안타깝게 들렸는지 사무국은 다음 회의부터 회의장 한편에 샌드위치를 가득 준비해두었다. 감사할 따름이다.

D-28, 6월 11일, 4차 전원회의, 세종시
최저임금위원회를 투명하게 공개해야 합니다

청년유니온이 지난 6년 동안 위원회 회의장 바깥에서 인상 캠페인을 만들어 나가는 싸움은 대개 허망한 기억으로 남았다. 최저임금을 삶의 기준으로 놓고 살아가는 이가 회의장 안에서 무슨 이야기가 오고 가는지 알고 싶은 것은 너무도 당연하다. 하지만 최저임금 인상 운동을 기획하고 벌여나가는 청년유니온 조합원조차 협상 과정을 늘여다볼 수 없었다.

노동자위원이 얼마를 협상안으로 제시했다. 사용자위원이 이번에도 동결안을 제시했다. 공익위원이 얼마를 최종안으로 제시했고, 이에 반발한 사용자위원(혹은 노동자위원)이 퇴장했다…. 뉴스를 통해서 확인할 수 있는 건조한 헤드라인이 오고 가다가 어느 날 불현듯

위원 ｜ 김민수

최저임금이 결정돼버린다. 그것이 위원으로 위촉되기 전 청년유니온에서 경험한 최저임금위원회 5년의 역사다. 실제로 위원으로 참여해보니 최저임금 인상을 염원하며 바깥에서 바라보는 이들이 느끼는 허망함이 어디에서 비롯하는지 명확히 인지할 수 있었다. 여기에는 위원회의 폐쇄적 운영 구조 문제가 자리하고 있다.

위원회는 방청을 목적으로 참석하기도 어렵고, 회의록은 속기록이 아니라 결과만 요약해서 공개하는 형식이며, 그마저도 협상이 진행되는 5~6월에는 공개되지 않았다. 실제로 위원회의 논의가 언론에 공개되는 시간은 대단히 짧다. 위원 27명이 회의장에 모이면 국기에 대한 경례가 진행된다. 그리고 위원장의 짧은 인사말이 끝나면 회의장에 모인 십수 명 기자들은 회의장 바깥으로 정중히 추방된다.

노동자위원은 이날 회의에서 위원회의 투명성을 높이기 위한 방안을 모색해야 한다고 강하게 제기했다. 지금의 위원회는 논의 내용을 사회에 전달하는 데 너무 인색한 구조다. 실제로 아주 중요한 의사 결정을 하는 위원회임에도 논의 구조, 위원 구성, 협상 시기 같은 기초적 정보마저 최저임금 당사자에게 제대로 알려져 있지 않다.

사용자위원은 밀도 있는 토론을 하려면 회의장에 기자나 방청객이 없어야 한다고 주장했다. 최저임금 위원은 정치인과 달리 언론 노출에서 '아마추어'이기 때문에 정보가 공개되는 것에 부담을 느낀다는 근거도 깨알같이 설명했다. 위원회 투명성 강화라는 쟁점을 두고 노·사 양측이 장시간 토론을 벌였으나 합의점이 도출되지 않아 결국 다음 전원회의에서 다시 논의하기로 결정했다.

우리의 의지는 '6030'이라는 숫자에 갇힐 수 없다

청년유니온
김민수님이 게시함
2분 · 🌐

#최저임금위원회에서_온_편지 (6월11일)

:: 최저임금위원회 일기 ::

세종시에 내려간게 횟수로 4번째인거 같습니다. 일
전에도 순탄치는 않았는데 오늘은 유독 기운을 많이
썼네요. 5시간에 걸친 회의를 마치고... 계속 읽기

좋아요 3개   댓글 1개

 뉴스피드   요청   Messenger   알림   더 보기

이날 회의에는 중요한 쟁점이 하나 더 있었다. 최저임금 수준을 심의할 때 사용하는 중요한 기준 중에 생계비라는 개념이 있다. 물가 등을 고려하면서 이 사회에서 적절한 수준의 생활을 영위하려면 어느 정도의 비용이 필요한지 따져보는 것이다. 기존에는 '혼자 사는 사람'의 가계부만을 분석 기준으로 삼았다. 노동자위원은 '2~3인 가족을 부양하는 사람'의 가계부까지 함께 고려해 생계비를 분석하자고 제안했다.

사용자위원은 그 제안도 거세게 반대했다. 근거는 다음과 같다. 첫째, 최저임금 제도가 운영된 1988년부터 지금까지 쭉 '혼자 사는 사람'의 가계부를 분석해온 관행이 있는데, 왜 갑자기 이걸 바꾸려 하느냐는 것이다. 둘째, 최저임금으로 가족을 부양하는 사람이 있긴 있겠지만, 많지는 않을 것이라는 것이다.

공익위원의 생각은 조금 달랐다. 최저임금의 사회적 영향력이 커짐에 따라 최저임금을 토대로 가족을 부양해야 하는 이들의 비중이 점점 늘어나고 있으므로, 가족 단위의 생계비를 함께 분석하면 최저임금 심의에 도움이 될 수 있다는 요지였다. 하지만 아쉽게도 2015년 심의 기간 중에는 가족 단위 생계비 분석을 시행할지 말지를 완전히 합의하지는 못했다.

D-21, 6월 18일, 5차 전원회의, 세종시
1만 원 vs 5580원

최저임금 법정 의결 시한인 6월 29일을 열흘가량 앞둔 시점이다.

우리의 의지는 '6030'이라는 숫자에 갇힐 수 없다

하지만 아직까지 최저임금 수준에 대한 논의는 진척된 바가 없다. 노·사가 각각 2016년 최저임금이 어느 정도 되었으면 좋겠다는 '요구안'을 제시해야, 다시 말해 패를 깔아놔야 임금 협상이 시작된다. 위원장의 인사말은 여느 때보다 간곡했다.

"위원님들, 제도 개선 사항에 대한 토론을 충실히 진행하는 것도 중요하지만 내년도 최저임금 수준에 대한 국민의 궁금증이 깊어가고 있습니다. 지난 회의 때 약속한 대로 오늘은 꼭 최저임금 수준에 대한 최초 요구안을 제시해주셔야 합니다. 동의하시죠?"

최저임금 수준 논의가 빠르게 이뤄져야 한다는 압력이 작용했을까. 그동안 노·사 간에 입장 차이가 좁혀지지 않던 위원회 투명성 강화 문제를 놓고 예상보다 원만하게 합의점이 도출되었다. 전문위원회, 전원회의 회의록은 발언자의 발언 요지를 알 수 있게끔 세부적으로 작성하는 것으로 합의했다. 또 당초에는 6월 말이나 7월 초 협상 과정이 모두 마무리되어야 회의록을 공개했으나, 이후에는 매주 회의록이 작성되는 즉시 홈페이지에 바로바로 공개하기로 했다. 그리고 매번 전원회의가 끝나면 위원장 명의로 회의 결과를 언론 브리핑 하기로 결정했다.

이번 개선책을 시작으로 해서 앞으로는 발언자의 실명까지 포함된 녹취록 수준의 회의록을 공개하고, 중요한 회의 때는 TV 생중계라도 해야 한다고 생각한다. 그만큼 위원회를 투명하게 공개하는 문제는 중요하다. 그래야 최저임금이 사회적으로 갖는 위상에 걸맞게 책임 있는 논의를 벌여나갈 수 있다.

위원 | 김민수

한편 회의 시작할 때 위원장이 요청한 간곡한 바람은 이날 회의에서 실현되었다. 노·사 양측이 2016년 최저임금에 관한 최초 요구안을 제시한 것이다.

"오늘 5차 전원회의. 노·사 양측의 내년도 최저임금 최초 요구안이 나왔습니다. 노동자 측 시급 1만 원-월급 209만 원, 사용자 측 시급 5580원(동결)입니다."(6월 18일 오후 7시 36분 페이스북)

위원회는 노·사 양측이 최초 요구안을 제시한 시점부터 임금 협상을 이어간다. 토론과 협상의 과정에서 몇 차례 수정안을 주고받으며 간극을 좁혀가는 방식이다. 양측이 상호 합의하에 최종 최저임금을 함께 결정한 사례도 있다. 하지만 대개는 양측의 요구안이 팽팽하게 갈려 수차례의 협상에도 거리는 좁혀지지 않았다.

이날 회의에서 사용자위원은 0퍼센트 인상안, 다시 말해 최저임금을 올리지 말고 가만히 내버려두자는 동결안을 제시했다. 그동안 최저임금이 너무 가파르게 올랐고, 이제는 안정화해야 할 시점이라는 주장이다. 사용자위원은 지난 9년 동안 연속해서 동결안을 냈고, 심지어 인하를 주장한 회기도 있었다. 올해는 최저임금에 대한 사회적 관심이 뜨거운 만큼 최초 요구안에 물가상승률 정도는 반영해줄 줄 기대했지만, 소박한 기대는 곧 익숙한 실망감으로 되돌아왔다.

D-16, 6월 23일, 6차 전원회의, 세종시

업종별 차등 적용안의 허점

엄숙함의 상징과도 같은 전원회의장에서 느닷없이 고성이 오고 갔다. 갈등의 당사자들의 표정은 심각하게 상기되었고, 노·사 양측에는 깊은 긴장감이 감돌았다. 위원장이 의사봉을 세차게 두드리며 상황을 진정시키려 했으나 쉽지 않았다.

발단은 '업종별 차등 적용'이었다. 우리나라는 1989년 이래 꾸준히 전국 모든 업종에 단일하게 적용되는 최저임금 체계를 유지해왔다. 이에 대해 사용자위원은 오래전부터 산업별 생산성과 지불 능력 등을 고려해 업종별로 상이하게 최저임금을 적용해야 한다고 주장해왔다. 그들이 주장한 영역은 도·소매업, 음식·숙박업, 운수업 등 5개 산업이었다.

산업 특성을 고려해 최저임금을 달리 적용해야 한다는 사용자위원의 주장은 일견 타당해 보인다. 그러나 뜯어보면 허점이 많다. 대표적으로 도·소매업을 들여다보자. 해당 산업은 편의점, 슈퍼마켓 같은 소규모 사업장이 다수를 차지한다. 그런데 홈플러스, 이마트 같은 대형 사업장도 같은 산업으로 분류된다. 숙박업의 경우에도 작은 규모의 여관·모텔이 있는가 하면, 대규모 호텔도 속해 있다. 즉 대형마트, 호텔의 종사자에게 최저임금이 적용되는 경우가 많다.

이번에 노동자위원으로 위촉된 김진숙 홈플러스 노조 서울본부장 또한 홈플러스에서 최저임금을 받으며 일한 당사자다. 소규모 사업장을 보호해야 한다는 논리로 제기된 업종별 차등 적용 주장이 자칫 대기업이 낮은 최저임금을 지급하는 것을 허용하는 창구로 악용될

위원 | 김민수

가능성이 농후하다. 무엇보다도 업종별 차등 적용 주장은 한 사회의 최저선 임금을 지탱하는 최저임금 제도의 근간을 흔들 위협이 크다.

또 관련 연구에 따르면 한국에는 지역이나 사업 종류에 따라 최저임금을 차등 적용할 수 있는 제도적 기반이 없다. 지역·업종별 통계를 연구하고 심의할 수 있는 인프라가 없거니와, 업종별 최저임금을 논할 수 있는 산별 노동조합과 산별 기업주협의체 같은 거버넌스 조직도 허약하다.

그리고 사용자위원이 제기한 5개 영역을 들여다보면, 사업장의 규모나 지불 능력과 무관하게 종사자 대부분 노동조합의 보호를 받지 못한 채 절박하고 열악하게 일하는 산업이다. 해당 분야에서 숙련과 경험이 쌓임에 따라 최저임금보다 높은 임금으로 보상하는 공정한 임금 체계를 만드는 것이 시급한 업종이다. 절박한 처지의 노동 약자에게 더 큰 박탈감을 가져올, 도저히 받아들일 수 없는 주장이었다.

하지만 우여곡절 끝에 업종별 차등 적용을 주장하는 사용자위원의 논리는 공익위원과 노동자위원을 설득하는 데에 성공하지 못했고, 2016년 최저임금도 종래와 같이 전국에 단일하게 적용되는 결정 체계를 갖게 되었다.

D-14, 6월 25일, 7차 전원회의, 세종시
월급 병기 논란, 사용자위원의 퇴장

당초에는 7차 전원회의에서 구체적인 임금 수준을 심의할 계획이었다. 하지만 사용자위원이 이날 전원회의 중에 '최저임금의 시급·월급 병기'를 받아들일 수 없다고 강하게 항의하며 집단 퇴장하면서 결국 회의는 파행되었다. 대체 시급과 월급을 병기한다는 것이 무슨 의미이기에 그들은 회의를 파행시키는 강수를 두었는가.

2015년 최저임금은 5580원이다. 이를 월급으로 환산하면 116만 원 수준이 나온다. 그런데 노동시간 주 40시간에 단순하게 5580원을 곱하면 116만 원이라는 금액이 나오지 않는다. 97만 원가량 나온다. 116만 원이라는 환산액과 차이가 크다.

이 차이는 어디에서 나오는가. 바로 유급 휴일 때문이다. 근로기준법 55조에 따르면 임금이 지급되는 휴일이 규정되어 있다. 일주일에 15시간 이상 일하는 모든 노동자에게 적용된다. 97만 원과 116만 원의 차이는 바로 유급 휴일의 적용에 의해 만들어진다.

올해 논의 중에 공익위원이 의미 있는 제안을 했다. 매년 최저임금을 고시할 때 시급을 기준으로 발표하는데, 앞으로는 유급 휴일이 반영된 '월급 환산액'도 병행해 발표하자는 것이다.

그동안 나는 청년유니온 활동을 통해 수많은 사업장에서 주휴수당을 지급하지 않아 실질적으로 최저임금을 위반하는 사례를 다수 접해왔던 터라 그 제안에 크게 공감했다. 최저임금을 시급뿐 아니라 월급까지 병행해 발표하면 유급 휴일에 대한 홍보도 되고, 향후 노동 현장에서 유급 휴일이 잘 지켜지지 않는 문제를 개선하기 위한 정책 방향을 추가로 모색할 수 있다.

하지만 사용자위원은 주 40시간보다 짧게 일하는 이들이 많고, 시급과 월급을 병행해 고시할 경우 노동시장에 큰 혼란이 벌어질 것이라며 격렬히 반대했다. 급기야 노동계에 유리한 제도를 공익위원이 일방적으로 밀어붙이며 편파적으로 회의를 운영한다고 항의하면서

위원 | 김민수

회의를 파행시켰다.

"법정 의결 시한을 나흘 앞둔 시점, 내년도 최저임금에 대한 사회적 관심이 대단히 높은 상황입니다. 이런 상황에서 '시급과 월급을 같이 표기하는 것은 위원회를 파행시키는 한이 있더라도 막아내겠다'는 경영계의 의중이 무엇인지 도무지 알 수 없습니다.

이미 고용노동부와 최저임금위원회 사무국 차원에서도 시급으로 결정된 최저임금을 월급으로 환산해서 홍보하고, 주요 행정 업무에 활용하고 있습니다. 단시간 노동자가 자신들이 받을 월급을 실제보다 과도하게 요구할 것이라고요? 일하는 사람 무시하는 것도 정도껏 해야죠. 단시간 노동자는 그에 맞게 다 월급 계산할 줄 압니다."(6월 25일 저녁 8시, 페이스북)

D-10, 6월 29일, 8차 전원회의, 세종시
그리고, 아무도 없었다

최저임금 법정 의결 시한인 6월 29일, 8차 전원회의가 열렸다. 그런데 최저임금 심의 과정으로 고조되어야 할 회의장은 적막했다. 지난번 회의에서 최저임금 시급·월급 병기안을 격렬히 반대하며 중도에 퇴장했던 사용자위원이 이날 아예 출석조차 하지 않은 것이다. 그렇게 회의를 보이콧함으로써 당초 기대했던 최저임금 수준에 관한 논의는 진행되지 못했다. 위원회가 임금 협상 과정이 아니라 제도 개선 사항을 놓고 파행된 것은 초유의 사태다. 이날 노동자위원과 공익

우리의 의지는 '6030'이라는 숫자에 갇힐 수 없다

위원은 향후 최저임금 심의를 어떻게 이어갈지 논의했다.

D-6, 7월 3일, 9차 전원회의, 세종시

8400원 vs 5610원

"1. 최저임금 결정 단위는 시급으로, 월 환산액 병기. 노동자위원 제안이 합의 가결되었습니다.

2. 최저임금 전국 단일 적용안이 가결되었습니다. 업종별 차등 적용을 주장한 사용자위원 제안은 부결되었습니다."(7월 3일 오후 5시 40분, 페이스북)

7월이 되자 2016년 최저임금 수준을 묻는 언론사도 부쩍 늘고 사회적 관심도 커졌다. 사용자위원은 결국 회의장으로 복귀했다. 시급·월급 병기 논란이 더 지연될 만한 여지도, 명분도 없었다. 9차 전원회의의 협상은 급물살을 타고 이어졌다. 그동안 교착 상태에 빠진 시급·월급 병기안은 노동자위원의 공감을 얻어 합의 가결되었다. 그리고 최저임금을 업종별로 차등 적용하자는 사용자위원의 제안은 설득력을 얻지 못해 부결되었나.

그로써 위원회에 남은 협상의 범위는 '임금 수준'으로 좁혀졌다. 6월 18일에 노·사 양측이 최초 요구안을 제시한 뒤 보름가량 흘렀지만 진척된 사항이 없다. 법정 시한도 넘긴 만큼 이제부터는 속도를 내야 한다.

위원 | 김민수

사용자위원은 최저임금 영향률·미만율이 높다는 것을 주된 근거로 최저임금을 안정화해야 한다는 논리를 펼쳤다. 최저임금 영향률은 당해 연도 최저임금 대비 110퍼센트 수준까지의 임금을 받는 이들의 비중이다. 미만율은 최저임금에 미치지 못하는 임금을 받는 이들의 비중을 의미한다.

노동자위원은 사용자위원 측이 제기한 '최저임금 안정화' 주장의 논리가 빈약하다고 반박했다. 영세 자영업자·소상공인이 겪고 있는 어려움에 크게 공감하며, 그 대책으로 카드 수수료, 임대료, 경제 민주화 등 종합적인 정책을 펼쳐야 한다. 그와는 별개로 현행 최저임금이 잘 적용될 수 있도록 하는 사회적 규제와 감독이 부실한 것도 사실이다. 현실은 충분한 지불 능력을 갖춘 사업장도 최저임금의 제도적 허점을 파고들 여지가 크다.

또 지난 수십 년간 임금 없는 성장, 불평등 심화, 고용 불안 확대가 진행되는 과정에서 저임금 노동자의 비중이 크게 늘어났다. 종사자의 숙련과 경험을 보상하는 임금 체계가 제대로 작동하지도 않는다. 회의장 안에서 늘 옆자리에 앉아 협상에 임하던 김진숙 본부장은 10년을 일해도 임금이 제자리에 머무는 동료 직원의 처지를 보면 너무도 개탄스럽다는 마음을 표했다. 사용자위원이 최저임금 안정화의 논거로 제시하는 영향률도 알고 보면 그러한 현실의 반증이 아닐까.

노동자위원은 최저임금 결정 기준으로 생계비를 중요하게 다뤄야 한다고 주장했다. 최저임금이 일하는 사람의 생활 안정을 목표로 설계된 제도인 만큼 한국 사회의 물가와 생계비 수준을 충분히 고려해 금액을 결정해야 한다는 것이다.

　　　　　우리의 의지는 '6030'이라는 숫자에 갇힐 수 없다

8시간에 걸친 장시간 회의에도 최저임금의 결정 기준에 관한 노·사 간의 입장은 쉽사리 좁혀지지 않았다. 서로의 공감대보다 간극을 확인하는 순간이 더 많았다. 위원장은 노·사 양측에 1차 수정안을 제출해달라고 요청했다.

밤 11시경 노동자위원과 사용자위원은 각각 1차 수정안을 제출하고, 다음 10차 전원회의를 기약했다. 사용자 측은 최초 요구안에서 30원 인상한 5610원을, 노동자 측은 1600원 내린 8400원을 제시했다.

D-3, 7월 6일, 10차 전원회의, 세종시
약자를 짓밟는 데 너무 관대했던 사회의 비극

10대 최저임금위원회에 새롭게 위촉된 이는 청년 당사자만이 아니다. 사용자위원 측에서도 역대 최초로 소상공인·영세 자영업자를 대표하는 위원 2명을 새로 위촉했다. 나는 회의장에서 두 분 반대편에 앉아 2016년 최저임금을 두고 팽팽한 입장의 차이와 갈등을 확인하는 과정이 몸서리치도록 괴로웠다.

낮은 최저임금으로 하루하루 신음하는 청년 노동자의 삶과 그 임금조차 주기가 버거워 미래를 비관하는 소상공인의 삶은 1997년 외환 위기 이후 약자들을 짓밟는 데 너무나도 관대했던 우리 사회의 비극이다. 대기업을 정점으로 불평등하게 조직된 경제구조는 국민소득 3만 불을 앞둔 지금까지 이어져 수많은 중소, 영세 기업과 그곳에서 일하는 노동자의 삶을 열악한 지위로 내몰아왔다.

나는 최저임금을 '일부 저임금 노동자에게 지급되는 임금 하한선'

위원 | 김민수

이라는 좁은 의미로 이해하지 않는다. 최저임금은 땀 흘려 일하는 사람이 자신의 존엄을 지킬 수 있는 한 사회의 기준선이 되어야 한다고 생각한다. 여기서 땀 흘려 일하는 사람이란 비단 근로기준법상의 노동자만을 의미하지 않는다. 나의 아버지이자 어머니이기도 한 소상공인의 삶이 반드시 포함되어야 한다.

최저임금 인상 과정은 소상공인의 어려운 문제를 함께 해결하는 과정과 맞물려 가야 한다. 원자재 상승과 인테리어 비용, 임대료와 카드 수수료, 주요 프렌차이즈와 대기업 브랜드 사업장의 골목 상권 장악 등 함께 종합적으로 고려해야 할 정책이 아주 많다. 하지만 '다음 연도 최저임금'이라는 단일 안건을 심의하는 최저임금위원회에서 전체 사회를 조망하는 정책의 종합적 토론이 이루어지기란 쉽지 않았다.

소상공인을 대표하는 사용자위원과 나는 심의 기간을 통틀어 가장 자주 충돌했다. 그도 그럴 것이 소상공인이 운영하는 사업장에는 내가 청년유니온을 통해 대표하고 있는 젊은 노동자가 다수 종사하고 있다. 나도 소상공인이 운영하는 커피 전문점과 제과점에서 수년 동안 일하며 생계를 꾸려 나간 적이 있다. 영세 사업장에서 일하는 청년과 노동 상담을 할 때마다 자주 듣는 말이 있다. "우리 사장님도 어렵게 장사하는데, 이렇게 상담하면서 돈 받는 게 괜찮은지 잘 모르겠어요." 누군가는 이 답변을 듣고 그렇게 착해 빠져서 험악한 세상 살아가겠냐고 질타할지도 모른다. 하지만 나는 그 한마디에서 없는 사람끼리 갈등할 수밖에 없는 시대의 아픔, 그럼에도 상대방의 아픔을 이해하려고 노력하는 인간의 따뜻함을 동시에 발견한다. 그 어리숙하고 따뜻한 마음이 모여 사회의 정의로움으로 이어지길 바랄 뿐이다.

10차 전원회의에서는 노·사 양측이 별도의 수정안을 제출하지 않았다. 11차 전원회의는 다음날인 7월 7일 오후 3시 30분으로 예정되었다. 최저임금 심의는 7월 8일 오전까지 종료하는 것으로 위원들의 중지가 모였다.

D-2, 7월 7일, 11차 전원회의, 세종시

제게는 여동생이 있습니다

11차 전원회의는 장장 14시간에 걸쳐 진행되었지만 노·사 양측의 입장 차이는 쉽사리 좁혀지지 않았다. 노동자위원은 최초 요구안 대비 1900원 낮은 8100원을 최종(3차) 수정안으로 제출했다. 사용자위원은 최초 요구안 대비 135원 높은 5715원을 최종 수정안으로 냈다. 회의장 한복판에 시간당 2385원이라는 거대한 강이 흐르고 있었다.

솔직히 말하면 나는 심의 기간 동안 사용자위원이 최저임금 동결, 30원 인상 같은 금액을 제시할 때, 그다지 화나지 않았다. 사용자위원 입장에서는 당연히 쓸 수 있는 협상 전술이라고 여겼다. 협상 과정에서 내가 분노를 느낀 지점은 따로 있다.

지난 70일, 아니, 청년유니온이 출범한 뒤 지금까지 최저임금이 가지는 사회적 의미를 확대하기 위해 노력했다. 저임금 노동이 일반화된 지금, 청년임금이자 모두의 임금, 평생임금이 된 최저임금의 중요성을 우리 사회가 함께 느끼고 이를 결정하는 과정에서 합리적이고 공정한 토론을 이어가야 한다고 생각했다.

반면에 일부 사용자위원은 최저임금의 사회적 의미를 좁게 다루기 위해 최선을 다했다. 최저임금을 받으며 일하는 이들의 삶을 두고 '용돈 벌이'라든지 '부차적 노동'으로 취급하는 요지의 발언을 남겼다. 조직되지 않은, 위태로운 조건의 노동을 향해, 혹은 고령의 나이에 주유소에서 일을 하는 누군가의 노동을 향해 '이들에게 지금 수준의 최저임금은 과도하다'라는 맥락의 발언 또한 서슴지 않았다. 땀 흘려 일하는 애씀과 숙련을 갈고 닦기 위한 노력, 자신과 가족의 삶을 책임져야 하는 이들의 절박함을 '감성팔이'로 치부하기도 했다.

부끄러움 없는 인식과 대면하는 것은 고통스러운 시간이었다. 너무도 쉽게 폄하되는 노동이 알고 보면 동료 조합원의 삶이고, 형제의 삶이고, 아직 청년유니온의 이름으로도 대변되지 못한 수많은 이들의 삶이며, 이 땅에서 하루하루 땀 흘려 일하는 평범한 보통 사람의 삶이기 때문이다.

최종 수정안이 제출되자 노동자위원 측에서는 격양된 기운이 감돌았다. 사용자위원 측의 수정안에 강하게 항의하며 퇴장했다가 어렵사리 회의가 다시 진행되기를 반복했다. 나는 괴로움 속에 갈등하다가 위원장에게 발언권을 요청했다.

"노동자위원 김민수입니다. 제게는 여동생이 하나 있습니다. 얘가 지금 스물두 살입니다. 대학에서 청소년아동복지학과를 전공했습니다. 현장 실습 나갔다가 만난 애들에게 인형 만들어준다고 만날 집에서 뜨개질하고 있습니다. 방학하면 집에 돈 좀 보태겠다며 영화관에서 아르바이트도 하고 있습니다.

제게는 아버지도 계시는데요. 제가 아주 어렸을 때로 기억합니다. 이름만 들으면 다 아는 대기업은 아니지만, 번듯한 기업에 다니다가 해고됐습니다. 해고 이후 2년 동안 쉬고 나서는 자동차 선팅 필름 파는 일을 거쳐 모래내 시장에서 철물점 공구 가게를 했습니다. 오래가지 않아 그만두셨습니다. 제가 어렸을 때는 당구장도 하셨다는데 잘됐었는지 기억이 나진 않습니다.

제게는 외할머니가 계십니다. 제 어머니의 어머니입니다. 어머니가 아주 어렸을 때 외할아버지가 돌아가셨다고 합니다. 그래서 저는 외할아버지의 얼굴을 본 적이 없습니다. 외할머니는 남편을 일찍 잃은 뒤 제 어머니 3남매를 키우기 위해 1970~1980년대 갖은 수모를 겪으며 온갖 일을 하셨다고 합니다.

제게는 할아버지도 계십니다. 제 아버지의 아버지입니다. 할아버지는 엄지손가락 하나를 잃으셨습니다. 제가 어렸을 때 할아버지한테 '할아버지는 왜 엄지손가락이 없어요?'라고 물었더니, 젊어서 일하다가 다치는 바람에 손가락이 하나 없어졌다고 말씀하셨습니다. 집안 형편이 녹록지 않아 할아버지에게 용돈을 드리지 못하게 되자, 할아버지는 애들 용돈은 줘야 하지 않겠냐면서 공공근로를 시작했습니다.

한 위원님이 지난 회의와 이번 회의에서 그렇게 말씀했습니다. 자격증이 없는 사람, 방학 때 잠깐 아르바이트를 하는 그런 사람에게까지 최저임금을 맞춰 주는 것이 맞느냐고 질문했습니다. 그건 제 형제의 노동입니다. 영화관에서 아르바이트하는 형제의 노동입니다. 여동생은 조만간 사회복지사 자격증을 딸 것입니다. 그러나 제가 장담하는데, 2년 뒤 자격증을 딴다고 하더라도, 그 친구가 하게 될 노동은 장담컨대, 최저임금을 받는 일일 것입니다.

한 위원님은 주유소에 갔다가 어르신이 일하는 모습을 보면 답답

위원 | 김민수

하다고 했습니다. 그런데 그 답답한 노동이, 제 할아버지가 노구를 이끌고 손주 새끼에게 용돈 좀 주겠다고, 용돈 좀 주겠다고 잡초 뽑아가며 만드는 노동입니다.

한 위원님은 소상공인의 어려움을 이해한다면서 최저임금을 인상해야 한다고 말하는 저를 두고, 얄궂다고 했습니다. 제가 정정하겠습니다. 그것은 얄궂은 것이 아니라 비극입니다. 영세 업체의 여러 사장님이 겪고 있다는 어려움은 제 아버지가 10년 전에 이미 다 겪은 일들입니다.

한 위원님이 말씀하신 용돈 벌이, 부차적인 노동, 그건 제 아버지가 나이 오십에 공사장에서 하시는 노동입니다.

저는 가족의 삶에서부터 우리 현대사의 비극을 봅니다. 외할머니가, 어머니가, 아버지가, 할아버지가 제게 하신 이야기가 있습니다.

"내가 지금 이렇게 힘들지만 왜 그렇게까지 했겠냐. 왜 그렇게 살았겠냐, 왜 그렇게 살아왔겠냐. 다 내 아들, 손주에게 조금 더 나은 세상 만들어주겠다고 애써왔다."

저는 그분들의 애씀이 지금 2015년의 대한민국을 만들었다고 생각합니다. 제가 살펴보니까 이제 내후년이면, 지금 속도로 계속 갔을 때 1인당 국민소득이 3만 불이더라고요. 제 할아버지, 할머니, 아버지, 어머니가 자식과 손주한테 물려주고자 했던 그 숫자, 그 꿈의 숫자가 이제 내후년이면 달성됩니다. 그런데 정말 속상한 것은 그분들이 그토록 물려주고자 했던 더 나은 삶, 희망적인 삶을 물려주는 것에는 그렇게 성공하지 못한 것 같습니다.

제가 최저임금위원회에 들어간다고 하니까, 처음에 많은 분이 그러셨습니다.

우리의 의지는 '6030'이라는 숫자에 갇힐 수 없다

"거기 뭐 하려고 들어가냐. 어차피 그거 다, 높은 분들이 정해놓고 과정만 만드는 거 아니냐. 가서 그냥 병풍처럼 앉아 있지 말고, 가서 마음 고생하지 말고, 그냥 가지 마라."

그래도 저는 한마디 했습니다.

"세상에 그런 게 어디 있냐. 그 자리에 27명 위원이 모여가지고 회의를 하는데 그런 게 어디 있냐. 그래도 애를 쓰고 안에서 최선을 다하면, 돌아가서 뭔가 떳떳하게 이야기할 수 있는, 그런 과정은 만들 수 있지 않겠냐."

그렇게 말했습니다. 그런데 이제 와서 제 솔직한 심경은, 잘 모르겠습니다. 위원회 경험이 많은 분들이 그 과정을 어떻게 평가할지 모르겠지만, 저는 이를 보면서, 적어도 집에 돌아가서 여동생에게, 어머니에게 그리고 청년유니온의 몫으로 저를 기다리고 있는 1500명 조합원에게 안에서 최선을 다했다, 그러니까 이해해달라고 말할 자신이 없습니다.

노동자위원 간사 두 분이 제가 이 자리에 돌아와야 한다고 설득했습니다. 저는 솔직한 마음으로 들어오고 싶지 않았습니다. 제가 27명 위원 중 한 사람으로서, 노동자위원으로서 냉정을 되찾고, 합리적으로 토론에 임해야 하는데, 지금 당장은 자신이 없습니다. 양해를 해주신다면 잠시 마음을 추스르고 다시 돌아오겠습니다."

회의장 안에서 마이크를 잡고 몇 분이나 말을 했던가. 발언을 마치고 회의장을 빠져나와 정부청사 한편에 있는 벤치에 앉아 멍 때리며 하늘만 쳐다봤다. 70일을 달려왔다. 하지만 이제 최저임금 결정을 앞두고 내가 할 수 있는 최선은 더 이상 남지 않았다.

마음을 다잡고 회의장에 복귀했는데, 여전히 소란스러움은 가시지 않았다. 7월 8일 새벽 5시 30분. 노·사 양측의 입장 차가 더 이상 좁혀지지 않음을 확인한 공익위원은 심의 촉진 구간을 제시한다.

[2016년 적용 최저임금 심의 촉진 구간]

5940원(6.5퍼센트 인상)~6120원(9.7퍼센트 인상)

심의 촉진 구간을 받아 든 노동자위원 9명은 최저임금위원회 11차 전원회의를 무산시키는 것으로 중지를 모으고, 전원 퇴장했다. 또한 12차 전원회의를 보이콧한다는 협상 전술을 수립했다. 7월 8일 오전 9시경 정준영 국장과 함께 용산으로 향하는 기차에 몸을 실었다.

D-1, 7월 8일, 오후 3시, 서울시

최종 결과를 기다리며

14시간에 걸친 회의 끝에 밤을 꼬박 새우고 서울에 올라왔지만, 눈을 붙일 여유는 없었다. 사무실에 도착하자마자 정준영 국장과 향후 대응 계획을 상의한 다음, 페이스북 등을 통해 조합원과 지인들에게 심의 촉진 구간 제시 이후 회의장에서 퇴장하게 된 협상 경과를 공유했다.

곧바로 오후 2시에는 노동자위원들이 주최하는 입장 발표 기자회견이 진행되었다. 그 자리에 모인 위원들은 최저임금을 대폭 인상해야 한다는 국민의 기대를 뿌리치고 두 자릿수에 미치지 못하는 심의 촉진 구간을 제시한 공익위원을 강하게 규탄했다. 나는 준비한 기자회견문을 황망히 읽어 내려갔다. 기자회견을 마치고 사무실에 돌아오니 오후 3시경이었다.

청년유니온 사무실은 서울의 서북권 끝자락인 은평구에 자리하고 있다. 서울시가 2012년 청년의 다양한 움직임에 주목하고 생태계를 지원하기 위해 '청년 허브'라는 센터를 조성했고, 청년유니온은 2015년 2월 그곳에 입주했다. 500평 규모의 청년 허브는 드나드는 수많은 청년과 지역 주민의 발걸음으로 언제나 분주하다.

간밤에 진행된 회의 경과를 대략 전해들은 청년 허브의 동료들이 내 안부를 물었다. 갑자기 말문이 막혔다. 나는 제대로 된 대답 대신 걱정하고 위로하는 동료의 손길에 기대어 한없는 오열을 쏟아냈다. 500평 남짓 활기로 가득한 공간의 한 귀퉁이에서.

울음은 쉽게 멎지 않았다. 그것은 최저임금 인상의 당위성을 널리 알리려고 애써온 수많은 이들의 노력에 오롯이 부응하지 못했다는 자책이었고, 약자의 삶을 멸시하고 짓밟는 데에 너무도 관대한 이 나라의 강고한 체제와 마주해서 느낀 무력감이었고, 자책과 무력감의 한복판에서도 나를 믿고 의지하며 함께한 사람들에 대한 어른거림이었다.

간밤에 진행된 회의의 여파로 반쯤 영혼이 빠져나가 있는 상태에서, 마지막 협상인 12차 전원회의가 시작된 저녁 7시 30분부터 소식을 기다렸다. 포털 사이트의 뉴스 창에 '최저임금위원회'를 검색해놓고 시시각각 '새로고침' 키를 눌렀다. 비록 회의는 보이콧했으나 최종 결과에 대한 안절부절못함은 떨쳐낼 수가 없었다. 짧은 시간 안에 끝나리라 예상했던 회의는 어찌 된 일인지 밤 11시를 넘기도록 아무런 소식이 들려오지 않았다. 결국 '이번 회의에서 최종 결과가 나오지 않는 것인가'라는 의구심을 지닌 채 퇴근길에 올랐다.

12차 전원회의에서 새로운 소식이 전해진 때는 자정을 넘긴 시각이었다. 집에 도착하기 직전이었다. 12시 40분 '내년 최저 시급 6030원 상정 표결 시작'이라는 기사가 포털 사이트에 머리를 내밀었다. 소상공인 대표인 사용자위원 2명이 퇴장한 가운데, 위원 16명이 공익위원 측이 상정한 6030원 최종안을 두고 찬반을 가르는 표결에 들어갔다는 의미다.

집에 도착하자마자 급한 마음에 가족에게 제대로 인사도 못 건네고 노트북을 펼쳤다. 16분 뒤인 12시 56분, '내년 최저임금 시급 6030원… 8.1퍼센트 올라'라는 제목의 기사가 올라왔다. 해당 기사는 속보로 전해지느라 제목 말고는 아무런 내용도 담겨 있지 않았다. 하지만 제목만으로도 충분했다.

청년유니온과 함께한 너무도 많은 이들이 최종 결과를 애타게 기다리고 있었다. '6030'이라는 숫자를 페이스북 개인 계정과 청년유니온 공식 페이지를 통해 알렸다. 새벽 1시 1분이다.

곧이어 아주 소심한 고민에 빠졌다. 이 결과를 청년유니온의 1500명 조합원과 회원들에게 문자메시지로 곧바로 전할 것인가, 다음날 오전에 전할 것인가. 위원회 소식을 어느 누구보다 빠르고 정확하게 전해야 한다는 노동자위원으로서의 사명감과, 새벽 1시면 사람들이 자는 시각이라는 예의범절 사이에서 갈등이 일었다. 갈등에 종지부를 찍어준 이는 그 시각까지 일처리를 하느라 사무실에 남아 있던 송효원 조직국장과 정준영 국장이었다.

"1시면 (문자 보내도) 괜찮을 것 같은데?"

"교섭 타결인데 왜 고민해요. 갑시다."

[청년유니온] 내년도 최저임금 6030원(8.1퍼센트, 450원 인상) 타결되었습니다. 함께해주셔서 고맙습니다.

7월 9일 새벽 1시 8분 1500여 명에게 전송한 문자메시지다.

페이스북에 글을 올리고 문자메시지를 보내면서 무슨 생각을 했던가. 당초 목표로 한 금액보다 현저히 낮은 결과 앞에서 괴로워했던가. 아니면 사용자위원이 결단코 막으려 했던 6000원 선을 넘겼다는 결과 앞에서 마지막 한 자락 남은 안도의 한숨을 쉬었던가. 고백하건대 둘 다였다. 7월 9일 새벽 1시 반 즈음. 그 시점에 해야 할 일을 마친 나는 아주 깊은 잠에 빠져들었다.

그날 이후, 7월 9일, 정오, 서울시

마음 같아서는 하루 종일 집에 머무르고 싶었지만 애석하게도 오전부터 일정이 있었다. 알람 소리에 가까스로 일어나 오전 일정을 마친 뒤 점심 즈음에 사무실로 돌아왔다. 그리고 그곳에는 생각지도 못한 선물이 놓여 있었다.

5580원에서 6030원으로 인상되기까지 어깨를 무너지게 하는 시

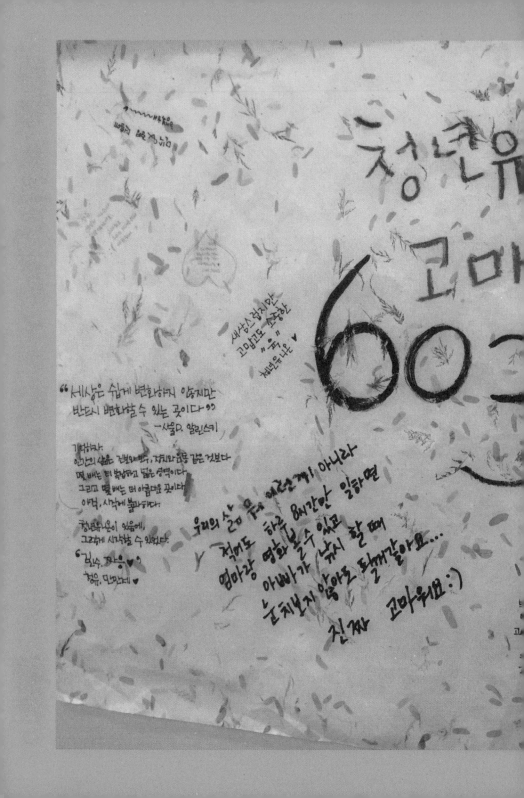

단순한 숫자가
아닙니다. 삶이자
우리의 바람... 현실.
모두의 일상
대신 밥 한끼
...에 미래를 상상할 수
...어요

일정을 마치고 사무실로 돌아왔는데 생각지도 못한 선물이 놓여 있었다. 동료들이 남겨 준 글귀. 많은 이들이 격려의 메시지를 남겨주었다.

간의 무게를 함께 감각할 수 있는 동료들이 남겨 준 글귀다. 안타까운 결과를 만들어낸 사람으로서는 부끄럽게도 많은 이들에게 격려의 메시지를 받았다.

지나온 71일, 짧은 시간이나마 최저임금을 삶의 기준으로 놓고 살아가는 많은 이들을 만나려고 애썼다. 그들의 삶으로부터 전해 받은 이야기는 각자 달랐지만 숱한 만남 속에서 나는 한 가지 절박함을 읽었다.

'오늘의 생존을 넘어, 내일의 희망까지 품을 수 있는 최저임금이 되어야 한다.'

되뇌고 또 되뇌었다. 그 다짐을 생각해보면 아직 가야 할 길이 많이 남았다는 진한 안타까움이 남는다. 그러나 나는 아직 우리의 싸움이 끝나지 않았음을, 6030원이라는 바로 그 자리에서 새롭게 걸어가야 함을 말하고 싶다. 71일이라는 시간 동안 치열하게 함께한 한 조합원의 글을 빌린다.

"마지막이 왔기에 이제 시작과 마주할 수 있다. 2015년 최저임금 회의장을 통해 많은 가능성을 이끌어내고 함께함으로써 서로에게 힘이 되는 우리를 온전히 목격했다. 그렇기 때문에 '다시' 시작해야 한다고 말하고 싶지 않다. 우리는 '완전히' 새로운 시작에 서게 되었다고 말하고 싶다. 무더운 여름날 마음을 함께한 모든 이들의 수고로움과 진정성은 '6030'이라는 숫자에 갇힐 수 없다."(김규원)

2016년 최저임금 6030원 결정에 부쳐

내년도 최저임금이 6030원으로 결정되고 1시간 뒤, 기절한 듯이 잠에 빠져들었습니다. 감사하게도 참 많은 분들이 제 건강을 염려해주었는데, 저는 아주 푹 잤고, 아주 건강합니다. (응?)

6030원. 만감이 교차하는 숫자입니다. 그럼에도 저는 청년유니온 위원장으로서, 최저임금위원회 노동자위원으로서 우리가 힘을 모아 함께 만든 결과를 귀중히 책임지려 합니다. 6030이라는 숫자 앞에서 우리가 지난하게 싸우면서 걸어온 길과 앞으로 걸어가야 할 길을 생각합니다.

세종시 최저임금위원회의 외관은 마치 교도소 같습니다. 사진으로도 봤겠지만 회의장 안쪽은 저랑 어울리지 않게 쓸데없이 근엄하고 답답합니다. 최저임금을 받으며 일하는 수많은 사람의 절박한 염원을 담기에는 외롭고 쓸쓸한 공간입니다. 그 외로운 공간에서 제가 무너지지 않고 견딜 수 있었던 것은 제게 보내준 수많은 분들의 응원과 격려를 온몸으로 느낄 수 있었기 때문입니다. 부족한 제게 과분한 지지를 보내고 힘을 모아준 모든 분께 말로는 다할 수 없는 깊은 감사를 전합니다.

공익위원이 최종 제출한 8.1퍼센트 인상안(6030원)을 표결할 당시 이에 대한 항의의 표시로 퇴장한 두 분의 사용자위원이 있습니다. 소상공인을 대표하는 분들입니다. 저는 두 분이 퇴장했다는 소식을 듣고 마음 한편이 아렸습니다. 이 글을 볼 수는 없겠지만 두 분에게 고생 많이 하셨다는 인사를 건네고 싶습니다. 두 분은 소상공인의 입장에서 협상 과정에 절박하게 애를 썼습니다. 비록 입장이 달라 회의장

　　　　　　　　　　　　　　　　위원 | 김민수

안에서 노동자위원과, 특히 저와 첨예하게 논쟁했지만, 두 분은 일관되게 상대를 배려하는 모습으로 협상에 임했습니다.

최저임금 인상 과정은 소상공인의 어려운 문제를 함께 해결하는 과정과 맞물어 가야 한다고 회의장 안팎에서 거듭 말한 바 있습니다. 그리고 저는 이 말에 대한 책임을 져야 합니다. 빠른 시일 내에 소상공인을 대표하는 분들과 만남을 이어가려 합니다. 소상공인의 삶에 필요한 제도적 과제를 놓고 청년유니온이 함께 협력할 수 있는 방안을 찾으려 합니다.

글의 말미에서 '6030'의 의미를 곱씹습니다. 월급으로 환산하면 126만 원입니다. 2015년 116만 원에 비해 10만 원가량 인상된 금액입니다. 현재 저임금 노동자의 삶은 생존을 위한 기준선에서 적자 상태입니다. 최저임금 인상은 그 적자 기준선을 흑자로 전환하고, 남은 여백을 인간으로서의 삶과 존엄으로 채워나가는 과정입니다.

126만 원은 아직 턱없이 부족하고 가야 할 길이 많은 금액입니다. 하지만 미래로 나아가는 과정에서도 현재의 삶은 끊임없이 역동합니다. 저는 그 10만 원이 고된 취업 준비 끝에 오는 커피 한 잔, 영화 한 편의 여유로 기억되길 소망합니다. 집에 있는 자식들에게 짜장면을 사주면서 탕수육도 함께 시켜주고 싶다는 어머니의 간절함으로 이어지길 소망합니다. 단 몇 만 원이라도 저축함으로써 불투명한 미래를 조금씩이라도 구체화해가길 소망합니다.

그리고 그 작은 소망이 모여 오늘의 싸움보다 더 큰 내일의 싸움을 만들 수 있다고 믿습니다. 작은 승리의 축적은 훗날 큰 변화의 흔적으로 기억되리라 믿습니다. 청년 문제 해결의 출발선, 우리 삶의 새로운 가능성, 최저임금 1만 원을 향해 끊임없이 나아갑시다.

모든 분들.
정말로,
고맙습니다.

2015년 7월 9일 오후 3시 15분

위원 | 김민수

|위원|

이남신

누구를 위한 최저임금위원회인가

1. 2015년 7월 9일, '이런 시급 6030원'

2016년 최저임금이 결정되던 시각, 나는 전국의 비정규 노동단체 활동가들과 회의를 마치고 술자리 중이었다. 줄곧 신경은 최저임금 위원회로 쏠렸다. 새벽 1시경 최저임금이 시급 6030원으로 결정됐다는 언론 보도를 접했다. 그렇게 황망히 끝나버리다니 허탈하고 착잡했다. 시간이 좀 지나서야 분통이 터졌다. 함께 있던 명등룡 광주비정규직지원센터 소장이 전라도 사투리로 한마디 질렀다. "아따, 형님, 최저임금위원회에서 얼른 나오소!" 반농담이었지만 아팠다.

비정규직과 청년, 여성 노동자를 대표한 노동자위원이 퇴장하지 않았다면 어떻게 됐을까. 다시 들어가 악착같이 한 푼이라도 올리는 게 낫지 않았을까. 결국 최소 목표였던 두 자릿수 인상률을 얻어내지 못한 우리는 최선을 다했다고 할 수 있는가. 여러 생각이 헝클어진 채로 머릿속에 맴돌았다. 더 잘했으면 좋았겠지만, 8.1퍼센트 인상률로

450원 오른 시급 6030원, 월급 126만 원이 나의, 우리 모두의 가감 없는 실력이었다.

2015년 최저임금위원회는 노·사 양측 모두 처음으로 최저임금 당사자를 위원으로 참여시킴으로써 주목받았다. 위원회의 가장 중요한 소임인 최저임금 인상 결정도 종료됐다. 2015년 최저임금 결정 과정은 무엇을 남기고 무엇을 잃었는가. 다른 해에 비해 이런저런 전투 성과가 많았지만, 노동자는 최저임금 인상 전쟁에서 또 한 번 졌다.

한 번 패배는 병가상사라지만 매번 진다면 근본적인 검토가 뒤따라야 하고, 구체적인 대안을 모색해야 마땅하다. 1988년부터 시작해 27년째 반복돼온 최저임금 인상 체계를 바꾸려면 어떻게 해야 할까. 솔직담백한 우리 자신의 얘기로부터 출발해 해결 방안을 철저히 따져봐야 한다. 수백만 저임금 노동자가 감내하는 일상의 차별과 홀대, 비인간적 대우는 한국 사회의 삶의 질을 결정짓는 바로미터다. 이는 반드시 개선되어야 한다는 데 그 누구도 이견이 없을 것이다. 엄정히 복기하는 일이 2016년의 승리를 예비할 수 있으리라는 믿음으로 기록을 남긴다.

2. 전초전_ 혜리와 최경환

2월 초 시작된 '알바몬'의 최저임금 광고가 사회적 반향을 불러일으켰다. 인기 걸그룹 '걸스데이' 멤버인 혜리가 전국적으로 화제가 됐다. '맑스돌' '노동돌'이라는 별칭까지 생겼다. 영화 〈카트〉와 만화 〈송곳〉, 만화 원작을 드라마로 만든 〈미생〉을 잇는 노동문제의 일상화, 대중화 양상이 인기 아이돌 여가수를 통해 부각됐다. 양대 노총과 비정규직 노조 중심으로 주창돼온 최저임금 인상 의제가 유사시민권을 우회적으로 획득한 사건이었다. 특히 청년들에게 최저임금 인상이 최우선 노동 의제로 각인되는 중요한 계기가 됐다. 청년유니온과 알바노조를 통해 사회적 영향력을 키워오던 청년 세대가 더욱 주목받게 됐다.

비슷한 시기 정부의 경제 정책을 총괄하는 최경환 경제부총리가 내수 진작을 위해 최저임금을 빨리 인상하라고 주문했다. 이기권 고용노동부장관도 소득 격차 해소를 위한 유력한 방편으로 최저임금 인상을 강조했다. 최저임금이 유례없이 국민적 관심사로 부각됐다. 이러한 기조는 고용노동부장관이 최저임금위원회에 낸 2016년 최저임금 심의요청서에 고스란히 반영됐다:

"근로자의 생계비, 유사근로자의 임금, 노동생산성 및 소득분배율 등을 고려하여 정하되, **저임금 근로자의 소득을 향상하고 노동시장 내격차를 해소하여 소득분배 상황이 단계적으로 개선**될 수 있도록 합리적 수준으로 심의·의결"(강조한 부분은 예년과 달라진 내용)해줄 것을 요청한다.

아이러니하게도 최저임금과 관련해 정치적 책임이 있거나 이득을 챙겨온 이들이 사회적 공론화에 앞장선 꼴이 됐다. 그만큼 저임금 노동자의 열악한 실태가 심각했다.

더구나 오바마 미국 대통령이 최저임금 대폭 인상을 강력히 추진하면서 전 세계적으로 최저임금 인상 열풍이 불었다. 양극화 해소를 위한 가장 중요한 정책 수단으로 최저임금이 뚜렷이 부각됐다. 한국은 신자유주의 사회경제 체제 아래 노동시장과 소득 구조가 양극화로 치달아 서로 같은 나라의 국민이라고 보기 어려울 정도였다. 정부로서도 더 이상 방치할 수 없는 지경까지 왔다.

이러한 흐름이 양대 노총이 9명으로 한정된 노동자위원 자리에 처음으로 비정규직과 청년 노동자를 대표할 수 있는, 조직 바깥의 적임자를 추천하게 된 배경이다. 그간 양대 노총은 전체 노동자를 대표하는 역할에 한계가 있다고 따갑게 비판받기도 했다. 미조직 노동자를 대변할 당사자가 최저임금위원회에 들어가는 건 필연적인 시대적 추세였다.

최저임금, 정말 중요해?

2014년 기준 최저임금 미달자와 수혜자로 추정되는 규모는 350여만 명에 이른다. 그러니 최저임금은 국민임금이라 불릴 만하다. 최저임금이 그대로 자신의 시급 기준이 되는 저임금 노동자는 어떤 사람들일까.

생활비를 벌고 학자금 대출을 갚으려고 아르바이트를 하는 청년, 새벽 5시에 여의도, 강남의 빌딩 숲으로 출근하는 청소 노동자, 아파트나 각종 건물의 관리실에서 쪽잠을 자는 경비 노동자, 10년을 일하고도 100만 원 벌기가 버거운 대형마트의 여성 비정규직 노동자, 지방 공단의 전자 부품 하청 조립 공장에서 일하는 단기 파견 여성 노동자가 바로 그들이다. 우리의 일상생활 공간에서 가장 가까이 있지만 늘 유령처럼 잊혀져온 그들, 노동 인권 사각지대의 사회적 약자다.

노동조합 바깥에서, 법제도 보호로부터 배제되어 온갖 차별과 고용 불안 속에서 고통받는 그들에게 유일한 임금 인상 교섭 창구가 바로 최저임금위원회다. 그런 의미에서 최저임금위원회는 사회적 임금 교섭의 장이다. 최저임금 수준이 대다수 저임금 노동자의 삶의 질을 결정짓는다.

한국의 비정규직 규모는 현재 1000만 명 내외로 추산된다. 분명한 건 1900여 만 노동자의 절반이 훨씬 넘는다는 것이다. 임금을 비롯한 주요 차별 지표는 역진 불가 양상으로 점증했다. 비정규직의 사회복지나 사내 복지는 정규직에 비해 2분의 1, 3분의 1 수준에 불과하다. 비정규직의 노동조합 조직률은 2~3퍼센트 수준에 머물러 있어 사실상 헌법에 보장된 노동삼권이 무력화된 상태다. 노동조합을 만들어도 생존율이 낮고 장기 투쟁으로 치닫기 일쑤다.

게다가 노동시장 구조는 재벌 자본의 편익을 극대화하는 방향으로 고착화되어 있다. 정부는 노동을 경제의 하위 범주로 인식하면서 친재벌 노동 정책으로 일관한다. 물론 재벌 자본의 책임이 가장 무겁다. 그들에게 책임을 묻는 방식의 해법이 가장 온당하나 비정규직, 중소 영세 사업장 노동자의 사회적 위상과 발언이 최소화된 상황에서 당장은 오리무중이다. 현실적인 대안은 무엇인가. 가장 실질적인 대안이 최저임금 대폭 인상이다.

3. 초반전_ 현장 방문과 전문위원회 회의

내겐 현장 방문이 정말 중요했다. 노동운동을 해오면서 나 나름대로 현장이 얼마나 중요한지는 알고 있었다. 광주와 부산·대구, 서울 세 권역에 걸쳐 실시된 현장 방문 중 일정상 가능한 두 차례에 참여

누구를 위한 최저임금위원회인가

했다. 5월 11일~12일 진행된 부산·대구권 현장 방문 때 자동차 부품 업체와 시설 관리 용역 업체, 택시 회사의 노동자와 사용자를 만났다. 5월 13일 진행된 서울 현장 방문에서는 중소 제조업체 두 곳의 노동 자와 사용자를 면담했다. 광주민중항쟁을 떠올리게 하는 5월 18일에 는 최초로 마련된 노동자·사용자 집담회에 참석했다.

노동자의 바람은 한결같았다. 자기 자신뿐 아니라 가족의 생계도 중요하고 먹고살려면 지금의 최저임금은 대폭 인상되어야 한다는 것. 최소한 월급 150만 원은 돼야 하고 대체로 한 달 200만 원은 벌어 야 인간다운 삶이 보장된다는 하소연이 많았다. 우연의 일치라고 믿 기 어려울 정도로 비슷한 얘기가 쏟아져 나왔다.

최저임금이 얼마인지도 모르는 채 일하는 이도 있었다. 문화생활 은커녕 저축도 불가능한 저임금을 받으며 고단하게 살아가는 노동자 의 호소에 마음 아팠다. 그나마 노동조합이 있는 곳은 낫겠지만 대부 분 노동조합이 없는 곳에서 일하고 있었다. 1시간 일하고 밥 한 끼 사 먹기 어려워서야 어떡하느냐, 지금의 최저임금 수준으론 맞벌이해도 생계 꾸리기가 힘들다, 어떻게 사람이 밥만 먹고 사느냐, 영화도 보고 여행도 가고 취미생활도 하면서 살아야지, 아이들 용돈 주기도 부담 스럽고 치킨 시킬 때도 최저가를 찾는다, 철 바뀌면 아이들 옷이라도 한두 벌 사주고 부모님 용돈도 드리고 싶다, 정규직과의 임금 차별이 서럽다 등 가슴에 담아둔 얘기를 꺼낼 때마다 함께 울컥하면서 씁쓸 한 기분이 들었다.

사용자의 얘기도 귀담아들었다. 중소 영세 사업체를 운영하는 사 람은 노동자 못지않게 힘들었다. 실제 월수입이 100만 원도 안 된다 는 편의점 업주와 PC방 업주의 호소를 들으면서 '을'의 연대가 절실하다는 생각이 들기도 했다. 최저임금을 지역별, 업종별로 차등 적용해야 한다고 주장하는 사용자도 있었다. 동의하긴 어려웠지만 그 심경은 이해가 됐다.

최저임금위원회는 산하에 임금수준전문위원회와 생계비전문위원회를 두고 있다. 나는 생계비전문위원회에 결합했다. 전문위원회는 통상 두 차례 모임을 가져왔지만 이번에는 가구생계비를 둘러싼 논란으로 세 차례나 진행됐다.

처음부터 가구생계비가 첨예한 쟁점으로 떠올랐다. 최저임금법 4조는 '최저임금은 근로자 생계비, 유사근로자의 임금, 노동생산성과 소득분배율을 고려하여 정한다'고 규정하고 있다. 최저임금위원회는 줄곧 단신 가구 생계비만을 기준으로 정해왔는데, 최저임금이 적용되는 노동자 대다수가 가장이거나 가족의 생계를 책임져야 할 위치에 있는 사람이어서 현실과 괴리가 커졌다. 더구나 미혼 고졸 남성이라는 단신 가구의 조건도 문제가 있었다. 중·고령 최저임금 노동자가 급증하고 대학 진학률이 80퍼센트에 육박하는 현실에 걸맞지 않았다.

먼저 '미혼 단신 근로자 생계비 분석 보고서'를 보고받고 유사 통계 자료를 공유한 후 노·사가 각각 생계비안을 제출했다. 노동자위원이 낸 생계비안은 미혼 단신은 193만 9580원, 가구원 수 2.5인 기준 306만 6476원이었다. 34세 이하 단신 근로자의 실태생계비에 2015년 경제성장률 3.1퍼센트와 물가상승률 0.9퍼센트를 반영한 금액이다. 사용자위원의 생계비안은 소득 수준 하위 25퍼센트 계층의 생계비에 2015년 물가상승률을 반영한 90만 49원이었다. 같은 나라의 것이 아닌 듯 노·사의 생계비안은 큰 차이가 났다. 가구생계비 연구 조사를 2016년부터 시행하자는 노동자위원의 요구를 사용자위원이 거부해 결국 전원회의에 안건으로 상정하기로 했다.

4. 중반전_ 전원회의

정보공개 전투

6월 11일 4차 전원회의. 시작부터 정보공개를 둘러싼 논란이 뜨거웠다. 박준성 위원장이 이미 의결 안건을 상정하며 방망이를 두들긴 후인데도, 사용자위원은 회의 결과를 언론에 공개한 것을 계속 문제 삼으며 정상적인 회의 진행을 가로막았다. 그동안 이런 일로 불쾌한 적이 없었다며 규칙 위반이라고 성토했다.

사용자위원이 문제 삼은 건 한국노총의 보도 자료와 회의에 배석한 최혜인 한국비정규노동센터 정책부장이 〈오마이뉴스〉에 기고한 글이었다. 특히 '밀실 회의'라는 표현에 발끈했다. 기자 한 명도 들어오지 못하는 폐쇄적인 회의 구조가 밀실 아니면 뭔가. 그간 제대로 쟁점화하지 못한 위원회의 치부가 드러나자마자 사용자위원이 심각히 느낀 불편함의 실체는 뭘까, 회의 내내 흥미로웠다.

사용자위원이 내게 공개 사과를 요구했다. 단박에 거절했다. 지금까지 회의 과정과 결과를 투명하게 공개하지 못한 위원회가 국민에게 사과해야 한다고 맞받았다. 결국 운영규칙 위반 여부가 쟁점이 됐다. 최저임금위원회 운영규칙 25조는 위원장만 전원회의 동의를 얻어 회의 결과를 대외적으로 발표할 수 있고, 위원은 회의 결과를 위원회의 동의 없이 발표할 수 없도록 정하고 있다. 그럼 당장 제도 개선이 어려운 상황에서 위원장이 회의 결과를 대외적으로 공표하기 꺼린다면? 위원이라도 나서서 알려야 할까, 아니면 잘못된 규칙에 얽매여 가만히 있어야 할까. 안식일에 병자를 치료했다는 이유로 지탄받은 예수가 떠올랐다.

당시 위원회 홈페이지를 들어가보고 깜짝 놀랐다. 한창 진행하던 전원회의, 전문위원회의 회의의 결과를 볼 수 없었다. 언론 보도는 2013년 7월 8일 〈연합뉴스〉 기사가 마지막이었다. 2015년 최저임금(5580원) 관련 기사조차 올라와 있지 않는 정도였다.

속기록 수준의 회의 결과 공개를 요구했더니 상임위원이 속기사를 채용할 예산이 없어 어렵다고 답변했다. 그 중요한 회의 내용을 기록하는 속기사 한 사람 없었다니 어이가 없었다. 직접 들어가서 확인한 위원회의 실질적 위상은 민망한 수준이었다. 무엇보다 정보 공유도 기본 인권인 만큼 정보공개가 우선이었다.

최저임금위원회는 노동자위원과 사용자위원, 공익위원 9명씩 구성된다. 27명이 수백만 저임금 노동자의 임금 수준을 결정하는 구조다. 그렇다면 당사자의 의사를 반영할 방도를 마련하는 게 마땅하다. 그런데 비정규직과 중소 영세 사업장 노동자는 대부분 노동조합 바깥에 놓여 있기에 사회적 발언 기회도 미미할뿐더러 위원회에서 논의되는 내용을 전해들을 통로도 부족하다. 어떤 국회 청문회보다도 중요한 사회적 의제인데 최저임금 당사자와 일반 국민은 애초부터 배제돼 있다. 공중파로 생중계되기는커녕 닫힌 밀실에서 폐쇄적인 회의 구조를 통해 수많은 노동자와 가족에게 생명 줄이 될 최저임금이 결정돼버리는 것이다.

그럼에도 사용자위원은 현재 정보공개가 충분하다고 주장했다. 심의 기간 중에 실제 회의 과정과 결과를 공유하는 사람은 27명 위원과 극소수 배석자, 그리고 고용노동부나 이해 당사자 조직의 상층 지도부뿐이었다.

배석한 최혜인 부장과 정준영 청년유니온 국장의 활약으로 정보공개의 물꼬를 틀 수 있었고, 일정한 성과를 거뒀다. 〈매일노동뉴스〉와 〈오마이뉴스〉에 실린 글이 전원회의에서 논란이 됐지만, 정당한 정보공개 요구를 마냥 도외시할 순 없었다.

노·사 각각 4명으로 제한된 배석자 수를 지적하며 사용자위원이 두 배석자에게 나가라고 요구하기도 했다. 나는 최혜인 부장에게 끌려 나갈 각오를 하라고 미리 당부해두었다. 만일 끌려 나갔다면 거센 후폭풍 속에 정보공개 문제는 큰 파장을 일으켰을 것이다. 그리 되었으면 좋았을걸, 좀 아쉽다.

결국 청년유니언과 한국비정규노동센터가 각각 1명씩 배석자를 늘리기로 타협했다. 기존 배석자 수를 2명 더 늘린 것이다. 회의 결과도 녹취록 수준에는 못 미치지만 이전보다 자세히 정리된 내용이 홈페이지에 재깍 공지됐다. 양대 노총의 언론 브리핑도 진행할 수 있게 됐다. 여전히 방청과 기자 취재는 허용되지 않았지만 간신히 숨구멍 하나 틔운 셈이었다.

2015년 어떤 성과를 거두었나

6월 4일 3차 전원회의에서 표결 끝에 평균임금 대비 최저임금 지표가 도입됐다. 최저임금 결정 기준 중 하나인 소득분배율은 어떤 통계 값을 기준으로 하느냐에 따라 차이가 크다. 전체 노동자를 받는 임금 순서대로 일렬로 세웠을 때 정중앙에 있는 노동자의 임금을 중위임금이라 한다. 이는 전체 노동자의 총 임금 소득을 노동자 수로 나눈 평균임금보다 낮아 최저임금과의 상대적 격차가 줄어드는 착시 효과가 있다. 노동계가 중위임금 대비 최저임금 비율과 함께 평균임금 대비 최저임금 비율도 공식 지표에 포함할 것을 요청했는데 관철된 것이다. 8년 만에 소득분배율 공식 기준 통계가 개선된 것은 의미 있는 성과였다.

7월 3일 9차 전원회의에서는 두 가지 중요한 결정이 나왔다. 최저임금 결정 단위는 시급으로 하되 고용노동부가 시급과 월급을 병기해 고시하기로 했다. 그리고 최저임금을 업종별 구분 없이 전국 단일로 정하기로 했다. 모든 위원이 만장일치로 가결했다. 시급·월급 병기안 때문에 사용자위원이 집단 퇴장하고 한 차례 회의를 보이콧하기까지 했지만 사태는 일단락되었다.

중장기 제도 개선 과제를 다룰 전원회의를 하반기에 월 1회 정례화하기로 한 것도 눈에 띄는 결정이다. 최저임금 인상 수준만큼이나 중요한 것이 최저임금 결정 구조다. 공익위원 추천권을 포함해 방청 및 배석, 회의 속기록 공개 등 중요한 쟁점이 한둘이 아니다. 현재 고용노동부 산하에 있는 최저임금위원회의 위상을 높이는 방안도 문제다. 매년 이벤트 하듯이 5월, 6월만 뜨겁게 논쟁하다 사그라지는 최저임금 논의가 앞으로는 하반기에도 제도 개선 과제를 중심으로 지속

누구를 위한 최저임금위원회인가

적으로 다뤄질 수 있게 됐다.

아쉽게도 애초 만장일치로 합의된 가구 생계비 연구 용역 실시가 원점으로 되돌아왔다. 사용자위원이 업종별 최저임금 구분 관련 연구 용역과 연동해 주장하는 통에 둘 다 패키지로 묶여 제도 개선 과제로 넘겨졌다. 희생양이 된 것이다. 앞에서 말했듯이 가구 생계비 관련 논의는 전문위원회 회의 때부터 뜨거운 쟁점이었다. 노동계의 최저임금 시급 1만 원 요구의 핵심 근거이기도 해 연구 용역을 통한 세밀한 조사가 꼭 필요하다. 부산·대구, 광주, 서울 현장 방문을 통해 모든 노동자의 절실한 요구로 확인되기도 했다. 공익위원까지 공감대가 폭넓게 형성된 만큼 이후 순리대로 잘 마무리되리라 믿는다.

민낯을 드러낸 사용자위원

전원회의 내내 사용자위원의 발언이 말썽이 됐다. '이런 어린 놈' 망언에서부터 노동자를 폄하하고 조롱하는 표현까지 넘지 말아야 할 선을 종종 넘었다. 단순히 격한 감정에 내뱉은 말로만 치부할 순 없다. 한국의 노·사 역관계를 가감 없이 명징하게 드러낸 모습이라는 것이 정확한 진단이다.

노동자위원으로서 자괴감을 느낄 때가 많았는데, 위원회의 위상을 떨어뜨리는 사용자위원을 보면서 특히 그랬다. 사용자위원도 노동 인권 교육을 제대로 받아야 한다는 생각이 간절했다.

한 사용자위원은 최저임금이 고졸 남성이나 이주 노동자가 받으면 되는 수준의 임금이라고 단정했다. 중앙정부가 결정하는 최저임금이 너무 낮아 지방정부가 발 벗고 나서서 주도하는 생활임금과 정부가 용역 근로자 보호 지침으로 권장한 시중 노임 단가(시급 8019원)

의 의미는 안중에도 없었다. 그들의 머릿속엔 최저임금이 기아임금이 아니라 법정임금이며, 인간답게 먹고살 만한 수준의 생계비이자 사회임금이라는 인식이 발붙일 곳이 없었다.

더구나 230여 만 명에 달하는 최저임금 미달자를 떠올리면 위반과 불법을 개의치 않는 사용자의 인식을 바로잡지 않고선 최저임금 인상의 긍정적 효과는 가뭇없이 사라지기 십상이다. 노·사가 최저임금 인상 수준을 다투는 일이야 당연한 절차이겠지만, 인상된 최저임금의 사각지대를 해소하는 일은 공동의 과제다. 사용자위원이 한번 최저임금으로 살아보면 달라질까?

최저임금 인상 수준 전투

설마 했는데 사용자위원은 2015년에도 변함없이 9년째 동결안을 냈다. 거기에다 연례행사처럼 설득력 없는, 업종별 최저임금 차등 적용을 주장하고 나섰다. 정말 한국의 최저임금 수준은 사용자가 부담스러울 정도로 높을까.

물가가 꽤 높은 유럽 주요 도시의 최저임금 구매력을 장바구니 물가 기준으로 비교해도 한국의 최저임금이 비정상적으로 낮다는 것이 확연하게 드러난다. 프랑스에서 최저임금 2시간치(2만 5000원가량)로 구입할 먹을거리를 한국에서 구입하려면 대략 최저임금 10시간치에 해당하는 5만 8000원이 든다. 프랑스는 빵과 고기를, 한국은 밥과 국을 주로 먹기 때문에 해당 식품의 시장가격이 다르고 용량도 미세한 차이가 날 수 있다. 하지만 최저임금 2시간과 10시간의 간극은 너무 크다. 한국의 최저임금이 지나치게 낮은 것이다. 사용자위원은 동결안을 반복하며 사회적 무책임의 극치를 보여줬다.

사용자위원은 30원, 35원, 70원 차례대로 세 번 인상한 수정안을 냈다. 도합 135원 인상이다. 애들 장난도 아니고 최저임금 노동자를 철저히 우롱하는 인상안이었다. 최저임금이 적용되는 당사자가 노동조합으로 조직화돼 있었다면 무슨 일이 벌어졌을까. 당장 항의가 빗발쳤을 것이다. 투쟁 수위가 총파업 수준으로 급속히 높아졌겠지. 고공 농성과 점거 투쟁이 병행됐을 거고, 경총(한국경영자총협회) 사용자위원에 대한 그림자 투쟁이 잇따랐겠지. 언론의 취재 열기가 정점으로 치달았을 테고, 뜨거운 쟁점이 된 최저임금 인상 수준을 다루는 공중파 TV 공개 토론이 여기저기 앞다퉈 진행됐겠지. 기자들은 일촉즉발 긴장감이 도는 세종시 최저임금위원회 앞에서 상주했을 테고.

　　문득 떠오른 장면 하나. 2007년 7월 1일 기간제법(기간제 및 단시간근로자 보호 등에 관한 법률) 발효를 앞두고 이랜드 일반노조가 6월 30일 동양 최대인 홈에버 월드컵점 점거 농성에 들어갔다. 대형마트에서 현금 계산원과 판매원으로 일하던 여성 노동자가 기간제법의 허구와 폐해를 온몸으로 증언하면서 순식간에 전국적 쟁점으로 떠올랐다. 민주노총이 수년 동안 애써왔지만 폭넓은 공감을 얻지 못한 기간제법의 문제점이 국민에게 낱낱이 알려진 계기가 됐다. 농성장에는 주요 공중파 방송사의 카메라가 상주했고 기상 시간부터 촬영에 들어가기도 했다.

　　당사자의 목소리만큼 가슴 저미는 공감을 불러일으키는 건 없다. 특히 비정규직과 청년, 여성 노동자들의 처지는 더욱 그렇다. 통계에 반영되지 않는, 숫자 뒤에 숨은 눈물과 한숨이 날것으로 드러나는 것만큼 정치적인 건 없다.

프랑스 최저임금으로 먹을거리 장보기

- **예산:** 프랑스 최저임금 시급 2시간 몫 19.22유로
  (2015년 6월 19일 유로화 고시 환율 1253원 기준 2만 4092원)

- **장을 본 곳:** 프랑스 슈퍼마켓 체인 모노프리, 파리 5구 생미셸 지점

- **날짜:** 2015년 6월 19일

- **2015년 프랑스 최저임금 시급:** 9.61유로(1만 46원)

1. 미네알 생수 1병(1.5리터) │ 0.57유로

2. 통밀 크래커 1개(270그램) │ 1.62유로

3. 어린 잎과 루꼴라 샐러드 1봉지(145그램) │ 2.4유로

4. 유기농 줄기토마토 1팩(350그램) │ 1.59유로

5. 유기농 달걀 1상자(6개) │ 2.84유로

6. 브리치즈 한 덩이(200그램) │ 1.7유로

7. 블루베리 1팩(250그램) │ 1.99유로

8. 통밀빵 한 덩이(350그램) │ 1.65유로

9. 찜요리용 쇠고기(400그램) │ 4.77유로

아홉 가지 먹을거리와 장바구니용 비닐봉투 2개를 구입

지출: 19.19유로(2만 54원)

프레임을 바꾼 시급 1만 원 요구

2016년 최저임금 수준과 관련해 가장 주목받은 건 노동계의 시급 1만 원 요구였다. 온 가족이 사람답게 먹고살려면 최소한 월 200만 원은 벌어야 한다는 일반적인 상식을 반영한 요구였는데 사회적 반향이 컸다. 민주노총이 앞장서고 한국노총과 참여연대를 주축으로 한 조직 노동과 시민사회가 뒷받침하면서 핵심 요구가 됐다.

'시급 1만 원'은 그간의 최저임금 인상 논의 프레임을 바꿔놓았다. 그간 한 자릿수 인상률을 유지하던 관행을 바꿀 강력한 프레임이었다. 공세적인 최저임금 인상 투쟁이 가능해졌다. 사회적 여론도 대폭 인상에 무게가 실리긴 했지만, 1만 원이라는 구체적인 목표 수치를 내걸자 상징성이 간명해지고 설득력이 생겼다.

'장그래에게 최저 임금 시급 1만 원을!', '장그래에게 노동조합을!'을 모토로 민주노총과 장그래살리기운동본부가 주관한 '장그래 대행진'은 6월 내내 메르스 파동이라는 악재 속에서도 꿋꿋이 전국적으로 진행됐다. 또 민주노총은 '최저임금 시급 1만 원 달성 500만 서명'도 이끌었다. 비록 목표에 한참 못 미친 20만 명에 머무르긴 했으나, 역대 최대 규모의 정규직 조합원이 최저임금 인상 투쟁에 동참했다. 변화의 물꼬를 튼 셈이다.

국기에 대한 경례 해프닝

전원회의 도중 정회 시간에 한 사용자위원이 다가오더니 의아하다는 표정으로 물었다.

"이남신 위원은 대한민국 국민 아니에요?"

"세금 잘 내는 국민 맞는데 왜 그러시죠?"

누구를 위한 최저임금위원회인가

"왜 국기에 대한 경례를 안 해요?"

"무슨 말씀인지. 국기에 대한 경례를 안 한 적 없는데요. 가슴에 손을 올리지 않았을 뿐이죠."

"그러니까 국기에 대한 경례를 안 한 거잖아요. 최저임금 위원이 그러면 쓰나."

"가슴에 손을 올리는 건 일제와 군사독재 시절의 잘못된 유산인데 그냥 따라하는 건 문제가 있죠."

예상치 못한 일이라 처음엔 나도 당황했다. 전원회의 때마다 국기에 대한 경례가 진행됐다. 그것도 의아했다. 임명장을 받은 날이야 그렇다 치더라도 매번 전원회의가 열릴 때마다 엄수하는 국기에 대한 경례는 지나쳐 보였다. 과례는 비례라 하지 않던가.

애국심은 의례적 의식에서 나오는 게 아니라 진심 어린 충정에서 우러나는 것이다. 민주주의 사회가 아닌 병영 국가나 독재 치하에서나 애국심을 강요하는 것 아닌가. 그런 점에서 국기에 대한 경례 해프닝은 사용자위원의 국가주의적인 인식 수준이 적나라하게 드러난 대표적 사례다.

누구나 성토하는 파시즘이나 나치즘이 국가에 대한 맹목적 충성 강요와 군사주의로부터 연원했음을 염두에 두면, 국기에 대한 경례 사건은 단순한 해프닝이 아니라는 생각도 든다. 전근대적 감수성으로 최저임금을 심의하기란 불가능에 가깝기 때문이다.

더욱 놀랍게도 경총은 기자회견을 통해 국기에 대한 경례 해프닝을 쟁점화했다. 시급·월급 병기안을 반대하며 집단 퇴장한 사용자위원이 한창 여론의 눈총을 받을 때였는데 맞불 작전으로 나온 셈이었다. 그러한 수준이 한 나라를 대표하는 사용자 단체라니 헛웃음이 나왔다.

최저임금은 최소한의 노동 인권 감수성을 갖추지 않고선 제대로 다루기 힘든 사회적 의제다. 민주주의와 양심의 자유에 반하는 군사주의, 획일주의 사회에서 사회적 약자는 피해를 감수하기 십상이다. 국기에 대한 경례 사건은 최저임금이 왜 온당한 수준으로 오를 수 없는지, 기득권층의 노블레스 오블리주가 얼마나 힘겨운 일인지 역설하는 장면이었다.

5. 종반전_ 퇴장 전술

뒤통수 맞다

나는 마지막까지 공익위원 측을 믿었다. 박준성 위원장이 보수적인 입장을 가지고 있음에도, 노동계의 최초 요구안이 시급 1만 원인 데다 사회적 반향도 컸던 만큼 최소 두 자릿수 인상률이 포함된 심의 촉진 구간이 나오리라 예측했다. 2015년 새로 합류한 공익위원의 입장이 전향적이었고, 노·사를 오가며 의견을 청취한 공익위원 측의 분위기도 나빠 보이진 않았다. 결과적으로 볼썽사납게 걷어차였다.

단위 사업장의 노·사 교섭에서 이런 일이 벌어졌다면 교섭위원은 모두 사퇴했을 가능성이 높다. 최소 요구 목표조차 달성하지 못한 책임을 지고 물러났을 것이다. 하지만 당사자가 수백만인 지대한 사회적 의미를 가진 임금 교섭이라도 단일하게 조직화되지 못한 터라 교섭 책임이 바위처럼 무겁진 않았다. 미묘한 속앓이가 깊어졌다.

누구를 위한 최저임금위원회인가

노동자위원의 집단 퇴장은 불가피했다. 9.7퍼센트에 그친, 심의 촉진 구간의 최고 상한선을 용납하기는 어려웠다. 정부를 대변하는 공익위원이 한국 사회 슈퍼 갑인 사용자의 압박에 주저앉은 꼴이었다. 시급 6030원은 심각히 기울어진 노사 역관계를 반영한 액수였다. 퇴장한 이후 김민수 청년유니온 위원장의 얼굴에 드리운 깊은 번민의 그늘을 보고 맘이 아렸다. 조합원이 받을 임금인데 교섭장 바깥에서 지켜봐야만 하는 심경이 오죽했겠는가.

노동자위원 전원이 퇴장한 상태에서 공익위원과 사용자위원이 일방적으로 최저임금 수준을 결정해버린 것도 문제가 크다. 사용자위원이 시급·월급 병기안에 반대하며 퇴장한 뒤 다음 전원회의에 불참했을 때, 노동자위원은 공익위원과 함께 의결할 수 있었음에도 그다음 전원회의로 넘겨 처리했다. 그런데 가장 중요한 인상 수준을 결정해야 할 때 노동자 대표의 의견을 반영할 기회를 주지 않고 일방적으로 결정해버렸다. 형평성에 어긋난다. 회의 진행을 책임지는 위원장이 더욱 신중했어야 했다. 결정 시한이 7월 15일이라 여유도 있었다.(8월 5일까지 고용노동부장관이 최종 결정·고시해야 하고, 고시 전 20일의 이의 제기 기간을 거쳐야 하므로 7월 15일이 최저임금 협상의 마지노선이다.) 결국 위원회는 또 다시 밀실 회의, 공익위원이 칼자루를 쥔 기형적 구조라는 비판에서 벗어나기 힘들게 됐다.

정말 누구를 위한 최저임금위원회인지 의문이 든다. 400만 명이 넘는 최저임금 당사자의 처지가 최우선이어야 할 텐데 인상을 결정 짓는 여러 요인 중 하나에 불과했고 막판에는 후순위로 밀렸다. 줄곧

위원 | 이남신

든 생각은 27명 위원, 특히 공익위원과 사용자위원이 저임금 노동자의 일상에 얼마나 공감하고 있을까였다. 최저임금이 수많은 취약 계층 노동자, 가족의 생존과 직결되는 중차대한 사안임을 정말 느끼고 있을까. 그저 영세 자영업자를 앞세우면서 지불 능력 중심으로만 판단한 게 아닐까. 1인당 국민소득 3만 달러를 앞둔 나라에서 국민의 평균적 삶의 수준이 어때야 할지 가늠이나 해보았을까.

왜 최소 두 자릿수 인상률인가

1988년부터 2014년까지 최저임금 평균 인상률은 9.8퍼센트다. 노태우, 노무현 정부 때만 두 자릿수 인상률로 올랐고, 김대중, 김영삼, 이명박, 박근혜 정부 아래선 한 자릿수 인상률에 그쳤다. 줄곧 노동시장 양극화로 인한 임금 격차는 돌이킬 수 없는 지경까지 커져왔다. 통계상으로도 2000년 이후 단 한 해도 격차가 줄어들지 않고 점증했다. 소득 격차를 조금이라도 해소하려면 최저임금 인상률을 두 자릿수로 올려야 한다는 것은 명백했다.

최저임금 1만 원 요구가 사회적 반향을 불러일으킨 이유도 곱씹어봐야 한다. 2015년 최저임금위원회가 발주한 연구 보고서를 보면 2014년 미혼 단신 노동자의 실태생계비는 155만 원이다. 공공 부문의 최저임금격인 시중 노임 단가는 시급 8019원(2015년)이다. 지방정부가 주도하는 생활임금 수준은 6050~7184원이다. 어디를 둘러봐도 한 자릿수 인상률이 터 잡을 명분이란 없다. 딸랑 450원 인상으론 구매력을 높이기도 어렵고 소득 격차 해소는 애당초 불가능하다.

최저임금 인상을 가로막는 진짜 주범

최저임금 인상을 둘러싸고 청년 및 비정규직 노동자와 영세 자영업자가 대립하는 모양새가 되었다. 알바보다 더 낮은 소득을 감내하는 자영업자가 있는 현실이니 그럴 듯하지만 착시 현상이다. 영세 자영업자를 힘겹게 하는 건 대기업 자본이다. 골목 상권을 장악했을 뿐만 아니라 높은 가맹 수수료 등으로 등골을 빼먹어왔다. 그들이 노동 시장 양극화를 주도하며 비정규직 양산을 부추기는 바람에 나쁜 일자리를 피하려던 이들이 창업으로 몰려 자영업자가 됐으니, 다시 막심한 피해를 입고 있는 셈이다. 결국 최저임금 인상을 가로막는 주범은 바로 대기업이다. 재벌이 문제다.

영세 자영업자 및 중소기업의 지불 능력 문제는 골목 상권 보호와 카드 및 가맹점 수수료 인하, 원·하청 불공정 거래 시정 등 대기업이 사회적 책임을 다하느냐에 달려 있다. 경제 민주화 문제로 별도 대책을 마련해야지, 최저임금 대폭 인상을 막는 빌미가 될 수 없다. 최저임금 인상을 통한 구매력 증가는 자영업자의 수익률을 높이고 과다 경쟁을 해소하는 중장기 효과도 기대할 수 있다.

그러므로 최저임금 인상 수준만 논의해선 안 된다. 재벌 대기업이 먹이사슬의 정점에 도사리고 있는, 양극화된 경제 구조를 전면 개혁할 방안도 함께 논의해야 한다. 비정규직 노동자와 영세 자영업자가 손잡아야만 최저임금 인상을 둘러싼 소모적 논란을 극복할 수 있다. 재벌 자본의 지배구조와 부당 수익 전유를 해체해야 한다. 새로운 공생의 사회경제 생태계와 좋은 일자리가 중심이 된 노동시장 구조를 만들지 않으면 한국 자본주의의 미래는 암울하다. 노동권이 박탈된 밑바닥 노동자와 가족이 희생되는 비극이 지겹게 반복될 수밖에

위원 | 이남신

없다.

6. 2015년 복기를 마치며

8월 5일 고용노동부장관이 2016년 최저임금 시급 6030원, 월급 126만 270원(월 209시간 기준)을 고시함으로써 최저임금 인상을 둘러싼 공방은 공식적으로 종료됐다. 개선 과제는 이렇다.

첫째, 우선 정보공개부터 빨리 시정되어야 한다. 6명씩으로 제한된 배석을 더 늘리고 방청도 일정 정도 허용해야 한다. 회의 속기록을 즉각 공표하고, 비공개가 꼭 필요한 내용이 아닐 경우 기자 취재를 허용해야 마땅하다. 최저임금의 중요성을 감안하면 국회 공청회 수준으로 생방송을 해야 옳겠지만 당장 정보공개 수준을 높이는 것이 절실하다.

정보공개는 최저임금위원회가 밀실 회의라는 오명에서 벗어날 수 있게 할 뿐 아니라, 합리적 공론의 장을 여는 데도 결정적 역할을 할 것이다. 각자의 이해관계에 기초한 다양한 주장이 사회적으로 공유되는 과정을 거침으로써 대안 및 고려 가능한 타협안이 도출될 수 있다. 위원의 자질도 자연스럽게 대중적으로 검증될 수 있다.

둘째, 공익위원 추천권이 조정되어야 한다. 지금의 최저임금위원회 구조에선 노·사 위원 간 타협점을 찾기란 거의 불가능한 상태라 종국엔 공익위원이 캐스팅보트 역할을 할 수밖에 없다. 2015년에도 예외 없이 공익위원이 심의 촉진 구간을 제출하면서 위원회는 파행으로 치달았다. 교수와 국책 연구 기관 연구자 중심으로 이뤄진 9명의 공익위원이 수많은 저임금 노동자의 밥줄을 쥔 셈이다.

이들 공익위원은 고용노동부장관의 제청으로 대통령이 임명한다. 정부의 입맛에 맞는 사람으로 구성되는 것이다. 개인적으로야 소신을 가진 이가 없지 않겠지만 공익위원 전체의 의사 결정은 정부와 집권 여당의 가이드라인을 벗어나기 힘든 구조다.

결국 정부가 독점한 공익위원 추천권을 분할하는 게 마땅하다. 장하나 새정치민주연합 의원이 낸, 국회가 공익위원 9명 중 6명의 추천권을 행사하는 내용의 최저임금법 개정안도 하나의 방안이다. 물론 노·사 이해 당사자 간에 입장 차가 큰 사안이다 보니 합의점을 찾기는 쉽지 않을 것이다. 하지만 지금의 공익위원 추천 구조로는 수백만 저임금 노동자의 이해가 제대로 반영되기 어려운 건 분명하다. 최저임금 결정의 열쇠를 쥔 공익위원이니 만큼 추천은 사회적 합의가 반영되는 방식으로 하는 게 합리적이다.

셋째, 2015년 위원회에서도 거의 합의까지 이른 만큼 가구 생계비 지표 도입을 우선 숙의해 결정해야 한다. 최저임금은 개인뿐 아니라 가족의 생계까지 염두에 두고 결정되는 것이 당연하다. 1988년부터 적용돼 금과옥조로 여겨져온 18세 단신 미혼 남성 기준 생계비를 보완해 생계비 기준을 바로잡아야 한다.

위원 | 이남신

7. 2016년을 기약하며

간절하게 소망한다. 양대 노총이 2016년 초 정기 대의원대회에서 최저임금 1만 원 쟁취를 위한 총파업 총력 투쟁을 주요 투쟁 계획으로 확정할 것을. 주요 산별 단위 노조는 조합원이 참여하는 최저임금 대폭 인상 캠페인을 결의할 것을. 최저임금은 적게 잡아도 400만, 많게 잡으면 700만 비정규직과 중소 영세 사업장 노동자의 기준임금이다. 이미 시급 1만 원 요구가 확정된 만큼 이를 실현할 양대 노총의 담대하고 구체적인 공동 투쟁 전략이 필수적으로 요청된다.

또 기대한다. 2015년에 이어 더욱 폭넓은 장그래 대행진이 전국 동시 다발로 벌어지고 노동조합 바깥의 노동자와 시민이 자발적으로 연대하고 결합하는 모습을. 최저임금이 자신의 임금인 청년과 여성 노동자가 최저임금 인상 캠페인에 대거 결합하는 장면을. 무엇보다 저임금 노동자가 헌법이 보장하는 기본권인 노동삼권을 활용해 노동조합을 조직하고, 당당히 자신의 요구를 내걸고 방방곡곡에서 집회하는 모습을.

두 기자

최저임금으로 한 달 살기

최저임금위원회가 한창 진행되던 무렵 김연희, 이상원 〈시사IN〉 기자가 직접 최저임금을 벌며 한 달을 살았다. 집에서 간단한 옷가지만 챙겨 나와 가장 값싼 주거 공간인 고시원에 살면서, 알바를 해서 의식주를 해결했다. 최저임금법 1조에서 밝힌 '근로자의 생활 안정'과 '노동력의 질적 향상'이 가능한 삶인지 직접 검증해보자는 취지였다. 과연 최저임금으로 인간다운 생활을 유지할 수 있는가. 최저임금이 충분하다고 말하는 이들에게 '최저임금으로 당신이 한번 살아보라'는 주문이기도 했다. 어려운 주머니 사정 때문에 주말에도 일을 해야 했다. 마지막에는 가계부도 공개한다.

- 27세
- 4월 20일~5월 20일
- **명동 음식점 서빙(시급 5800원)**
  오전 10시~오후 6시, 꺾기(조기 퇴근) 17회
- **4주 일일 알바:** 연회장 및 호텔 서빙, 주방 보조
- **총 노동시간 154시간**
- **사전 소지품:** 코트, 스웨터, 청바지, 운동화,
  양말 두 켤레, 속옷 2개, 수건 1장, 상의 2개,
  실내복 상하의, 노트북, 빗, 칫솔, 스마트폰,
  이어폰, 중고 스마트폰

|체험|

김연희

최저임금으로 한 달 살기 1
적자? 흑자?

수입: 108만 4500원

지출: 118만 1130원

결산: −9만 6630원

체험
1일차

살 곳을 구하다

여행용 가방 하나만 집에서 들고 나왔다. 속옷 두 벌, 양말 두 켤레, 청바지, 셔츠 두 벌, 재킷, 담요, 노트북이 담겼다. 손에는 116만 6220원이 쥐어졌다. 2015년 최저임금 시급 5580원에 주휴수당을 받는다고 가정해 월급으로 환산한 임금(월 209시간 기준)을 사전에 지급받은 것이다. 앞으로 한 달 동안 최소한 그 정도 돈을 벌어야 하고 번 돈 안에서 생계를 꾸려야 한다. 그래야 파산을 면한다.

살 곳부터 구했다. 보증금을 내는 방은 구할 수 없었다. 신림동 고시촌으로 향했다. 1평 남짓한 방 안에 샤워 부스가 있다. 부스 안에 샤워기와 세면대만 있으면 32만 원, 좌변기까지 추가되면 35만 원.

적자? 흑자?

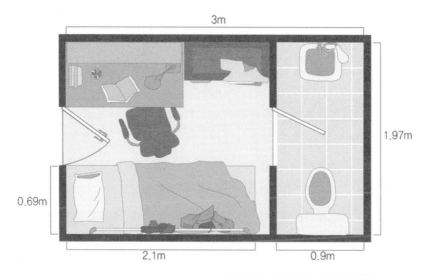

3m

1.97m

0.69m

2.1m

0.9m

고시원 비용 35만원 (서울 관악구 신림동)

3만 원을 아끼느냐 좌변기냐, 그것이 문제였다. 3만 원보다는 큰일을 치르기 위한 개인적 공간이 소중했다. 35만 원짜리 방을 선택했다. 좁다. 양손을 뻗으면 벽이 닿았고 키 170센티미터인 내가 누우면 딱 맞았다.

첫 출근을 하다

서울 명동에 있는 프랜차이스 음식점에 취업했다. 명동은 땅값이 가장 비싼 곳이다. 명동 네이처 리퍼블릭 자리는 3.3제곱미터(1평)당 공시지가가 2억 6631만 원에 달한다. 최저임금 수준의 월급을 한 푼도 쓰지 않고 19년 모으면 1평을 살 수 있다. 일터는 그곳에서 500미터 떨어진 곳이다. 김밥 한 줄 값도 다른 지역보다 1000원이 비싼 명동이지만 다른 지역과 똑같은 가격이 있다. 바로 최저임금이다. 음식점의 점장은 '나이가 많으니 시급으로 6000원을 주겠다'고 내게 약속했다. 동료들은 20대 초반이었다. 최저임금 시급 5580원에서 400원 정도를 더 주겠다는 의미다. 점장도 직원이다. 사장은 따로 있었다. 오전 10시부터 저녁 6시까지 8시간, 주 6일을 근무하는 조건이었다. 주휴수당 언급은 없었다. 일주일에 15시간 이상 일하고 개근을 하면 하루치 유급 수당을 지급받아야 한다. 단기 아르바이트생도 주휴수당을 받는다. 일자리를 구하는 게 급해 주휴수당의 '주' 자도 꺼내지 못했다. 근로계약서도 쓰지 않았다. 근로계약서 작성을 위반한 사업주는 벌금 500만 원 처벌을 받지만, 고용노동부의 단속은 느슨하다.

첫날 6시간 30분 근무. 그사이 딱 한 번 앉았다. 화장실에 갔을 때였다. 빨간색 폴로셔츠, 검은색 앞치마와 유니폼을 입고 나오자마자 일은 시작됐다. 그릇을 정리하는 법도, 손님이 떠난 테이블을 치우는 법도, 치즈를 담는 법도 교육 시간은 5분을 넘기지 않았다. 이곳에서 유니폼 색깔은 신분을 상징한다. 파트타임 알바생은 빨간 폴로셔츠, 직원은 검은 폴로셔츠를 입었다. 검은 옷을 입은 사람은 점심을 먹을 수 있다. 빨간 옷은 점심시간이 없다. 그 대신 오후 5시나 6시, 근무시간이 끝난 후에 가게에서 파는 볶음밥이 제공된다. 오후 6시, 가게를 탈출했다. 가까운 곳에 있는 감자탕 집에서 7000원짜리 뼈 해장국을 사먹었다. 내 처지에 먹기에 비싸다는 생각은 들었지만 돌아다닐 기운이 없었다.

적자? 흑자?

체험
2일차

4계명
최저임금으로 한 달 살기 체험을 시작하며 4계명을 정했다.

첫째, 세끼를 챙겨 먹는다.

둘째, 일주일에 친구를 한 번 이상 만난다.

셋째, 운동을 한다.

넷째, 미래를 준비한다.

'임금의 최저 수준을 보장해 근로자의 생활 안정과 노동력의 질적 향상'을 꾀한다(최저임금법 1조)는 입법 취지에 맞춰 정한 생활 수칙이었다. 세끼 수칙을 지키려고 출근길 아니면 화장실에 가서라도 몰래 먹을 요량으로 1500원에 삼각김밥 2개를 샀다.

출근 시간은 오전 10시. 10시 45분 음식점 오픈 시간까지 준비를 했다. 천장에 달린 환풍구를 닦다가 환풍구 팬이 떨어져 인중에 맞았다. 피부가 잠시 벌게졌다. 순간 그런 생각이 머리를 스쳤다. '만약 크게 디치면 산재보험 처리가 가능한가?' 구직 사이트에서 아르바이트를 구하다 보면 종종 복리 후생으로 종종 4대 보험 적용이 된다고 써놓은 곳이 있었다. 내가 일하는 곳은 해당 사항이 없었다.

일본인 관광객을 사랑하다
식당 곳곳이 지뢰밭이었다. 손님상으로 나가야 하는 솥의 무게부터 장난이 아니었다. 지름 40센티미터가량 되는 시커먼 무쇠솥을 한 손으로 잡아야 한다. 점장은 무쇠솥 가격이 5만 원이라고 일러주었다. 내 일당보다 비쌌다. 낮 12시 점심때 손님들이 쓰나미처럼 밀려왔다. 1번부터 31번까지 테이블의 124석 자리가 모두 찼다. 풀 테이블은 비상사태다. 이후에 들어오는 손님은 입구에서 기다려야 한다. 손님이 떠난 테이블을 무조건 빨리 치워야 한다. 음식 찌꺼기에 파묻힌 젓가락을 집노라면 양념장이 손톱 사이로 침투한다. 고깃집 노동에서 쉬운 일은 없지만 '테이블 치우기'는 그중에서도 3D 업무였다. 그 업무가 주로 내게 배정됐다. '감사합니다, 안녕히 가세요'라는 인사는 깍두기, 샐러드, 휴지가 뒤범벅된 테이블이 내 손길을 기다리고 있다는 신호였다.

나는 일본인 관광객을 사랑하게 됐다. 그들은 식사를 천천히 할 뿐 아니라 스마트폰으로 지도 앱을 느긋하게 본 다음 이쑤시개로 치아 청결까지 확인한 뒤에야 테이블에서 일어났다. 중국인도 좋아하게 됐다. 일본인만큼은 아니지만 여행길에 지친 다리를 쉬려는지 꽤 오래 자리를 지켰다. 제일 싫은 사람은 한국 직장인이었다. 점심시간 1시간이라는 제한을 가진 그들은 별다른 대화도 하지 않은 채 볶음밥을 입에 밀어놓고는 재빨리 가게를 떠났다. 넥타이 부대 손님이 늘어난다는 건 테이블 회전 속도가 빨라진다는 의미다. 아마 사장의 애정 순위는 정확히 나와 반대일 것이다.

너, 지금 뭐 하는 거니?
쓰나미가 잠잠해진 뒤 화장실을 한 번 갔다 오자 정신이 혼미해지

4주 동안 서울 명동의 한 음식점에서 일했다.
알바생은 빨간색 셔츠를, 직원은 검은색 셔츠를
입었다. '빨간옷'에겐 휴식 시간이 따로 없었다.

기 시작했다. 배가 고팠다. 아침에 챙겨온 삼각김밥을 먹지 못했다. 빨간 옷 알바생에게 오전 10시부터 오후 6시까지 8시간 근무하는 동안 휴식 시간은 없었다. 화장실 가는 것도 점장에게 알려야 한다. 식당 노동자로 일하면, 손님상을 다 차린 뒤 내 밥 한 번은 나를 수 있을 줄 알았다. 착각이었다. 허기져서 하마터면 손님에게 나가야 할 해물파전을 먹을 뻔했다. 주방 이모가 손님에게 가져다주라는 걸 '점심을 못 먹었으니 이거라도 먹어라' 하고 주는 걸로 착각했다. 파전 접시를 들고 주방 한구석에 자리를 잡으려는 내게 이모는 이렇게 말했다. "너, 지금 뭐 하는 거니?"

오후 4시 점장이 퇴근하라고 했다. 일찍 퇴근해 건강진단결과서(보건증)를 끊어오라고 했다. 써야 할 근로계약서는 쓰지 않으면서, 내가 내야 할 건강진단결과서는 꼼꼼히 챙겼다. 음식점 노동자는 식품위생법에 따라 건강진단을 받아야 한다. 이를 어기면 영업 취소 또는 500만 원 이하 과태료를 물어야 한다. 사업주로서는 문 닫는 건 피해야 한다. 보건소에서 폐결핵과 장티푸스 검사를 했다. 보건소 직원은 장티푸스 검사용 면봉을 건넸다. 화장실 문에 '면봉은 항문에 2.5~4센티미터 정도 삽입한 후 천천히 돌려서 검체를 채취하세요'라는 설명이 그림과 함께 붙어 있다. 검사하는 데 15분, 검사 비용으로 1500원을 냈다.

집에 오는 길, 길거리에서 1만 원에 양말 12켤레를 샀다. 최저임금으로 한 달 생활하는 동안 이제 양말 걱정은 안 해도 된다. 가뜩이나 고시원 방바닥이 더러워서 방 안에서도 양말을 신고 있어야 할 참이었다. 어제 구입하지 못한 이불을 사려고 고시원 근처 대형마트를 검색해봤다. 대중교통으로는 가기 어려운 위치다. 혹시나 해서 한 블록 건너 시장에 갔더니 마침 한복집에서 이불을 판다. 1만 원짜리는 솜이 전혀 없는 홑이불이고, 2만 5000원짜리는 솜이불이다. 잠시 망설이다 2만 5000원짜리 이불로 결정했다. 방이 추워서는 아니었다. 폭신한 솜이불을 깔면 감방 같은 고시원이 그나마 집 모양새를 갖출까 싶어서였다. 방에 돌아와 짐 정리를 마저 하고 솜이불을 까니 방이 조금 아늑하게 느껴졌다.

저녁으로 아침에 먹으려다 늦잠 자서 못 먹은 '3분 카레'를 먹었다. 고시원 공동 주방의 밥통에는 항상 흰 쌀밥이 준비되어 있다. 나는 '된밥 덕후'다. 과거 자취할 때는 된밥이 좋아서 100퍼센트 현미로 밥을 지어 먹곤 했다. 고시원 공짜 밥은 그런 나의 '덕력'을 시험에 들게 했다. '밥을 지을 때는 밥물을 손목 높이까지 받아주세요'라는 안내 문구가 미심쩍긴 했었다. 보통은 손가락 마디가 기준인 밥물을 곱절로 넣어야 한다니. 한 입 먹어보니 묵어도 한참 묵은 쌀이었다. 플라스틱 모형 밥을 씹으면 이런 식감일까. 혹시 쉰밥이 아닐까 의심스러운 냄새도 났다. 그래도 향이 강한 카레에 비벼 한 그릇을 비웠다.

서울 신림동 고시원은 보증금 없이 월 35만 원을
내야 했다. 양손을 뻗으면 닿을 정도로 좁았다.

체험

3일차

고시원 방문에 붙은 이름

홍수에 휩쓸려 내려가는 꿈을 꿨던가. 새벽 2시 30분, 옆방의 샤워 소리에 잠에서 깼다. 고시원에서는 이웃과 마주치기가 쉽지 않다. 변기 물 내리는 소리, 열쇠 돌리는 소리로 서로 살아 있음을 짐작할 뿐이다. 고시원 2층은 여성 전용이고, 3층, 4층은 남성 전용이다. 2층과 3층 사이 계단 중간에 총무실이 있다. 총무실 미닫이 창문은 8절지 스케치북만 한 독서대로 가려져 있다. 그 뒤에 경찰공무원 시험을 준비하는 총무가 앉아 있다. 그 역시 고시원에 산다. 오후 3시에도, 밤 9시에도 총무는 항상 앉아 있었다. 그는 거기서 인터넷 강의를 듣고 독서대에 펼쳐놓은 수험서에 밑줄을 친다. 혹시 고시원에서 자살한 사람은 없었는지 넌지시 물어봤다. 그는 "여기서는 없었다"고 말했다. 총무는 "다른 고시원에서 일할 때, 그때가 코레일 시험 떨어졌을 때니까 2012년…"이라며 기억을 더듬었다. 그는 자살 현장의 최초 목격자였다. 며칠 전부터 방에서 악취가 새어나오기 시작했다. 고시원장은 냄새를 없애려고 마늘을 태워보기도 했다. 그러다 방문을 열었을 때, 그는 목격했다. 수건대에 50대 남성이 매달려 있는 것을 말이다. 고인은 생전에 택시운전사였다고 했다.

내 방 문에는 두 사람의 이름이 적혀 있다. '2013년 지역 인재 7급 기술직 공무원 합격 김○○, 2014년 순경 공채 최종 합격 박○○.' 이 문구가 인쇄된 A4 용지가 스카치테이프로 방문에 조그맣게 붙어 있다. 아마 그들은 그 방에서 합격의 기쁨을 맛보았을 것이다. 그리고 주인은 그 사실을 밝히는 게 '세일즈'에 도움이 될 거라 여겼나 보다. 건물 한 층을 2미터 간격으로 촘촘히 쪼개놓은 고시원에서 특별히 풍수지리상 복이 깃든 방이 있을 리 없다. 그래도 내 방이 2층에서 유일하게 합격자를 2명 배출한 '행운의 방'이라는 사실에 살짝 기분이 좋았다. 여기에 대적할 수 있는 방은 사법고시 1차 합격자 1명을 배출한 방 정도다. 한편으론 그간 방을 거쳐 간 사람이 많을 텐데 합격자가 2명뿐이라는 사실이 씁쓸하기도 했다.

만렙을 넘어선 고수들

음식점 노동은 매 단계 미션을 클리어 하는 게임이다. '만렙'을 찍을 때까지 배움은 멈추지 않는다. 게임과 차이가 있다면 엄연히 노동이라는 것. 오늘은 창문 닦기와 닭갈비 양념 정리, 냉면 나르기 '스킬'을 터득했다. 이미 배운 스킬도 난이도가 올라갔다. 어제는 한 번에 주문 1건밖에 못 받았다면 오늘은 2건까지 받을 수 있다. '해물(해물 메뉴)' '쭈(주꾸미)' '비(비빔공기)' 같은 약어도 어설프게나마 구사하게 됐다. 테이블 치우기는 이제 '중수' 정도 되는 것 같다. '하수'는 테이블을 치울 때 한 손밖에 쓰지 못한다. 시선이 훑는 데로 하나씩밖에 짚지 못한다. '고수'는 일견에 테이블 위 접시들의 위치를 파악한 다음 손이 눈보다 빨리 움직인다. 두 손을 자유롭게 사용한다.

오늘, 눈보다 손이 빠른 고수 알바를 목격했다. 직원들과 함께 밥을 먹는 빨간 옷 알바생 2명이 등장한 것이다. 사실 나 같은 초짜가 봐도 그녀들의 스킬은 범상치 않았다. 주희(21·가명)는 테이블을 치

적자? 흑자?

울 때 손이 보이지 않았다. 그녀는 검은 옷이 하는 밥 볶기도 능숙했다. 열일곱 살에 고등학교를 그만두고 5년 동안 서빙 아르바이트를 했다. 5년간 한 직종에서 일했는데도 받는 시급은 나랑 똑같다. 여전히 최저임금 수준이다. 그 가게에서 4년째 일하는 현아(23·가명)는 주희보다 시급이 높다. 그 대신 현아는 가끔 주방에서도 일했다. 각종 재료를 1인분, 2인분으로 나눴다. 주문받은 음식이 나갈 때마다 양을 잴 틈이 없다. 손 감각에 따라야 한다. 음식점 수익과 직결되는 고난이도 기술이다. 숙련된 주방 이모나 검은 옷이 맡는 일이다. 현아는 알바생 '만렙'이라 할 수 있었다. '에이스 알바생' 현아가 받는 시간당 임금은 6200원이다. 면접 볼 때 '나이가 많으니 6000원을 주겠다'는 점장의 말이 큰 선심으로 다가왔다.

손가락을 잃을 뻔한 FM 알바생

동익(21·가명)은 내 바로 위 선배다. 나보다 일주일 먼저 일을 시작했다. 그는 한마디로 'FM'이었다. 모든 일을 고지식할 정도로 철저히 했다.

"반찬 그릇은 삐뚤어지지 않게 줄을 맞추어 세워놓아야 해요. 그렇지 않으면 손님이 그릇을 가져갈 때 다 무너져버릴 수 있어요. 창문 닦을 때는 작은 고춧가루를 살 봐야 해요. 누나는 여기 이 한 점의 고춧가루가 보이지 않나요? 냉장고 안에 있는 물통은 위 칸부터 나가야 시원해요, 중간 칸에서 빼가지 마세요."

경험에서 나온 생존 지혜였다. 동익은 얼마 전까지 친구와 함께 텔레비전을 만드는 작은 공장에서 일했다. 시급 8000원, 대우가 좋은 편이었다. 그러다 사고가 났다. 친구가 철판을 압착하는 프레스에 손이 깔려 손가락 3개를 잃었다. 직업군인이 되겠다는 친구의 꿈도 물 거품이 되었다. 동익은 "친구는 산재보험을 인정해달라며 아직까지 회사와 싸우고 있다"고 말했다. 손가락을 잃을 뻔했던 동익은 공장에 서 안전 수칙을 준수하듯 식당 일을 하고 있었다. 그는 '쓰리잡'을 뛰 었다. 음식점에서 일하고, 주말에 결혼식장에서 트롬본을 연주하며, 틈틈이 초등학생에게 음악 교습도 했다. 돈을 꽤 벌 것 같지만 목돈을 쥐지는 못했다. 고졸 학력 때문이다. 동익은 누나 집에 살면서도 월 세로 20만 원씩 냈다. 그의 꿈은 군대에 다녀와 음식점을 차리는 것 이다. 동익은 선심이라도 쓰듯 "누나, 그때 내 가게에서 일해라. 시급 6000원 줄게"라고 말했다. 그는 내가 시급 6000원을 약속받은 것을 몰랐다.

주희 역시 부모, 오빠와 함께 살면서 월세 40만 원을 부담했다. 손 이 빠른 주희는 직원이 되기를 바랐다. 그러나 당분간 직원을 늘리지 않겠다는 게 사장의 방침이다.

체험
4일차

말로만 듣던 '꺾기'를 당하다

오전 9시 58분. 음식점에 도착해보니, 동익은 벌써 유리창을 닦고 있다. 동익의 시급은 5600원, 나보다 400원이 적었다. 동익을 비롯한 알바들은 시급 이상의 능력을 발휘했다. 점심 피크타임, 전쟁터 포탄

　　　　　　　　　　　　　　　　　적자? 흑자?

처럼 빗발치는 주문을 한 번에 두세 건씩 받으면서도 알바들은 틀리는 법이 없었다. 무거운 솥도 한 손으로 거뜬히 들었다. 가스레인지용 받침대, 물통, 라면 사리, 볶음밥, 양철링을 한 번에 들고 갔다. 그런데도 흘리거나 엎지르는 일이 없었다. 쉬는 시간 없이 6~7시간, 밥을 먹지 않고 일하면서도 실수가 없었다. 경이로웠다. 난 오후 2시가 넘어가면 서서히 희미해지는 정신 줄을 부여잡느라 몇 번이나 도리질을 쳐야 했다.

오후 5시 10분, 점장이 "오늘 손님이 별로 없네. 연희도 퇴근하자"라고 말했다. 이게 말로만 듣던 꺾기(근무시간 줄이기)인가. 면접을 볼 때 점장이 '5시까지 일하게 될 수도 있다'고 알려주기는 했다. 스케줄 표에 적힌 근무시간은 분명 오전 10시부터 오후 6시까지였다. 내 얼굴이 뿌루퉁한 걸 보고 점장이 다시 물었다. "퇴근하는 거 싫어?" "저, 돈 좀 많이 벌어야 해서…." 최대한 불쌍한 척을 하며 '오후 6시까지 일하고 싶다'는 의사를 내비쳤다. 씨알도 먹히지 않았다. '내일은 6시까지 근무할 수 있는 거냐'라고 확인하는 것으로 소심한 저항을 마쳤다.

계획대로 8시간을 근무한 날이 하루도 없다. 적게 일하는 것 자체는 괜찮다. 문제는 한 달 예상 수입이 자꾸 줄어든다는 점이다. 이렇게 되면 지출도 계획할 수 없고 미래를 대비해 돈을 모으기도 어려워진다.

내일 사야지, 내일 사야지

집으로 가는 길, 보세 가게에서 3만 9000원짜리 재킷과 실내에서 입을 5900원짜리 면티를 샀다. 지난 나흘간 윗옷 안에 입었던 면티를 갈아입지 못했다. 윗옷도 두 벌만 가지고 번갈아 입었기에 티셔츠를 하나 더 사고 싶었지만 참았다.

명동 거리에는 음식 노점이 많다. 기름에 지글지글 굽는 만두가 하나에 2000원인 줄 알고 갔더니 3000원이었다. 그러나 이미 고소한 기름내를 맡아버린 나는, 고기만두의 유혹을 뿌리칠 수 없었다. 아침 9시 출근 버스 안에서 빵을 먹은 뒤 8시간 만에 입에 들어가는 음식이었다.

고시원에 와서 까무룩 잠이 들어버렸다. 일하는 동안 쌓인 피로가 몰려오는지 밤 8시쯤 되면 꼭 30분 넘게 잠을 잤다. 퇴근 후 시간은 노동과 별개라는 생각은 순진했다. 내가 하는 노동이 생활 패턴을 결정했다. 이래서는 안 된다는 생각에 동네에서 다닐 만한 운동 시설을 알아봤다. 마침 요가 학원이 있었다. 매일반 월 9만 원, 주 4회는 월 8만 원, 3회는 7만 원, 2회는 6만 원. 가장 싼 한 달 6만 원이면 10시간 노동과 맞먹는 가격이다. 부담할 수 있는 수준이라는 생각도 들었으나 꺼리가 떠올랐다. 앞으로 수입이 얼마나 더 줄어들지 모른다. '내일 8시간 근무하면 그때 사야지.' 자꾸 내일로 미루는 소비가 많아진다. '티셔츠는 내일 사야지, 피자는 내일 먹어야지, 가위는 내일 사야지.' 내일, 내일 하면서 가위는 사흘째 못 샀다. 아직도 상표 달린 베개를 베고 잔다. 당장 필요치 않은 물건은 다음을 기약한다.

적자? 흑자?

체험

5일차

화장실에서 먹는 초코빵

오늘 아침도 치즈빵과 커피였다. 4일 연속이다. 치즈케이크를 좋아해서가 아니다. 아침 시간은 언제나 바쁘고, 버스 정류장 바로 앞의 빵집에서 가장 싼 빵이 바로 1100원짜리 치즈빵이었다. 거기에 커피를 곁들이면 아침식사가 완성된다. 총 2600원. 매일 고정적으로 지출하기에는 부담스럽다는 생각이 들어, 오늘은 그저께 사놓은 초코빵 5개를 챙겼다. 커피만 사서 아침식사를 대신할 심산이었다.

생각을 고쳐먹었다. 통근 버스에서 9시쯤 아침을 먹은 뒤로는 저녁 6시까지 에너지원을 섭취할 수 없다. 치즈빵은 저렴하지만 열량은 295칼로리로 꽤 높은 편이다. 결국 또 치즈빵을 샀다. 대신 커피는 좀 더 멀리 떨어진 동네 마트에서 구입했다. 950원. 커피 값 550원을 아꼈다.

가게에서 착용하는 앞치마에는 작은 앞주머니가 있다. 아침에 먹지 않고 챙겨온 초코빵 중 하나를 앞주머니에 찔러 넣었다. 잠시 화장실을 갔을 때 입에 밀어 넣었다. 8시간 근무하는 동안 화장실에서 초코빵 2개를 먹었다. 그것이 내겐 점심이었다.

일을 시작한 지 닷새 만에 사장을 처음 보았다. 검정 바탕에 황금색 패턴이 그려진 쫄티를 입은 그는 카운터에서 연신 물을 들이켰다.

사장은 점심때가 되자 밥을 먹고는 가게를 떠났다. 식당에 머무른 시간은 2시간도 되지 않았다.

휴일은 기약 없는 미래

한 끼도 못 먹고 내내 서 있으면서 8시간을 어떻게 일하나 싶었는데 신체 적응력은 놀라웠다. 첫날 5시간 반을 일할 때보다 훨씬 거뜬했다. 쉬는 날인 일요일에는 지난 1월 아들을 낳은 친구 집에 놀러 가기로 약속해놓았다. 첫아이여서 작은 거라도 축하 선물을 챙겨주고 싶었다. 퇴근길에 아동복 매장에서 50퍼센트 할인하는 아이 상의 두 벌을 1만 3000원에 샀다. 무럭무럭 크라고 6~9개월용으로 골랐다.

오후 6시 30분, 명동 거리 노점에서 늦은 점심을 해결하고 고시촌에 가서 저녁을 먹어야 하루 세끼를 채울 수 있다. 2000원짜리 메뉴를 찾아 헤맸으나 노점 음식도 최소 3000원부터다. 결국 1000원짜리 어묵꼬치 2개를 먹었다.

오늘은 금요일. 직장인이 기다리는 '불금'이다. 주 6일 근무를 하던 시절에는 불금이라는 말이 없었다. 그 대신 '토요일 토요일은 즐거워'라는 텔레비전 예능 프로가 있었다. 내일도 출근하는 난, '토토즐'이 인기를 끌던 1990년대를 살고 있는 것 같았다. 내게 불금은 사치다. 불금이 없기는 고시원 총무도 마찬가지다. 오늘도 홀로 고시원을 지키며 공부하는 총무를 찾아가 '박카스' 두 병을 건넸다. 그도 쉬는 날이 없다. 사실 모든 취업 준비생, 수험생에게 휴일은 기약 없는 미래에만 있을 뿐이다.

적자? 흑자?

가계부를 적다 보니 체험을 시작한 뒤 처음으로 흑자를 남긴 날이다. 어제까지 나흘간 적자를 메우려면 매일 1만 7500원씩 남겨야 한다. 구체적으로 계산을 하고 보니 숨이 턱 막힌다. 4만 8000원에서 1만 7500원을 빼면 3만 500원. 그 돈으로 하루를 살아야 한다. 게다가 앞으로는 목돈 나갈 일이 줄을 섰다. 통신비도 내야 하고 다가오는 어버이날도 대비해야 한다. 집에서 나올 때 속옷 몇 벌만 달랑 챙겨 나온 게 후회되기 시작했다. 사실 한 달에 100만 원쯤 벌면 필요한 물품을 사고도 먹고살 줄 알았다.

체험
6·7일차

새벽 4시 30분, 알람이 울리다

토요일 아침 9시에 나가 일요일 새벽 6시에야 집에 돌아왔다. 퇴근 뒤 한 동료의 생일 파티 겸 회식에 참석했다. 직원이나 알바는 가게 문을 닫고 나서야 모임이 가능하다. 밤 11시부터 회식을 시작했다. 내게도 오라고 하기에 노량진에서 친구를 만나고 시간이 되면 그쪽으로 이동하겠다고 했다. 동료들은 진짜 오리라고는 믿지 않는 눈치였다.

회식 장소를 알려준다던 직원 우민(가명·26)은 연락이 없었다. 역시 나는 '아웃 오브 안중' 알바생이다. 소식이 없기에 내가 먼저 점장에게 전화를 걸었다. 생일 파티의 주인공에게 줄 선물로 생초콜릿

9개가 들어 있는 4500원짜리 초콜릿 박스를 샀다. 회식 장소인 종각 역으로 향했다.

알바들의 나이는 내가 짐작했던 것보다 훨씬 어렸다. 대개 스물, 스물한 살이었다. 서른여덟 살인 직원 호준(가명)은 "젊은 애들하고 같이 일하기 힘들지 않냐"라며 자신은 힘들다고 했다. 그러나 그 방에서 호준이 제일 신나 보였다. 스물한 살 동익은 "호준 형님이 정말 좋다"라며 연신 술을 따르고 비웠다. 너무 무리한다 싶었다. 술집 앞에서 토악질을 해대던 동익은 결국 인사불성이 되어 길바닥에 쓰러지고 말았다. 겨우겨우 함께 사는 누나의 전화번호를 알아내 연락을 했다.

새벽마다 도서관에 가는 은아

주희, 광수(가명·21)와 함께 동익의 누나를 기다렸다. 주희와 동익은 원래부터 친구라고 한다. 주희 친구가 그 음식점을 소개해주고, 주희가 다시 동익을 데려온 것이다. 구인·구직 사이트에 널린 게 아르바이트인데 친구를 통해 일자리를 알아본다는 게 뜻밖이었다. 오늘 휴일인 내가 동익을 지킬 테니 먼저 가라고 했더니 택시비가 모자란단다. 광수는 수유리에, 주희는 의정부에 산다. 택시비로 쓰라고 1만 원을 줬다. 주희는 월급날 꼭 갚겠다며 사라졌다가 금세 다시 돌아왔다. 나 혼자만 두고 가는 건 좀 아닌 것 같다고 했다.

일행 중에는 스무 살 은아도 있다. 새벽 4시 30분이 되자 은아의 스마트폰에서 알람이 울렸다. 대체 왜 그 시간에 일어나느냐 물으니, 도서관에 가는 시간이란다. 제과·제빵 자격증을 준비하고 있다고 했

적자? 흑자?

다. 고등학교 때부터 2년간 은아는 가게에서 일했다. 곧 일을 그만두고 제과·제빵 학원을 다닐 계획이다. 은아는 내가 이번 프로젝트에서 롤 모델로 삼은, 돈 벌면서 미래를 준비하는 유일한 청년이었다.

일요일, 새벽 회식의 후유증에서 벗어나기 힘들었다. 늦잠을 잤다. 낮 12시 친구 민주(가명·28)의 전화를 받고야 겨우 눈을 떴다. 초보 엄마 지수(가명·28)의 생일 선물로 돈을 모아 3만 원짜리 상품권 2장을 사주자고 했다. 머릿속으로 주판알을 튕겼다. 빨간불이 들어왔다. "나, 최저임금으로 한 달 살기 시작했어." 그 대신 금요일에 구입한 아이 티셔츠 두 벌을 생일 선물로 내밀었다. 초보 엄마는 자기 선물보다 아들 옷을 더 반기는 눈치였다.

친구 집에 가니, 제일 좋은 건 공짜 밥이었다. 아기 보느라 밥을 하기 힘드니 동네 김밥집에서 김밥과 만두를 사다 먹었다. 돈 잘 버는 친구는 김밥도 프리미엄으로 먹는다. 평소 구경하기 힘든 치즈크림 김밥, 날치알 김밥 등을 마구 먹어댔다.

지수는 결혼해서 아들도 전셋집도 있고, 민주는 결혼을 앞두고 곧 상견례를 할 예정이다. 난 음식점 알바다. 그러고 보니 대학 단짝 사이였던 셋이 함께 모인 것도 오랜만이었다. 그동안 따로따로 만나기는 했지만 셋이 만나는 자리는 일부러 피했다. 친구들은 오랫동안 '백수'였던 나를 앞에 두고 회사 얘기를 하는 걸 불편해했다.

돌아오는 길, 민주가 말했다. "만약에 진짜 최저임금 알바생이라면 계속 보기 힘들겠다. 네 스스로 위축될 테니까…."

서운했지만 날카로운 말이었다.

체험
8일차

5년차 알바도 최저임금을 받는다

월요일 아침, 눈을 뜨고 싶지 않았다. 지난 한 주의 생활을 앞으로 네 번 더 반복해야 하다니. 절망감으로 늦장을 부리다가 초코빵 챙기는 걸 깜빡했다. 젠장, 젠장, 젠장.

지난 주말 어색함을 무릅쓰고 택시비를 써가면서까지 회식에 참석한 건 현명한 판단이었다. "안녕하세요" 인사해도 받는 둥 마는 둥 했던 동료들이 "그날 잘 들어갔느냐"라고 한 번씩 물었다. 친밀감도 두터워졌다. 무엇보다 나도 스스럼없이 '동익 놀리기'에 동참할 수 있었다. 그날 호준의 손가락을 빨고, 토악질을 하고, 모두의 귀가 시간을 1시간 정도 늦게 만든 동익은 온종일 고개를 들지 못했다. 이날 힘들고 무거운 걸 나르는 건 전부 그의 몫이었다.

점심거리였던 초코빵을 먹지 못하니 죽을 것 같았다. 눈도 침침했다. "여기는 원래 이렇게 밥을 안 주느냐"라고 주희에게 푸념했다. 주

적자? 흑자?

친구의 생일 잔치에 참석하고 되돌아가는 길.
"최저임금 알바생이라면 계속 보기 힘들겠다.
네 스스로 위축될 테니까"라는 친구의 말을
곱씹었다.

희는 "끝나고 저랑 먹으면 돼요"라고 대수롭지 않게 여겼다.

오후 5시, 여지없이 꺾기를 당했다. 꺾기를 당하면 화가 나면서도 피곤한 몸은 반겼다. 동익도, 주희도 모두 1시간 꺾기를 당했다. 동익은 "원래 90만 원 받을 줄 알았는데 꺾기를 당해 80만 원이나 75만 원 벌면 좀 그렇죠"라고 말했다. 한 테이블에 둘러앉아 식당이 주는 볶음밥을 먹었다. 동익과 주희, 모두에게 첫 끼니였다.

동익은 잠시 나갔다 오더니 회식 날 미안했다며 초콜릿을 건넸다. 주희는 동익에게 연신 쓴소리를 해댔다. 좀 더 잘하라고 했다. 주희는 골목대장 스타일이다. 남자 알바도 그녀 앞에서는 꼼짝 못한다. 알바 5년 경력인 주희는 손이 빠르고 정확하다. 나는 가끔 귀찮으면 한 번 닦은 행주를 한 번 더 쓰곤 하는데 주희는 그렇지 않았다. 한 번에 테이블 2개를 닦을 때도 반드시 행주를 2개 사용했다. 5년간 한 직종(음식점)에서 일했는데도 그녀가 받는 시급은 여전히 최저임금이다.

퇴근한 뒤 대학 친구들을 만나 맥주를 마셨다. 직업학교에서 영상을 공부하며 PD를 준비하는 친구가 함께했다. 직업학교는 수강생에게 훈련수당으로 30만 원을 준단다. 처음 그 말을 들었을 때는 무료로 가르쳐주고 용돈도 준다니 좋아 보였다. 알고 보니 그게 아니었다. 직업학교 수업 시간은 오전 9시에 시작해 저녁 6시에 끝난다. 수업이 끝난 뒤에는 팀별 과제를 해야 한다. 평일에는 돈 벌 시간이 없다. 30만 원으로 한 달을 살려면 서울에서 부모와 같이 살거나 지방에 있는 부모에게 손을 벌려야 한다. 직업학교 학생은 주말에 아르바이트

적자? 흑자?

를 많이 한다고 했다.

3500원짜리 맥주 한 잔을 시켜놓고 3시간 동안 얘기를 나눴다. 봄날 저녁, 중간고사가 끝난 대학가! 나 역시 들뜨고 맥주는 청량했지만 벌컥 들이켤 수 없었다. 지난 주말 지출이 너무 컸다. 그래도 수다를 떨다 보니 '힐링'이 되었고, 결국 버스 막차를 놓쳤다. 지하철역에서 고시원까지 택시를 탔다. 택시비 4300원. 에잇, 맥주나 한 잔 더 마시고 10분 일찍 나올걸. 또다시 후회가 밀려왔다.

체험
9일차

명품 백보다 싼 '사람 값'

점장 얼굴이 심란했다. 직원 수찬(가명·28)은 연거푸 마른세수를 했다. "이게 얼마짜리인지나 알아요?" 손님은 카운터에서 점장을 몰아붙였다. 수찬이 테이블에서 조리를 하는 도중 손님 가방에 양념이 튄 것이었다. 눈곱만큼 작은 점이었지만, 가방이 200만 원짜리 명품이었다. 점장이 명동의 명품 전용 세탁소까지 따라간 뒤에야 손님은 화를 가라앉혔다. 세탁비 30만 원을 부담하는 것으로 합의를 봤다. 옛날 같으면 30만 원 내고 말지 생각했을 것이다. 이제는 사정이 다르다. 30만 원이면 내 일주일치 임금보다 많다. 50시간을 일해야 벌 수 있는 돈이다. 30만 원을 배상해주면 한 달치 고시원 월세가 사라지는 것이다.

오후 3시 30분, 가게 움직임이 한결 둔해졌다. 점장은 "퇴근하고 싶은 사람"을 외쳤다. 다들 점장의 시선을 피했다. 다시 점장의 목소리가 들려왔다. "빨간 옷, 다 모여. 가위바위보 해." 난 아예 주방으로 숨어버렸다. 이곳은 사장의 의중에 따라 노동시간이 조정되었다. '노동 유연성'이 100퍼센트 관철되었다. 의문이 들었다. 점장이 전화를 하지 않는데도 사장은 어떻게 꺾기를 해야 할지 알까? 정답은 머리 위에 있었다. 매장에는 지하까지 CCTV 4대가 설치되어 있다. 사각지대가 없다. "사장이 스마트폰으로 CCTV를 보면서 꺾기를 지시한다"고 현아가 귀띔했다.

체험
10일차

비가 오면 생각나는, 그 꺾기

아침 메뉴를 치즈빵에서 김밥으로 바꿨다. 매일 2600원씩 나가는 치즈빵, 커피 값이 부담스러웠다. 그렇다고 시리얼이나 달걀 프라이 같은 간단한 음식으로는 퇴근까지 7~8시간을 버티기 어려웠다. 1500원짜리 김밥이 영양·열량·가격 모든 면에서 제격이었다. 매일 500밀리리터 생수병에 고시원 정수기 물을 받아 들고 나갔다. 버스에 타 라디오를 들으면서 김밥을 먹었다.

출근해야 할 동익이 나오지 않았다. 교통사고를 당했다. 크게 다치지는 않았지만 검사를 하느라 당분간 가게에 나올 수 없다고 했다. 만약 교통사고가 나서 일을 못 하게 되면 나처럼 1인 가구 최저임금 노동자는 당장 큰일이다.

우산 장수와 비옷 장수를 뺀 모든 자영업자는 비 오는 날을 싫어할 것이다. 알바생의 심경은 좀 더 복잡하다. 이곳 음식점처럼 호떡집에 불난 듯 바쁜 영업장은 비가 오면 손님이 꽤 줄어드니 일하기가 한결 수월해진다. 반면 손님이 줄면 '꺾기'를 당할 가능성이 높아진다. 불안하다 싶었는데 역시나 꺾기를 당했다. 평소에는 오후 5시까지 일했는데 오늘은 4시 30분에 퇴근했다. 우중 조기 퇴근. 예정보다 9000원이나 적게 벌었다. 옷 갈아입고 나오니 점장은 사장의 전화를 받고 있었다. 사장이 알바생 대부분을 일찍 퇴근시키라고 했다.

역시나 비가 와서 매출이 썩 좋지 못했나 보다. 가게가 한가하다는 표현은 절대 파리 날린다는 뜻이 아니다. 오후 4시 가장 손님이 적은 시간에도 30개 테이블 중 10여 개가 차 있었다. 알바가 꺾기를 당하면 그 불똥은 직원에게 튀었다. 줄어든 인원만큼 직원이 두세 배 일을 해야 했다.

일찍 퇴근한 까닭에 오후 6시 고시원에 돌아왔다. 스스로 정한 4계명 가운데 하나인 '운동하자'를 아직 지키지 못했다. 헬스클럽이라도 등록해볼까 싶어 주민센터를 찾았다. 그때야 오늘이 재·보궐 선거 날이라는 것을 알았다. 주민등록지 이전을 하지 않아 내겐 투표권이 없

　　　　　　　　최저임금으로 한 달 살기 1 | 김연희

다. 하지만 투표권이 있다 해도 모르고 지나치기 쉬웠을 것 같다. 일이 끝나고 돌아오면 지쳐서 잠들기 일쑤이기 때문이다.

세제를 사러 동네 슈퍼마켓에 갔다. 제일 싼 것이 7000원이었다. 퍼뜩 정신이 들었다. '내가 지금 슈퍼마켓에서 무얼 사고 있는가. 다이소가 있는데.' 다이소에서는 2000원짜리 세제를 팔았다. 물론 용량은 슈퍼 제품보다 적었다. 1인 생활자에게 필요한 세제 양으로는 충분했다. 세제 브랜드는 짝퉁이었다. 잘 빨릴까 의심스러웠다. 역시 빨래 후에도 흰색 양말 발바닥이 여전히 새까맸다. 그렇다고 세제를 새로 살 생각은 전혀 들지 않았다. 다음번에는 세제 양을 늘려볼 작정이다.

손톱이 길면 일할 때 음식물 찌꺼기가 자꾸 끼어서 손톱깎이를 샀다. 손톱깎이로 일주일 만에 베개에 달려 있던 가격표를 잘라냈다. 점심 대용으로 이번에는 초코빵보다 더 작은 파이를 샀다. 가게에는 여자 화장실이 한 칸밖에 없다. 화장실에서 초코빵을 먹다가 다음 사람이 오면 2개를 다 먹고 나갈 여유가 없었다. 파이는 작아서 꼭 화장실에 가지 않아도 일하는 동안 몰래 한입에 넣을 수가 있었다.

적자? 흑자?

체험

11일차

월급 액수는 사장님만 안다

출근하고 처음으로 앉아서 일했다. 점장은 광수와 나를 지하 식품 창고로 데려갔다. 우리 앞에는 지름 150센티미터 정도 되는 고무대야가 놓여 있었다. 거기에 주방 세제 1통을 다 붓고 물을 받았다. 그리고 1시간 30분 동안 물통 150여 개를 닦았다. 내가 수세미로 닦아 건네주면 광수가 물로 헹궜다.

광수 역시 주희의 소개로 이 가게에서 일한다. 광수는 고등학교를 졸업하고 온라인 쇼핑몰에 취직했다. 구인 광고에는 '물류 업무' 담당자로 소개되어 있었다. 물류 업무라고 해서 출근해보니 실상은 짐 나르기였다. 거기에 비하면 여기는 배고픈 것만 빼면 쉬운 편이란다.

상상이 가질 않았다. 7~8시간을 계속 서 있어야 하는 일자리가 편하다니. 나는 매일 한계를 절감한다. 오늘도 오후 2시 30분께 1차 고비가 왔다. 손님이 들이닥치는 점심때가 지나가자 정신이 혼미해지기 시작했다. 화장실에 가서 앞주머니에 넣어둔 싸이를 흡입했다. '더 이상 버틸 수 없는' 2차 고비가 올 때쯤, 꺾기를 당했다. 드물게 6시까지 일을 하게 되면 그 나머지 1시간은 오히려 고통을 느끼지 못했다. 마라토너로 치면 '러너스 하이(runner's high)'를 느꼈다. '서비스 하이'라고 해야 하나. 그렇게 내겐 매번 고통스러운 식당 일이 공장에서 일했던 동익에 이어 온라인 쇼핑몰에서 일했던 광수까지 쉬운 편이라고 하니 혼란스러웠다. 내가 너무 나약한 건가?

광수는 첫 월급을 받으면 할 일이 많다고 했다. 일단 부모님께 용돈을 드릴 계획이다. 용돈을 얼마나 드릴 거냐고 물으니 월급을 받아봐야 안다고 했다. 우리는 둘 다 월급날 통장에 들어올 액수를 가늠할 수 없었다. 꺾기가 다반사였기 때문이다. 월급 액수는 사장만 알았다.

점장은 물통 닦느라 수고했다며 저녁으로 닭갈비를 내줬다. 저녁을 먹고 집으로 돌아가는 길에 화장품 가게에 들렀다. 체험을 시작할 때 미리 준비한 수분 크림 샘플 3개를 다 썼다. 마지막 샘플로는 5일을 버텼다. 처음에는 1만 원대 제품을 구입할 생각이었다. 그러다가 잘못된 길로 들어서버렸다. 화장품 매장 스태프에게 추천을 부탁한 것이다.

원래 쓰던 수분 크림은 3만 2000원 정도 하는데 더 저렴한 제품을 찾고 있다니까 2만 8000원짜리를 보여준다. 겨우 4000원? 풋. 코웃음을 치며 발길을 옮기려 했으나 노련한 스태프가 재빨리 제품의 효능을 설명하기 시작했다. "모든 화장품은 다 표피에만 발려요. 하지만 이 제품은 수초가 함유되어 진피층까지 흡수돼요. 진피층까지 가는 건 자연 성분밖에 없어요."

'뭐? 피부 속까지 수분으로 채워준다고? 다른 화장품엔 없는 효과라고? 그렇다면 안 살 수 없지, 헤헤…' 정신을 차려보니 계산대였다. 점원의 인사말이 들려왔다. "감사합니다, 호갱님." 최저임금으로 한

적자? 흑자?

달 살기 체험을 시작한 후 첫 충동구매였다.

밤 9시에 만나기로 했던 친구로부터 연락이 왔다. 약속을 지킬 수 없다며 미안해했다. 나는 내심 다행이다 싶었다. 친구가 약속을 취소하지 않았다면 내가 먼저 취소할 뻔했다. 계획에 없던 2만 8000원 지출은 너무 컸다.

고시원에 돌아온 뒤 침대 위에 그대로 쓰러졌다. 씻지도 못했다. 새로 산 수분 크림도 발라보지 못했다. 눈을 뜨니 5월 1일 아침 7시였다.

체험
12일차

쉬는 날은 돈 버는 날?

"오늘이 노동절이라고요? 그럼 휴일이잖아요. 명동 거리가 인파로 폭발할 지경이겠네요. ㅜㅜㅜ 저는 명동 음식점 알바예요. 힘든 하루가 예상됩니다. 네, 9○○8번님께도 커피 쿠폰 보내드릴게요."

출근 준비 때 즐겨 듣는 라디오 방송에 문자를 보냈다. 커피 쿠폰에 당첨됐다. 받을 줄 알았다. 노동절에, 명동에서, 점심도 못 먹고 일을 하는데…. 세일즈 포인트가 확실한 사연이었다. 3200원짜리 커피 쿠폰. 문자 한 통으로 30분 시급을 번 셈이다. 참치 김밥을 한 줄 샀다. 조촐한 노동절 기념 이벤트!

가게를 오픈하기 전 식당 삼촌이 박카스를 한 박스 사왔다. 직원과 알바들이 한 병씩 돌려 마셨다. 전운이 감돌았다. 노동자를 위한 날이라고? 그런 건 모르겠고 오늘이 날씨 좋은 황금연휴의 첫날인 건 확실했다.

오전 11시부터 손님들이 밀려들어 오더니 12시가 되자 쓰나미처럼 덮쳐왔다. 25개씩 14줄로 쌓아놓는 반찬 그릇이 동날 판이었다. 1층에 있는 30개 테이블이 모자라 지하까지 손님을 받았다. 평소 같으면 불을 아예 꺼두는 장소였다. 지하까지 자리가 꽉 찬 건 처음 보았다.

지하는 열지 말아야 할 판도라의 상자였다. 음식을 들고 1층을 오르락내리락해야 했다. 여기저기서 주문을 한 번에 받다 보니 머릿속이 마구 엉켰다. '볶음에는 쫄면 사리를 삶아서 나가야 하나? 모듬 사리만인가?' 숙지하고 있던 사항도 엿가락처럼 휘어졌다. 게다가 지하는 자주 쓰지 않는 공간이라 없는 게 많았다. 젓가락도, 행주도, 컵도 모자랐다. 주방에 주문을 넣으러 1층으로 올라가면 1층도 나름대로 정신이 없어서 가끔씩 1층 일도 돌아왔다. 그래도 판도라의 상자가 간직한 희망이 있다면 몰래 콜라를 먹을 수 있다는 정도였다.

바쁜 날도 좋은 점이 있다. 꺾기를 당하지 않는다. 죽을 것 같다는 소리가 나오면서도 일찍 퇴근하고 싶지는 않았다. 고생했는데 돈마

적자? 흑자?

저 적게 벌면 더 억울할 것 같았다. 그렇게 노동절은 8시간 풀타임 노동으로 마무리되었다.

체험
13·14일차

달고나, 내 인생의 30분어치

노동절에 쌓인 피로가 풀리지 않았다. 출근길에 박카스를 한 병 사서 마셨다. 연휴 이틀째인 토요일에도 출근해야 했다. 오픈 준비를 다 마치지도 못했는데 손님들이 들이닥쳤다. 판도라의 상자인 지하는 어제보다 일찍 열렸고 내가 퇴근하는 5시까지 닫히지 않았다. 알바들은 1층에서 콜라를 따 마셨다.

오후 5시, 오늘도 바빠서 꺾기를 당하지 않을 줄 알았는데 예상은 빗나갔다. 꺾기를 당하지 않은 알바생 지현(가명·19)과 함께 가게에서 냉면을 먹었다. 지현은 원래 오후 5시까지 일하는 알바인데 매장이 바빠 밤 11시까지 일하게 됐다며 기뻐했다. 이번 달은 시험 기간이 겹쳐 몇 번 빠졌기 때문에 지난달보다 월급이 적을 텐데, 그나마 오늘 밤 11시까지 일하게 되니 좋다고 했다.

지현은 여고생이다. 학교에 다니면서 금요일 저녁, 토·일요일 알바를 했다. 평일에는 학교, 주말에는 일터로 나간다. 인문계 고등학교에 다니며 월요일부터 목요일까지는 야간 자율 학습에 참여했다. 쉬는 날이 단 하루도 없었다. 그간 그곳에서 일하는 고등학생은 대학 진학을 포기했을 거라 지레짐작했었다. 지현은 그 가게 알바인 수영(가명·19)의 소개로 두 달 전부터 일하기 시작했다. 집 주변에서도 알바를 구할 수 있지만 처음 일해보는 거라서 친구가 있는 곳에서 하고 싶었단다.

다른 알바와 마찬가지로 지현 역시 나를 혼란스럽게 하는 발언을 한다. "저는 다른 데서 일해본 적이 없잖아요. 그래서 여기가 딱히 힘든 줄 모르겠어요." 미성년자에게는 최저임금을 주지 않는 곳도 많은데 여기는 시급으로 5600원을 주니 그것도 만족스럽다고 했다.

퇴근 버스를 타러 가는 길, 명동 거리에 줄지어선 노점 앞을 지나다니면서 꼭 '달고나' 하나를 사먹는다. 튀김 만두도, 문어 꼬치도, 닭꼬치도, 잡채도 모두 3000원이다. 달고나만 1000원이다. 3000원이면 시급의 절반이다. 내 인생의 30분을 쓰자니 군것질에 선뜻 손이 가지 않았다. 7시간의 최저임금 노동을 격려하기에는 1000원어치 달콤함이 적당했다.

날이 점점 더워져 반소매 옷이 필요했다. 마침 한 매장에서 9900원에 티셔츠를 판매했다. 바가지 머리를 한 비틀스가 프린트된 셔츠를 한 장 샀다. 'I want to hold your hand'를 부르던 초기 시절의 사진이었다. 그러고 보니 오늘은 폴 매카트니가 내한 공연을 하는 역사적인 날이었다. '가장 싼 티켓이 5만 5000원이라고. 아마 그 자리에서 보면 폴과 알바 스태프가 구분도 가지 않을 거야. 하지만 내 티셔츠에서는 비틀스 멤버 4명이 모두 잘 보이지. 게다가 내 폴 매카트니는 젊고 훈훈해.' 속으로 중얼거리며 정신 승리를 거뒀다.

최저임금으로 한 달 살기 체험도 2주가 지났다. 첫 번째 원칙 '세 끼를 먹는다'는 일하다 몰래 먹는 파이를 점심이라고 우기면 나름 실천하고 있었다. '일주일에 친구를 한 번 이상 만난다'는 잘 지켰다. 그러나 '운동을 한다'와 '미래를 준비한다'는 전혀 손도 대지 못했다. 토익 시험을 신청했다. 원래 토익이란 '선신청 후벼락치기'를 하는 법이다. 5월 31일 시험인데 4월 27일에 벌써 정규 신청은 끝났고 추가 모집을 하고 있었다. 추가 모집은 4200원이 더 비싼 4만 6200원을 응시료로 지불했다. 토익 교재를 검색해보니 1만 7000원 정도 하는 '리딩' 책이 중고가로 8000원에 나왔다. 중고 매장에 가서 상태를 보고 나서 구입을 결정해야겠다고 생각했다.

헬스장 비용도 알아보았다. 고시원 총무에게 물어보니 사설 피트니스 센터는 석 달에 10만 원, 주민센터는 6만 원이란다. 월요일에 주민센터에 가서 등록해야겠다. 오늘은 당장 고시원 앞을 흐르는 도림천을 뛰기로 했다. 물병에 물을 채우는데 아뿔싸, 트레이닝 바지가 없었다. 월요일에 트레이닝 바지도 하나 사야겠다.

체험

14일차

냄새로부터 도망치고 싶다

공중목욕탕을 싫어한다. 후덥지근하고 고온 다습한 날씨를 참지 못하는데 굳이 뜨겁고 습한 공간을 찾을 이유가 없었다. 스무 살 이후 공중목욕탕에 간 건 한 번뿐이었다. 엄마와 여행을 가서였다. 엄마는 목욕탕에 가서 씻지 않는 나를 더럽다고 타박했지만, 나는 매일 샤워도 하고 집에 있는 욕조에서 반신욕도 한다. 굳이 공중목욕탕에 갈 이유가 없었다.

고시원에서 살고부터 상황이 달라졌다. 고시원 방은 퀴퀴한 냄새가 났다. 냄새로부터 도망갈 구석이 없었다. 냄새 속에서 샤워를 하니 개운치 않았다. 일하는 음식점에서 밴 냄새도 샤워만으로는 가시지 않는 느낌이었다.

결국 내 발로 공중목욕탕을 찾았다. 이용료는 6000원. 최저임금으로 한 달 살기 체험을 시작하고 나서 가격 대비 만족도가 가장 높았던 선택이었다. 한 주 동안 쌓인 피로가 뜨거운 물에 녹는 기분이었다. 그간 목욕탕에 가기 싫었던 건 고생을 덜해서였을까?

간 김에 체중도 쟀다. 어, 고장 났나. 두서너 번 오르락내리락했다. 2킬로그램이 빠졌다. 이 경우 대부분은 '지화자'를 외치겠지만 불행하게도 내게는 해당하지 않는다. 한 선배는 식당에서 일하는 내 모습

침대가 문 바로 옆에 붙어 있다. 무엇보다도 고
시원 방은 냄새로부터 도망갈 구석이 없었다.

을 보고 난민 같다고 했었다. 그런데 난민 상태에서도 살이 더 빠진 것이다.

오후에는 친구와 KBO리그 넥센 대 LG의 경기를 보러 잠실구장으로 향했다. 나는 넥센 히어로즈 팬이다. 그럼에도 목동 대신 잠실을 찾은 건 입장료가 더 쌌기 때문이다. 목동구장에는 외야석이 없어서 저렴한 티켓이 없다.

최저임금 노동자는 넥센 팬 노릇을 하기도 힘들다. 친구는 내 자금 사정을 고려해 외야석에 앉자고 했지만 그냥 내야석을 '질러버렸다.' 1만 4000원. 목동구장이었다면 2만 원짜리 좌석이다. 치킨과 맥주, 응원 풍선까지 합쳐서 총 3만 원을 지출했다. 출발할 때 들고 나간 '신사임당 언니'가 사라졌다. 적지 않은 비용이라는 것을 안다. 외야석에 앉았다면 6000원을 절약할 수 있었다. 하지만 이왕 온 김에 응원석에 앉아서 제대로 즐기고 싶었다. 앞으로 한동안은 네이버 중계로만 야구를 즐겨야 할 테니.

체험
15일차

'가족적'이라는 말의 숨은 뜻
"다 큰 가시나가 와 이리 지각을 많이 하노. 니, 죽을래?"

적자? 흑자?

한반도 남동부권 사투리를 서울 지역 표준어로 번역하자면 이렇다. '다 큰 가시나가→스물여덟 살이나 먹어서' '지각을 많이 하노→한 번 빼고 매일 지각했네' '니, 죽을래?→지각하지 마.'

스케줄 표를 확인하던 점장에게 그동안 2분, 3분씩 지각하던 기록을 딱 걸린 것이다. 말투는 거칠었지만 엄중한 경고라기보다는 큰오빠가 여동생에게 하는 꾸지람에 가까웠다. 가게는 확실히 가족적인 분위기다.

교통사고를 당했던 동익이 일주일 만에 돌아왔다. 그가 입원한 동안 가게는 일손이 비었다. 그래도 새 알바를 뽑지 않고 기다려주었다. 동익이 일한 기간은 2주 조금 넘었을 뿐인데 새 사람을 구하지 않고 기다려주었다.

예전에 일하던 사람이 찾아와도 아주 반갑게 맞는다. 오늘 방문한 주방 삼촌은 2~3년 전 근무했던 직원이다. 여전히 아는 사람이 많았다. 일 끝나고 밥을 먹는데 점장이 다가왔다. 그는 손님이 많아서 빨리 먹고 자리를 비켜줘야 한다며 무척 미안해했다. 우리가 몰래 가져다 먹던 치즈 사리를 보고도 모른 척했다.

'가족적'이란 표현은 화기애애하면서 기만적이다. 알바의 사정을 배려해 스케줄을 탄력적으로 조정해주지만, 동시에 알바는 상시적으로 꺾기의 위험에 노출된다. 쉬는 시간도, 앉을 공간도 없이 6~7시간 고강도 노동에 시달리지만 불만은 투덜거림으로나 표출할 뿐이다. 마치 큰오빠나 큰형 앞에서 칭얼대는 동생처럼. 노동강도에 비해 시원찮은 시급도 가족이라면 용서해줄 수 있다. 오늘의 희생이 더 나은 미래로 이어질 수 있으니 말이다. 그러나 일터는 '가족적'일 수 있지만 '가족'일 수는 없다.

징검다리 휴일인 이날은 징글징글하게 손님이 많았다. 일을 시작한 뒤로 최고로 장사가 잘되는 날이었다. 집에 돌아와서 30분만 자야지 하고 침대에 누웠다. 침대 위 철봉에 걸려 있는 양말들이 보였다. 어제 빨래를 해서 널어놓았는데 발바닥이 까맣다. 저번보다 세제를 더 넣었는데도 소용이 없었다. 누군가 '악마는 디테일에 있다'라고 했는데, 가난도 디테일에 있었다. 더러운 양말 바닥을 보면서도 새 세제를 장만할 생각은 하지 못한다. 이상하다. 야구장 입장료 같은 거금은 지르면서도 푼돈에 쩔쩔맨다. 작은 돈일수록 시급과 직관적으로 비교되어서일까. '세정력 좋은 세제 7000원=내 노동 1시간 이상'이 자연스럽게 떠오른다. 다음번에 빨래할 때는 세제를 좀 더 많이 넣어봐야지.

30분을 알리는 알람이 울렸다. 일어나지 못했다. 철판에 눌어붙은 볶음밥처럼 침대에서 등을 뗄 수 없었다.

적자? 흑자?

체험

16일차

그럼 난 뭘 먹고 살아?

현아는 이번 주까지만 일한다. 이제 아르바이트 대신 제대로 된 직장을 찾겠다고 했다. 스물두 살 그녀는 이곳에서 3년 넘게 일했다. 올해 4년차다. 정직원은 되지 못했다. 4년 내내 알바였다. 여기 직원이 되는 길도 있지 않느냐고 묻지 못했다. 오늘은 황금연휴 5일째, 한가하게 대화를 이어갈 여유가 없었다.

동익과 대화를 나누면서는 머릿속이 복잡해졌다. 동익은 음악을 하려고 고등학교 때 누나가 있는 서울로 올라왔다. 음대 입시를 준비했지만 그만뒀다. 8월에 입대하는데 제대 후 대학에 가지 않으면 가게를 차릴 거라고 했다. 그러면서 내게 직원으로 오라고 했다. 시급 1만 원을 주면 가겠다고 했더니, 동익은 "그럼 난 뭘 먹고 사느냐. 6000원을 주겠다"고 말했다. 순간 잠시 멍해졌다. 자신의 시급은 5600원이고 나는 나이가 많아서 6000원인데, 동익은 그런 줄 몰랐다. 동익이나 나나 주휴수당을 받지 못했다. 동익은 주휴수당이 뭔지도 알지 못했다. 솔직히 내가 가게를 차린다 해도 그 이상을 챙겨 준다고 할 자신이 없었다.

최저임금 피라미드, 뛰는 사장 위에 나는 건물주

가게는 장사가 잘된다. 잘되는 정도를 나타낼 적절한 표현을 찾아내고 싶을 정도다. 그래도 사장이 '떼돈'을 버는지는 모르겠다. 명동 한복판 1층 가게의 임대료가 천문학적이라는 사실을 알고 있기 때문이다. 진짜 돈을 잘 버는 사람은 건물의 주인, 얼굴 한 번 본 적 없는 임대인일 것이다. 다른 최저임금 영업장과 비교한다면 가게가 특별히 열악하거나 악랄하지도 않다.

그럼에도 알바의 노동강도와 손님으로 늘 그득한 가게 상황을 짐작해보면 시급 6000원은 적었다. 어디까지나 주관적 판단이다. 객관적인 지표가 없다.

퇴근길, 중고 서점에 들러 토익 교재를 샀다. 토익 교재의 스테디셀러로 통하는 교재를 샀다. 수험생 사이에 '파랭이' '빨갱이'로 불리는 두 교재는 정가가 1만 8800원인데 각각 7700원과 8500원에 구입했다. 공부한 흔적도 없어 횡재했다고 좋아했는데 2006년판이다. '07학번'인 내가 대학도 들어가기 전에 출판된 토익 교재를 산 것이다. 토익은 점점 더 어려워지는 경향을 보인다. 10년 전 교재라면 최신 기출 문제와는 거리가 있을 것이다. 책을 펴서 눈으로 몇 문제를 풀어보았다. 어려웠다. 그냥 그걸로 공부하기로 했다.

4000원짜리 1인용 보쌈도 샀다. 버스에서 지나치며 눈여겨봤던 가게다. 황금연휴 5일을 버텨냈으니 고기로 몸보신을 하려고 했다. 방에서 일기를 쓰면 또다시 잠들어버릴 것 같아 커피숍을 찾았다. 2300원짜리 카페라테를 파는 커피숍은 내부 공사 중이었다. 결국 다른 카페에 가서 4600원짜리 카페라테를 시켰다.

적자? 흑자?

체험

17일차

나는 기계가 아니다

친구는 단박에 알아봤다. "너, 말랐다." 점심을 먹지 못하는 상황을 설명하니 비분강개했다. 인권유린 아니냐고 입에 거품을 물었다. 또다시 혼란스러웠다. 같이 일하는 알바들은 별 불만 없이 일한다고 전하니 그게 문제란다. 친구는 무역 회사를 그만두고 얼마 전 취업 전선에 다시 뛰어들었다. 영어·중국어 가능자를 찾으면서 연봉 1700~1800만 원 주는 회사들이 수두룩했다. 친구는 "낮은 수준의 연봉에도 지원하는 사람이 있기 때문에 양심 없는 기업이 끊이지 않는다"고 주장했다.

친구 동생은 지난달 대형 병원의 간호사로 취직했다. 인턴 3개월 동안 월급이 60만 원이었다. 간호학원이 아니라 4년제 간호대학을 졸업했는데도 그렇다고 했다. 최저 시급에도 한참 못 미치는 임금이었다. 그래도 그녀는 3개월 뒤 정직원으로 전환되고, 임금도 오른다. 그러나 최저임금 노동자는 경력과 임금이 비례하지 않는다. 식당에서만 5년 일한 주희는 시급으로 5600원을 받는다. 이 가게에서 4년째 일하고 있는 현아는 그동안 시급이 올랐지만 6000원 조금 넘는 수준이다.

대학에 진학하거나 기술을 습득해서 임금 수준이 높은 직종으로 옮아가기도 쉽지 않다. 은아는 제과·제빵 자격증을 준비 중이다. 그녀의 알람은 새벽 4시 30분에 울린다. 그 시각에 일어나 도서관에서 공부를 하고, 주 3일은 가게로 출근해 5~6시간을 일한다. 제빵학원에 등록하면 알바를 그만둘 예정이다. 부모님과 함께 사니 가능한 일이다. 월세부터 식비까지 생계비를 모두 책임져야 하는 나는 하루 7~8시간, 주 6일은 일해야 한다. 집에 돌아오면 저녁 7시 30분이 넘는다. 나 역시 그때부터 토익 공부나 운동을 하면 되겠다고 생각했었다. 그러나 최저임금 노동자는 기계가 아니다. 아니, 기계인 휴대전화도 충전이 필요하다. 고된 노동을 마치고 나면 미래를 준비할 체력은 이미 고갈된 뒤다.

체험
18일차

널린 게 최저임금 일자리라고?

맛있어서 박카스를 먹던 때가 있었다. 이제 박카스는 말 그대로 원기 회복제다. 진짜 원기가 회복되는지 카페인의 일시적인 각성 효과인지 모르겠지만, 박카스를 먹고 일하면 확실히 힘이 덜 들었다. 박카스를 마시지 않고는 일하기가 어려웠다. 익숙해지면 몸은 편해질 줄 알았는데 그게 아니었다. 자고 일어나도 피로가 풀리지 않았다.

이번 주가 마지막이라던 현아는 결국 다음 주 스케줄을 받았다. 그만두겠다고 점장에게 말했지만 막상 떠나려니 쉽지 않은 모양이다. 무슨 일을 할 거냐고 물어도 아직 모르겠다는 답만 되풀이했다. 예전

적자? 흑자?

에 미용을 배워보려 했는데 돈만 250만 원 날리고 끝까지 배우지 못했단다. 잠시 치과에서 일한 적도 있지만 다시 이곳으로 돌아왔다.

널린 게 최저임금 일자리인데 왜 떠나지 못하느냐고 한다면 그건 정말 세상 물정 모르는 소리다. 아무리 아르바이트라도 일하는 사람 처지에서는 매일 5~6시간을 보내는 '조직'이며 '작은 사회'다. 특히 현아처럼 3년 넘게 장기 근무한 경우는 가게에 미운 정 고운 정이 다 들었다. 특별한 기술도, 남다른 포부도 없는 이에게 인간관계는 더욱 각별하다. 인적 자본만이 그들이 소유할 수 있는 유일한 자본이다.

하루 앞으로 다가온 어버이날을 준비해야 했다. 취업 준비생 시절 초조해하는 내게 엄마는 이런 말을 한 적이 있다. "정 안 되면 엄마·아빠 연금으로 같이 먹고살면 되지." 농담이었다. 그래도 백수 딸을 둔 엄마로선 하기 쉽지 않은 말이었다. 그런 농담이 얼마나 큰 위안이 되는지 지금 구직 중인 사람이라면 다 안다.

유머 감각이 있든 없든 부모란 누구에게나 소중한 존재다. 최저임금 노동자에게도 마찬가지다. 가게 알바들도 대부분 어버이날을 챙겼다. 오래 일한 덕에 일급 받는 특권을 가진 현아는 토요일 일한 일당을 부모님께 다 드리겠다고 했다. 지금은 돈이 없는 광수도 월급이 들어오면 부모님 용돈부터 챙겨드릴 거란다.

막상 현금을 드리자니 액수가 너무 초라했다. 2만 원씩만 해도 할아버지, 할머니, 아빠, 엄마 다 하면 8만 원이었다. 고민하던 중 카카

오톡으로 날아온 한 의류 업체 광고가 생각났다. 1장에 1만 3000원인 캐릭터 티셔츠를 2만 원에 2장 준다고 했다. 아이디어가 번뜩였다. '커플 티다!'

이 선물의 효용은 크게 두 가지다. 첫째, 싸다. 4만 원으로 네 사람의 선물을 준비할 수 있다. 둘째, 재밌다. 1만 원짜리 티셔츠를 내밀며 '평생 못 입어보신 커플 티'라고 능칠 수 있다. 비싸거나 번듯한 선물은 드리기 어렵기 때문에 열악한 경제 상황을 재기와 유머로 포장했다. 그래야 덜 비참하다. 아니, 그게 더 비참한가?

체험
19일차

걸레 같은 운동화

밤 10시가 다 되어 인천에 있는 우리 집에 도착했다. 3주 만에 온 집인데 적응이 쉽지 않았다. 일단 내 방이 너무 컸다. 할아버지, 할머니를 포함해 일곱 식구인 우리 가족은 방 4개짜리 아파트에 산다. 남동생 둘이 한방을 쓰니 자연스레 가장 작은 방이 내게 돌아왔다. 원래 안방 옆에 딸린 서재용 방이라서 오히려 좁은 편이라 여겼다.

3주간 고시원 방에 익숙해진 눈은 내 방을 방이 아닌 거실로 인식했다. 침대도 컸다. 몸을 이리저리 굴려도 떨어질 염려가 없다. 분명 1인용 침대인데 말이다. 침대에 누워 생각했다. '이렇게 넓은 공간을 왜 방 하나로 쓰지?' 잘 쪼개면 고시원 방 3개는 만들 수 있을 것 같은데.

3주간 신은 운동화는 거의 걸레 수준이었다. 가게에서 창문을 닦다 보면 의자에 올라갔다 내려왔다 한다. 벗기 편하게 운동화를 꺾어 신었다. 음식물도 자꾸 묻었다. 할머니는 그새 신발까지 눈여겨봤다. 다른 운동화를 빨아놓았으니 신고 가라고 했다. 안 된다고, 필요한 건 다 사서 써야 한다고 했더니, 할머니는 "시집살이가 따로 없네"라고 했다.

체험
20·21일차

쟤처럼 다치면 어쩌지

막내는 고등학교 2학년이다. 이번 주에 중간고사가 끝났다. 주말에 집에 가면 영화를 보여주기로 했다. 2주간 10만 원도 안 되는 돈으로 살아야 할 형편이었지만 막내와의 약속을 깨고 싶지는 않았다. 누나의 주머니 사정을 짐작했던지 팝콘은 동생이 샀다. 사주고 싶었지만 모자란 돈 2000원만 보태주고 그냥 동생이 사게 놔두었다.

알바 하는 가게에도 동생 같은 친구가 있다. 선빈이다. 선빈이와 오랜만에 함께 일했다. 그는 더 이상 고3 학생이 아니었다. 얼마 전 학교를 그만뒀다고 했다. 집에서 본 고2 동생이 어른거렸다. 한창 공부하고, 한창 식욕이 당길 선빈이가 일을 한다. 이제 알바 시간을 더 늘려 돈을 많이 벌 거란다. 선빈이는 팔에 문신을 새겼다. 돌아가신 할아버지를 기리는 메시지다. 부모와는 따로 떨어져 산다. 그래서인지 항상 배고파했다. 주방 이모가 푸짐하게 챙겨준 볶음밥도 모자란다고 투덜댔다. 샐러드는 산처럼 쌓아놓고 먹는다. 이날은 이상하게 오른손을 부들부들 떨었다. 숟가락으로 밥을 뜨면 반은 떨어졌다.

사연이 궁금했다. 방세는 얼마냐, 다니는 학원은 있느냐, 손은 왜 자꾸 떠느냐 따위를 물을 때마다 선빈이의 까만 눈동자에는 경계심이 피어올랐다. 그가 나를 아예 꼰대로 보고 멀리할까 봐 질문하기를 포기했다. 선빈이는 가게에서 일하다 모서리에 긁혀서 종아리를 꿰맸다. 부모가 응급실까지 와서 병원비를 내주었다니 조금은 마음이 놓였다. 그나저나 나도 가게에서 다치기라도 하면 정말 큰일이다. 먹고살기도 빠듯한데 병원비까지 부담해야 하니.

퇴근길, 정류장에서 버스를 기다리는데 친구에게서 전화가 왔다. 한강 둔치에서 '치맥'을 하자는 솔깃한 전화였다. 주머니 사정을 고려했다면 '안 돼'를 외쳤어야 한다. 하지만 나는 어느새 여의나루에서 '일루와밴드'의 버스킹을 보고 있었다. 지나치게 좋은 날씨 탓이었다. 공기에 '페브리즈'라도 뿌렸나. 강바람에 괜스레 맘이 설렜다.

적자? 흑자?

체험
22일차

계획할 수 없는 삶

오후 4시, 점장이 불렀다. 또 강제 퇴근시키면 저항하리라 다짐했으나 점장은 꺾기보다 더 충격적인 소식을 전한다. 알바비를 80만 원에 동결하라는 사장의 지시가 있어서 이제 6시간 이상 일할 수 없다고 통보했다. 점장은 한 줄짜리 통고를 대단히 미안해하며 빙빙 둘러 길게 설명했다. '원한다면 오랜 시간 일할 수 있는 다른 아르바이트 자리를 알아봐줄 수도 있다' '우리 사정 때문에 이렇게 된 거니까 금세 다른 곳으로 옮겨도 할 말이 없다' '너는 돈이 많이 필요한 것 같은데 미안하게 됐다' '돈 관련해서는 뭔 소리를 해도 사장이 꿈쩍도 안 한다.' 난감한 말을 꺼내야 하는 점장이 애처로워 보일 지경이었다. 도무지 점장은 미워할 수가 없다. 고단수!

머릿속이 복잡해졌다. 최저임금으로 한 달 살기 체험을 하면서 가장 신경 쓴 부분이 노동시간이다. 주 40시간을 일했을 때 최저임금으로 인간다운 생활을 유지할 수 있는지 점검해보고 싶었다. 일을 해보고야 알았다. 최저임금 일자리로는 안정적인 노동시간을 확보하기가 어려웠다. 대부분이 아르바이트 직이며, 아르바이트는 사용자 마음대로 노동시간을 조정할 수 있는 노동 유연성에 노출돼 있었다. 낮은 시급만이 문제가 아니었다. 돈을 적게 벌면 그에 맞게 경제 규모를 줄일 수 있다. 반면 예상했던 돈이 들어오지 않으면 지출도 저축도 계획할 수 없다. 낮은 시급도 시급이지만, 꺾기를 당하는 게 두려운 이유다.

최저임금 노동자는 기계가 아니다. 고된 노동을
마치고 나면 미래를 준비할 체력은 이미 고갈된
뒤다.

체험

23일차

6000원짜리 상상

강제 퇴근에 이어 '강제 휴일' 처분을 받았다. 갑자기 내일 쉬라는 통보를 받았다. 사장이 전체 아르바이트 비용을 줄이기 위해 강제 휴일 조치를 내렸다. 그 대신 오후 4시면 끝나는 근무를 앞으로 오후 5시로 연장해주겠다고 했다. 계산기를 두드려보면 36시간(6×6)이었던 근무시간이 34시간(6+7×4)으로 줄었다. 바로 전날 급작스럽게 휴일을 통보하는 행태가 괘씸했지만 부당함을 따질 용기가 나지 않는다. 다른 알바들도 다 그러려니 하는 분위기이고, 사장 방침이라는 사정도 걸린다. 무엇보다 머리와 달리 몸이 반겼다.

토요일 단기 알바는 선택이 아니라 필수가 되었다. 서울 지역 일일 알바는 30개쯤 되는데 지원 가능한 일자리는 몇 개 되지 않는다. 대부분 호텔이나 예식장의 서빙 알바라서 검은 플랫슈즈를 신어야 한다. 운동화 한 켤레뿐인 내겐 검정 구두도 진입 장벽이었다.

이틀 연속 광수와 밥을 먹었다. 어제랑 옷이 똑같다. 클럽이라도 갔나 했더니 휴가 나온 친구와 PC방에서 밤을 새웠다고 한다. 광수는 5600원으로는 요즘 밥 한 끼 사먹기도 어렵다며 시급 6000원 정도면 적당할 것 같다고 말했다. 가게를 차리면 시급 6000원을 주겠다던 동익이 떠올랐다. 최저임금 5600원을 받으면 6000원도 큰돈처럼 보이나 보다.

광수는 서울시 최저임금이 6000원으로 오른다는 소식을 들었다고 했다. 아마 생활임금을 최저임금으로 착각한 것 같다. 서울시 공공 일자리에만 해당한다니까 실망한 표정이다. 광수나 동익이 생각하는 적정 임금은 6000원이다. 최저임금만큼이나 상상도 저당 잡힌다. 인간의 사고는 발 딛고 선 사회의 경제 문화적 요소에 깊은 영향을 받는다. 허황되더라도 최저임금 시급 1만 원 논의가 활발해져야 한다는 생각이 들었다. 그래야 광수가 자신의 노동의 가치를 좀 더 후하게 평할 수 있을 테니.

퇴근길에 비가 왔다. 그냥 맞고 가려 했는데 빗방울이 굵어졌다. 하는 수 없이 명동 다이소를 찾았다. 처음으로 다이소에 실망했다. 우산들이 죄다 5000원이었다. 부담 없이 쇼핑할 수 있는 유일한 장소였는데⋯. 다이소에게마저 버림받았다. 결국 우산 없이 집으로 향했다.

고시원에서 5분 거리에 있는 식당에서 저녁으로 국수를 먹었다. 비는 이미 그쳤다. 오고 가는 길에 뛰었다. 최저임금으로 한 달 살기 4계명 중 세 번째 항목 때문이다. '운동을 한다.' 남은 돈이 5만 원뿐인 상황에서 헬스클럽 등록은 물 건너갔다. 그래도 1만 원 주고 산 트레이닝 바지가 있었다. 바지를 챙겨 입고 '후하 후하' 호흡하며 조깅을 했다. 러닝 시간 총 4분. 고시원 앞 도림천에 조깅 트랙이 깔려 있었다. 하지만 운동을 더 하기엔 날씨가 너무 쌀쌀했다. 윗옷은 1만 원짜리 반소매 비틀스 티였다. 트레이닝 바지는 구비했으나 보온성 좋은 후드점퍼를 살 돈은 없다.

적자? 흑자?

체험

24일차

51초 만의 채용

나흘째 같은 옷을 입었다. 지금 보유한 옷으로 두 가지 조합이 가능하다.

1. 회색 면티(5900원)+검정 물방울무늬 저지(1만 2900원)+트렌치코트(원래 보유)+검정 스키니(원래 보유)

2. 꽃무늬 면티(원래 보유)+연두색 야상 재킷(3만 9000원)+청바지(원래 보유)

'조합 2'를 입고 출근한 날, 동익은 말했다. "누나, 아줌마예요?" '조합 1'을 고집하는 이유다.

남은 돈은 5만 520원이다. 통신비 4만 6000원을 내고 나면 밥 한 끼 사먹을 돈이다. 5월 31일 예약한 토익 시험을 취소했다. 계좌 이체를 했다면 40퍼센트밖에 못 돌려받는데 휴대전화 소액 결제를 한 덕에 4만 6200원 전액을 환불받았다. 이번 달 통신비는 환불한 토익 값으로 해결했다.

토익은 취소했지만 '미래를 준비한다'라는 생활 4계명 네 번째 원칙은 여전히 유효하다. 약속 없는 휴일, 네 번째 원칙을 지키려고 고시원에서 가까운 서울대 도서관을 찾았다. 선배가 읽으라고 한 영어 원서가 있었다. 영어 공부도 하고 과제도 해결할 수 있어서 책을 빌리려고 했다. 그런데 웬걸, 일반인은 보증금 10만 원을 내야 한단다. 관악구 주민이면 5만 원으로 할인되지만 역시 부담하기 힘든 돈이다. 동네 도서관에서는 구할 수 없다. 정가 2만 1000원, 인터넷 서점 할인가 1만 7000원. 선뜻 구입을 결정할 수가 없다. 책 한 권 사서 읽는 게 사치가 되어버렸다.

도서관을 나서자 봄 내음이 왈칵 쏟아진다. 한층 짙어진 녹음을 눈보다 코가 먼저 알아챘다. 나도 봄을 지내고 있는데 풀 냄새가 낯설다. 그러고 보니 최저임금으로 한 달 살기 체험을 하며 가장 혹사당하는 신체 기관이 '코'다. 가게에서 손님을 맞이하는 홀과 노동자 공간인 주방, 탈의실의 냄새는 판이하다. 주방에서는 하수구 냄새가, 탈의실에서는 곰팡이 냄새가 피어오른다. 고시원 역시 마지막까지 적응되지 않는 건 쾌쾌한 냄새다. 악취는 열악함의 전제 조건이다.

캠퍼스는 축제가 한창이었다. 타이틀이 '일해라 절해라'다. 노천에서 힙합 동아리 공연에 환호하는 관객 사이로 동익, 광수, 주희, 현아가 보인다. 20대 초반인 젊은 얼굴에는 차이가 없다. 다만 서 있는 공간이 다르다. 어떤 청춘은 일하는 동안, 또 다른 청춘은 축제를 만끽한다. 문득 가게 알바들이 일주일에 한 번인 쉬는 날 무엇을 하는지 궁금해졌다.

요즘 가장 궁금한 주제는 '알바의 미래'다. 지금은 가족과 함께 사니 용돈 벌이 정도로 만족하지만 독립해서 스스로 생계를 꾸리자면 최저 시급으로는 답이 없다. 고수익 일자리를 찾자니 이번에는 기술이나 학위가 없다. 가게 직원으로 승진하는 길이 제일 쉽게 떠올릴 수 있는 미래다.

스물여섯 살 우민이는 군대에 가기 전 가게에서 일하고 제대 후 다시 직원으로 일한다. 스물네 살 승원은 알바로 두 달간 근무하다 얼마 전 직원이 되었다. 하루 10시간씩 6일을 일하고 160만 원을 받는다. 주휴수당, 초과근로수당을 받지 못한다.

그래도 승원은 운이 좋은 편이었다. 주희는 직원이 되고 싶다는 의사를 전달했지만 거절당했다. 더 이상 직원을 늘리지 않겠다는 게 사장의 방침이다. 그나마 승원은 중국 동포(조선족)여서 중국어가 능통하기에 직원 막차를 탈 수 있었다.

사장에 대한 정보가 늘어날수록 파악된 자산 규모도 커지고 있다. 사장의 형이 명동에서 음식점 두 곳을 운영한다. 사장 역시 다른 지역에 식당을 한 곳 더 소유하고 있다. 지난 어버이날에는 회장님이라 불리는 사장의 아버지가 가게를 찾았다. 사장과 회장은 카운터에 앉아서 명품 브랜드 구찌에 대해 이야기를 나눴다. 자세한 내용은 알 수 없지만 이 말만은 똑똑히 기억한다. "구찌 신발이 싸지."

어제 온라인으로 이력서를 제출했는데 연락이 오지 않는다. 전화지원이 가능한 업체에 내가 먼저 연락을 했다. 호텔 연회장의 주방 알바로 시급 5700원. 지옥 맛 10시간 근무가 예상되기에 어제는 기피했지만 어쩔 수 없다. 검정 구두가 필요 없는 주말 알바는 이것뿐이었다. 통화 51초 만에 채용이 결정됐다. 오늘은 정말로 운동을 하려 했는데 무리하지 말고 쉬어야겠다. 고난의 토요일을 위해 체력을 비축하는 수밖에.

체험
25일차

커피숍에 들어가 있으라고?

어젯밤 점장에게 다음 주 수요일까지만 일하겠다고 전했다. 구구절절한 퇴직 사유를 준비했는데 통화는 41초 만에 싱겁게 끝났다. 점장에게 그만두겠다는 알바의 전화는 보험 권유 전화만큼이나 흔한 일인가 보다. 그동안 수고했다, 이렇게 떠나니 아쉽다는 입에 발린 인사치레는 없었다. 궁금한 사항은 단 한 가지다. "내일 나오지? 그래 내일 보자."

오후 6시에서 5시로 스케줄이 줄었는데 거기서 또 꺾기를 당했다. 오후 4시 강제 퇴근. 선배와 만나기로 했는데 선배는 "어디 커피숍에라도 들어가 있어"라고 말했다. 지극히 일상적인 권유. 최저임금 노동자로 살아보고서야 이 말이 얼마나 값비싼 권유인지 알았다. '빵이 없으면 케이크를 먹어'라는 말처럼 사치스럽게 들렸다. 커피숍 대신 달고나 노점상으로 향했다. 1000원짜리 뽑기 빵을 핥아먹으며 명동 거리를 어슬렁거렸다.

'어디 커피숍에 들어가 있어.' 백수에게 해서는 안 되는 말 중 하나다. 오랜 취업 준비생 시절 약속에 늦는 직장인 친구들은 아무렇지도 않게 그 말을 내뱉곤 했다. 식사를 하고 나면 커피를 마실 게 뻔한데 하루에 두 잔씩 커피를 살 여유가 없었다. 최저임금 노동자는 백수가 아니다. 어엿한 직장이 있다. 게다가 나는 주 40시간을 챙겨 일한다. 그런데 희한하다. 분명 노동을 하는데 백수의 비애가 느껴진다.

선배와 중고 휴대전화 업자를 만나러 갔다. 부족한 생활비 때문에 중고 폰을 팔기로 했다. 8만 5000원이라는 매입가를 곧이곧대로 믿은 내가 순진했다. LCD 화면에 색 번짐 현상이 있다는 둥 말이 길어진 끝에 중개업자가 제시한 가격은 4만 원. 순식간에 내 일당과 맞먹는 액수인 4만 5000원이 깎였다. 이전에 알아본 통신사 대리점에서는 7만 원을 제시했었다. '됐다'며 중고 가게를 나서는데, 뒤통수에 대고 5만 원을 외친다. 쌍문역까지 가는 교통비만 낭비했다.

고시원이 있는 신림동으로 오니 8시 30분이 넘었다. 허기가 밀려왔다. 마침 '맥주 2000원+문어 1000원'이라는 술집 간판이 눈에 들어왔다. 앞을 지나다니며 꼭 한 번 가보고 싶었던 곳이다. 딱 3000원만 쓰자고 들어갔는데 결국 일인당 1만 원씩 내고 나왔다. 그래도 맥주 2잔과 버터구이 문어다리를 파란 거 1장에 해결했으니 저렴한 편이다. 내일 휴대전화를 팔면 목돈이 들어올 것이다.

부족한 생활비 때문에 중고 휴대폰을 팔아야
했다. 성실히 일하고 알뜰하게 산 결과 빚쟁이
가 되는 현실이 도무지 이해가 가지 않았다.

체험
26일차

170만 원짜리 과거

체했다. 언젠가 그런 날이 올 줄 알았다. 출근길 버스에서 김밥을 먹으니 항상 소화가 잘 되지 않는다. 거기에 감기 기운까지 겹쳐서 결국 체하고 말았다. 컨디션이 너무 안 좋았다. 오늘은 4시에 퇴근하겠다고 자청하고 싶을 지경이었다. 게다가 내일은 지옥 맛 9시간 일일 알바가 기다리고 있다. 하지만 금세 생각을 고쳐먹었다. 언제 어디서 꺾기가 들어올지 모른다. 할 수 있을 때 오래 일해놓아야 한다.

주희는 요즘 '투 잡'을 뛴다. 나처럼 돈을 많이 벌어야 하는데 월급이 80만 원으로 묶였다. 그녀도 곧 일을 그만둘 거란다. 예전에 일한 데서 170만 원을 벌었는데 여기서 80만 원 받고 일하는 게 말이 되느냐고 큰소리로 떠들었다. 내심 자신의 화려한 경력을 알아주기 바라는 눈치다. 170만 원짜리 일을 그만둔 이유는 의문이지만 170만 원을 받았다는 과거는 의심스럽지 않다. 그만큼 주희는 일을 잘한다.

스승의 날이이시 오후에는 손님이 많이 몰릴 거라고 했다. 낮에도 바빴는데 그보다 많으면 사장은 아주 떼돈을 벌게 생겼다. 내게도 감사를 드려야 하는 스승이 있다. 3년간 글쓰기를 지도해준 언론반 지도교수다. 그때 교수님은 정신적으로나 물질적으로나 버팀목이었다. 수업 때마다 사비를 털어 20명이 넘는 제자에게 밥과 술을 사주었다. "연희가 긴 글을 쓸 수 있는 매체에 가게 돼서 무척 기쁘다"라던 선생

님의 소감이 합격 소식만큼 좋았다. 많은 이의 도움으로 기자가 됐지만 가장 먼저 감사를 드려야 할 분이다. 그러나 기자가 된 지 20일 만에 최저임금 노동자가 된 제자는 스승을 찾아갈 수가 없었다. 이날 언론반 출신 기자들이 스승의 날을 축하하는 저녁 술자리가 있었다. 먹고 마시고 선물하는 비용을 각자 나눠 내야 한다. 주머니 사정 때문에 낄 수 없는 자리였다. 장문의 카카오톡으로 감사 인사를 대신했다.

중고 휴대전화를 7만 원에 팔았다. 가계부에 쓰는 잔고가 5자리에서 6자리로 늘어났다. 자릿수 하나의 힘이 크다. 맘이 한결 든든하다.

아빠한테 주말에는 뭐하냐는 전화를 받았다. 주말 내내 음식점에서 일한다고 답했다. 돈이 부족해 휴일에 호텔의 주방 보조로 일일 단기 알바를 뛴다는 말이 차마 입 밖으로 나오지 않았다.

체험
27일차

또 하고 싶은데

쉴 수 없는 휴일이다. 연회장 주방 보조로 일일 알바를 뛰는 날이다. 장소는 영등포. 인력 업체 담당자는 당연하다는 듯이 아침 7시 30분까지 오라고 했다. 아침 6시에 일어나 버스를 두 번 갈아타고 전경련 플라자로 향했다. 분위기가 심상치 않았다. 주방장으로 보이는

적자? 흑자?

남자가 대뜸 반말을 하며 인력 업체 직원에게 전화했다.

"오늘 거기는 안 되고요…." 알고 보니 담당자가 인원 계산을 잘못해서 알바가 1명 남는 것이었다. 그게 바로 나였다. 그 대신 담당자는 오전 11시부터 저녁 8시까지 한 대학교 동문회관의 주방 알바가 있다고 했다. 5700원인 시급을 6500원으로 올려주는 조건이었다. 10퍼센트가 넘는 임금 인상 조건에 홀렸다. 그리고 깨달았다. 11시까지 비는 시간을 때울 커피숍 이용비, 그러니까 커피 값과 교통비를 합치면 인상분과 똑같다는 것을.

흰색 조리복에 고무장화를 착용하고 발목까지 오는 긴 앞치마를 둘렀다. 설거지 알바라는 걸 도착해서야 알았다. 3미터가량 되는 개수대에 평균 30센티미터 높이로 설거지 더미가 쌓여 있었다. 물론 업소용 대형 식기 세척기가 있지만 세척기로 들어가는 모든 그릇은 사람 손을 거쳐야 한다. 음식물 제거와 기름때 닦기는 모두 내 몫이었다. 세척기의 내부 온도는 55도로 맞춰져 있었다. 세척기를 통과한, 맥반석 뺨치게 뜨거운 그릇도 바로 정리해야 한다.

그릇에 담긴 잔반을 보니 죄다 중국 음식이다. 그곳이 농분회관 안에 있는 고급 중식당이라는 사실을 그제야 알았다. 인력 업체 직원이 전달해준 일자리 정보는 빈약했다.

낮 12시에 설거지 알바가 1명 더 왔다. 스물다섯 살 대학생 신영진 씨다. 용돈을 받는데 이번 달은 돈이 좀 필요해서 일일 알바를 뛰게 되었단다. 3시 30분 점심시간, 그녀는 정말 힘들다며 정신 줄을 놓을 뻔했다고 혀를 내두른다. 여기서 또 일할 수 있겠느냐고도 묻는다. 동조를 바라는 그 질문에 하마터면 '또 하고 싶은데'라고 답할 뻔했다.

솔직히, 할 만했다. 일단 3시 30분에 점심을 먹는 게 어딘가. 게다가 준비 시간으로 식당 문을 닫는 오후 3~5시 동안 중간중간 플라스틱 의자에 앉아서 쉴 수도 있다. 주방 요리사가 "이틀은 못 하겠죠?"라고 묻는 걸 보니 힘든 일자리는 맞다. 명동 음식점에서 일한 나로서는 그렇게 힘들지는 않았다. 명동 음식점 알바는 힘들지 않은 편이라 했던 광수와 동익의 말은 허세가 아니었다. 주관의 다른 이름은 상대성이다. 광수, 동익이 거쳐온 일자리와 여대생 신영진 씨가 했던 알바는 새로운 환경에 대한 판단 기준이다. 그들이 지나온 삶의 족적에 따라 수용 가능한 노동강도도 차이가 난다.

밤 9시 버스 타러 가는 길에, 죽을 것 같다는 영진 씨에게 조언을 남겼다. "절대 명동에서는 일하지 마."

체험
28일차

나가라면 나가
잘렸다. 아니, 수요일까지 일하기로 했다가 일요일까지로 단축됐

　　　　　　　　　　　　　　　　　　적자? 흑자?

으니 '조기 퇴직'이 정확한 표현이다. 오늘까지만 일하라고 '오늘' 오후 4시에 통보를 받았다. 그대로 퇴근. 근무시간으로도 모자라서 마지막엔 근무 일수까지 꺾기를 당했다.

점장이 설명한 사정은 이렇다. '기본적으로 스케줄은 일주일 단위로 짠다. 어차피 다음 주에 일할 사람은 이미 구해놓았다. 애매하게 사흘 더 일하느니 이번 주까지만 근무하자. 어제 알려주려 했는데 네가 휴일이라서 얘기를 못 했다.'

반면 내가 파악한 배경은 좀 다르다. 오후 3시께 사장이 가게에 들렀다. 다음 주 스케줄 표를 본다. 내가 그만둔다는 소식을 듣는다. 오늘까지만 일을 시키라고 지시를 한다. 다음 주는 원래 있던 인력을 쥐어짜서 가게를 운영하고 인건비를 아낀다.

어디까지나 추측이다. 하지만 몇 가지 정황 증거가 있다. 점장은 미리 구상했던 것처럼 말했지만 내게 해직을 통보한 후 부랴부랴 다음 주 스케줄을 다시 짰다. 내가 맡았던 오픈 시프트를 담당할 수 있는 대타를 구하려고 여기저기 전화도 돌렸다.

갑작스러운 통보에 동료들에게 인사도 제대로 못 했다. 주로 같이 일한 알바들이 오늘은 죄다 오후에 나오거나 휴일이었다. 겨우 주방 이모와 삼촌들에게만 오늘이 마지막이라고 말씀드렸다. 일 잘하는데 왜 잘렸냐고 농을 치지만 서운한 표정이었다. 그래도 다들 놀라거나 하진 않는다. 당일 해직 통보가 드문 일은 아닌가 보다.

괘씸하지만 한 달간 매일같이 일한 가게를 이대로 떠나기가 아쉬웠다. 근처 마트에 들러 '비타 500' 두 상자와 박카스 한 상자를 사서 안기고 왔다.

당장 월·화·수 단기 알바를 구해야 했다. 구직 사이트를 뒤졌더니 죄다 검정 구두가 필요하다. 하는 수 없이 구두를 사기로 하고 월·화 서빙 알바를 지원했다. 구두 값이 못해도 2~3만 원은 할 텐데…. 게다가 구두를 신고 장시간 서서 일해야 한다. 평소에도 구두를 거의 신지 않는데 상상만 해도 고역이다.

정말 화가 난다. 주말에 갑자기 알바 장소가 바뀌었던 기억과 현재 상황이 뒤범벅되어 기분이 나쁘다. 한 달이면 긴 시간도 아니고 워낙 드나드는 사람도 많으니 무감해졌다고 이해해보려 해도 화가 난다. 이건 인간에 대한 예의 문제다. 아무리 돈 벌려고 만났다 해도 쓸모가 없어지면 상식마저 지키지 않아도 되는 건가. 좋게 말한다고 본질이 달라지는 건 아니다. 이제 거의 다 왔다고 생각했는데 끝까지 구질구질하다.

적자? 흑자?

체험

29일차

밥은 제때 먹잖아

오늘은 충무로에 있는 ○○인재원에서 연회 서빙 알바를 한다. 어젯밤 급하게 구한 일자리다. 실직 바로 다음날부터 새로운 알바를 구해야 할 만큼 재정 상황이 좋지 못하다. 충무로로 가는 길, 현아에게서 카톡이 왔다. 수요일까지 일하려 했는데 어제 갑자기 그만 나오라고 해서 인사를 못 했다고 상황을 설명했다. 현아는 거기가 원래 사람 귀한 줄 모른다며 자기도 일요일부터 안 나갔단다. 죄다 그만둬버려야 한다는 말도 덧붙였다. 일하는 동안은 알지 못했던 동질감이 감돌았다. 우리는 꼭 다시 만나자고 약속했다.

서빙 알바는 갖춰야 할 게 많다. 검정 구두가 필수다. 여자라면 조건이 더 까다로워진다. 머리망과 스타킹을 구비해야 하며 염색이나 매니큐어는 피해야 한다. 업체에 따라 흰색 블라우스와 검은색 바지를 요구하는 곳도 있다. 검정 구두, 머리망, 스타킹. 아무것도 없었다. 쇼핑 장소를 신중히 골라야 했다. 평소처럼 복합 쇼핑몰을 찾는다면 준비물 값이 하루 일당을 초과할 게 분명했다. 평소 명동으로 줄근하면서 지나치던 남대문시장이 떠올랐다.

남대문시장에 오니 최저임금으로 생계를 유지하는 법을 알 것 같았다. 검정 단화는 1만 원, 머리망은 5500원, 스타킹은 3000원에 구입했다. 좀 더 발품을 팔면 더 싼 물건을 구할 수 있겠지만 출근까지

시간이 얼마 없었다. 구두는 확실히 싸다.

인재원에서는 인력 업체 담당자 스물네 살 황진규 씨가 기다리고 있었다. 고등학교 졸업 후 단기 알바를 하다가 아예 인력 업체 직원이 됐다고 했다. 그곳 일일 알바 중에서는 대학 교육을 받은 사람이 나까지 4명이나 된다(총 인원 8명 중 학력이 파악된 인원은 6명). 스물 아홉 살 06학번, 스물여덟 살 07학번, 스물일곱 살 08학번, 스물여섯 살 09학번이 쪼르르 모였다. 그중 08과 09는 아직 졸업 전이다. 취업 준비를 위해 졸업을 미뤘다. 09학번 이정연 씨는 일하는 내내 고임금 알바에 대해 물어왔다. 자격증도 따고 2학점 남은 학비도 마련하려면 돈을 많이 벌어야 한단다. 대학 문턱을 밟았든, 아니든 간에 평일 낮에 만나는 최저임금 노동자에게는 공통점이 있다. 모두 고등학교 졸업-대학 졸업-취업으로 이어지는 정상(?) 루트에서 벗어나 있다.

서빙 일은 편했다. 저녁 6시 30분부터 8시까지, 다 먹은 접시를 나르는 시간만 빼면 힘든 일이 없다. 뷔페로 나갈 음식을 접시에 담는 것도 쉬웠다. 연회 시작 전까지는 1시간이나 쉬었다. 물론 한 손으로 커다란 쟁반에 사기접시 5~6개씩 쌓고 다니면 팔목에 부들부들 경련이 인다. 언제 어디서 튀어나올지 모를 손님을 경계하며 의자 사이 비좁은 공간으로 지나다니는 건 곡예 수준이다. 저녁은 손님이 먹고 남은 뷔페 음식이기에 맛난 메뉴는 다 빠진 뒤다. 그래도 시간에 맞춰 끼니를 챙길 수 있는 게 어딘가.

밤 10시, 근무를 마치고 옷을 갈아입다 나도 모르게 "여기서 또 일

적자? 흑자?

하고 싶다"라는 말이 튀어나왔다. 4주 넘게 인재원에서 일한 김보미 씨가 놀란다. "그런 소리 하는 사람은 언니가 처음이에요."

체험
30일차

꺾기는 어디에나 있다

명동 음식점에서 잘린 뒤 내 신세는 딱 날품팔이다. 기술도 경력도 없이 단순노동을 찾아 서울 시내를 떠돈다. 지난 토요일은 신촌, 어제는 충무로, 오늘은 김포공항, 내일은 삼성역이다. 동서남북 골고루 서울 구경 다닌다. 바꿔 말하면 나흘간 매일 길을 헤맨다는 소리다. 인력 업체에서 알려주는 위치 설명은 항상 불충분하다. 전화를 걸어 몇 번을 물어서 찾아가야 한다. 근무지와 근무시간이 바뀌는 데서 오는 피로감이 상당하다. 게다가 구직 활동도 매일 해야 한다. 내일 일자리를 구할 수 있을지 불안도 견뎌야 한다. 하루살이 인생이다.

오늘은 김포공항 근처에 있는 호텔에서 서빙 알바를 한다. 호텔 본관까지 가려면 넓은 정원을 가로질러 한참을 걸어야 한다. 직원 화장실에 '2020년 목표, 대한민국 10대 호텔 진입'이라는 슬로건이 걸려 있다. 꽤 고급 호텔인 셈이다. 그래서인지 잔소리가 심하다. 신발 굽소리도 크게 내면 안 되고, 팔짱을 끼거나 뒷짐을 져도 안 된다.

일 자체는 크게 힘들지 않았다. 한데 분위기가 살벌하다. 한 달 일하는 동안 가장 모욕적인 하루였다. 부지배인으로 보이는 검은색 정장 차림의 남자는 미국 서부 시대의 노예 감독관을 연상케 했다. 물론 과장이지만, 그는 검은색 카펫이 깔린 고급스러운 대형 홀 한가운데에 서서 짜증 섞인 목소리로 알바를 채근했다.

"남의 돈 받고 일하면 제대로 해야지. 대충대충 하는 척만 할래?" 틱 장애처럼 '빨리빨리'를 입에 달고 산다. 가뜩이나 심기가 안 좋아 보이는데 내가 딱 걸렸다. 리넨 행주로 물컵을 닦다가 버벅댔더니, 삿대질을 하며 나를 부른다. "야. 너, 너. 이해가 안 돼? 응? 이해가 안 되냐고? 이렇게 딱 잡고 돌리라고!"

현미라는 관리 직원은 출근하자마자 머리망을 문제 삼았다. "호텔에서는 리본 달린 머리망만 쓰거든요." 그러면서 지배인을 찾아다닌다. 결국 찾은 지배인은 별말이 없었다. 접시에 먼지만 닦으면 된다고 말하기에 얼룩은 안 닦아도 되느냐고 물었더니 "얼룩 있는 접시에 먹고 싶어요?"라며 핀잔을 준다. 카트를 끌고 가다가 자기 실수로 부딪혀놓고는 내 탓을 한다. 하도 지적질을 해대서 직원인가 했더니 두세 달 일한 알바란다.

여기서도 꺾기를 당했다. 저녁 8시까지 근무하기로 했는데 6시에 가란다. 오전 11시에 온 그 여자와 내가 나란히 퇴근하게 됐다. 퇴근 전 대형 테이블보를 정리하는데 혼잣말을 해댄다. "오늘 7시간 근무를 했으니 6시간 알바비를 받겠네." 내가 7시간 일했는데 왜 1시간 임

적자? 흑자?

금을 덜 주느냐고 물으니 원래 그러는 거라면서 밥 먹지 않았냐고 오히려 훈계를 하려 들었다.

순간 발끈했다. 밥은 15분 만에 후딱 먹었으며, 따로 휴식 시간도 주지 않았다. 무엇보다 인력 업체 직원도 아니고 알바인 그녀가 업체를 변호하려는 듯한 태도에 화가 났다. 압권은 근무 일지를 작성할 때였다. 내 출근 시간을 12시로 작성하려는 것이다. 옷 갈아입고 일 시작한 시간이 12시란다. 들고 있던 볼펜을 내팽개쳐버렸다. 신부 드레스 입니? 1시간씩 옷을 갈아입게? 때마침 들어온 호텔 직원이 11시로 쓰는 게 맞다고 바로잡아주지 않았다면 정말 대판 싸울 뻔했다. 게다가 시급도 1시간이 아니라 식사 시간 30분이 빠지는 거란다.

일 끝나고 카톡을 켜보니 선빈이에게 메시지가 와 있었다. 항상 허기져 있는 모습이 마음에 걸렸다. 일요일에 일 끝나고 '3분 요리' 6개를 샀다. 점장에게 맡기면서 선빈이에게 전해주라고 당부해두었다. 오늘에야 그 꾸러미를 받은 거였다. 다음에 만나면 자기가 꼭 밥을 살 거란다. 고등학교는 졸업하는 게 좋지 않겠느냐는 카톡은 끝내 보내지 못했다. 그 대신 휴대전화 번호를 남겼다.

이제 하루 남았다. 네일은 시간이 2배속으로 흘렀으면 좋겠다.

체험

31일차

정말 실수였을까

삼성역 그랜드 인터콘티넨탈 호텔은 무척 마음에 들었다. 일단 6500원으로 서빙 알바 시급이 세다. 중간중간 15분씩 휴식 시간도 제대로 챙겨준다. 무엇보다 구내식당 밥이 끝내준다. 흑미밥과 동태찌개, 고추장아찌, 열무김치로 구성된 가정식 식단은 단출했지만 말 그대로 집밥 맛이었다. 탱글탱글한 쌀밥의 식감이 경이로웠다. 신림동 식당과 일하는 가게에서 묵은 밥만 먹은 나머지 잊고 있던 감촉이다.

인터넷뱅킹으로 통장을 확인해보니 명동 음식점 이름으로 알바비 88만 3000원이 입금돼 있었다. 155시간 곱하기 6000원으로 계산한 93만 원보다 금액이 적었다. 점장에게 카톡을 보내서 알바비를 산출한 근로시간과 시급을 물어봤다. 그제야 점장은 내 시급이 5800원으로 바뀌었다는 사실을 알려주었다. 사장 및 직원들과 상의한 결과 첫 달은 5800원을 주기로 했는데 나한테 미리 말을 못 했단다. 근로시간은 154시간으로 계산됐다. 10여 분 일찍 오거나 늦게 간 건 계산에서 제외되고 지각한 내역만 집계한 결과 총 1시간이 깎인 거였다. 그래도 1만 원이 모자랐다. 점장은 사장이 실수로 그런 것 같다며 내일 입금해주겠단다. 정말 실수였을까. 주 6일씩 4주 꼬박 일했지만 90만 원도 벌지 못했다. 허탈하다.

생존이 아니라 생활을 원했다. 일주일에 평균 41시간 일했다. 법정

적자? 흑자?

근로시간인 주 40시간 이상 노동을 한다면 기초적인 먹고살기에 더해 인간적인 생활이 가능해야 한다고 생각했다. 그러나 당위와 현실의 차이는 컸다. 최저임금으로 한 달 살기 체험을 시작하면서 정한 네 가지 원칙은 아무것도 지키지 못했다.

식당에서 일했지만 내 점심은 챙겨 먹을 수 없었다. 넷째 주, 금요일로 잡혀 있던 친구와의 약속은 돈이 없어서 취소했다. 식비와 주거비로도 적자가 나는 판에 헬스클럽에 등록할 수는 없었다. 조깅이라도 해보려 1만 원짜리 반팔 티와 트레이닝 바지를 구입했다. 반팔 티만 입고 뛰기에는 아직 날씨가 쌀쌀하다는 걸 깨달았을 때는 긴소매 윗도리를 살 돈이 남아 있지 않았다. 당장 급한 생활비를 충당하려고 신청했던 토익도 환불받았다.

개미처럼 일해도 빚쟁이가 된다

지난 한 달은 없는 게 많았다. 일단 신발이 한 켤레밖에 없었다. 옷도 없었다. 한 달 중 21일 동안 같은 옷을 입었다. 5000원짜리 우산을 사기가 아까워 비를 맞으며 다녔다. 한 판에 /000원 하는 피자로 두 끼 식사를 때웠다. 그래도 콜라는 먹지 못했다. 고시원을 나갈 때면 항상 500원짜리 생수병에 정수기 물을 받아서 들고 다녔다. 오른쪽 어금니가 아팠지만 감히 치과에 갈 수 없었다. 과일을 먹어본 기억도 까마득하다. 식사란 탄수화물 보충과 동의어였다. 당장 주린 배를 채우고 노동할 에너지를 확보할 뿐 비타민이나 무기질 섭취는 고려 대상이 아니었다. 그렇게 한 달을 보낸 뒤 남은 건 14만 4200원 적자다.
성실히 일하고 알뜰하게 산 결과 빚쟁이가 되는 현실이 도무지 이해
가 가지 않는다.

적자? 흑자?

- 27세
- 4월 20일~5월 20일
- 1주 호텔 주방 보조(시급 5580원) 낮 12시~밤 9시

  2주 소규모 가죽 공장(시급 5580원, 주휴수당 포함 7000원)
  밤 10시~다음날 오전 8시

  3주 대형마트 입점 업체 판매 행사(시급 6000원)
  오전 9시~오후 4시

  4주 주유소(시급 5600원) 낮 12시~오후 6시
- 총 노동시간 161시간
- 사전 소지품: 티셔츠 2개, 셔츠, 청바지, 운동화,
  양말 두 켤레, 속옷 3개, 수건 3개, 노트북, 칫솔, 치약,
  샴푸, 비누, 스마트폰, 이어폰

이상원

최저임금으로 한 달 살기 2

외롭고 좁고 쓸쓸한 '미션 임파서블'이었어

수입: 106만 726원

지출: 121만 6400원

결산: −15만 5674원

체험
1일차

최대한 많이 일하거나, 최대한 많이 아끼거나

자고 일어나 보니 발톱에 피멍이 들었다. 엄지발가락이 시커멓게
부었다. 서울 아현동 한 고시원에서 하룻밤 자고 난 뒤 생긴 상처였
다. 고시원 방은 가로세로 각각 1.85미터. 침대가 있었는데 책상과 맞
붙어 있었다. 자다가 움직이면 책상 모서리에 부딪혔다. 잠결에 난 상
처였는데, 이런 상처가 계속 생겼다.

2014년 최저임금위원회가 2015년 최저임금을 심의할 때 지표로
삼은 미혼 단신 노동자의 월평균 생계비는 150만 6179원이다. 내
가 하루 8시간 최저임금을 받으며 일을 해서 벌 수 있는 돈 116만
6220원보다 많다. 단순 셈법으로도 34만 원 적자였다. 적자를 메우는

외롭고 좁고 쓸쓸한 '미션 임파서블'이었어

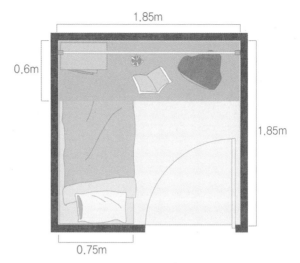

1.85m

0.6m

1.85m

0.75m

고시원 비용 24만원(서울 마포구 아현동)

방법은 간단하다. 최대한 많은 시간 일하거나 생활비를 아껴야 한다. 난 두 가지를 병행했다.

미혼 단신 근로자의 월평균 생계비 가운데 주거비는 33만 3042원 이다. 지출 항목 가운데 가장 큰 돈이다. 주거비부터 아끼기로 했다. 아현동에 있는 24만 원짜리 고시원을 구했다. 김연희 기자가 택한 신림동 고시원에 비해 11만 원이 쌌다. 그럴 만한 이유가 있었다. 방이 더 작았다. 내가 사는 방에는 화장실과 세면대가 따로 없었다. 침대·책상·책꽂이가 연결된 일체형 가구에 작은 텔레비전이 놓여 있었다.

보통 고시원은 개인 화장실이 있느냐 없느냐에 따라 방값이 나뉘는데, 여기는 아니었다. 고시원장은 '싼 방은 다 나갔다'라며 침대 있는 방을 권했다. 그곳에서 나는 '유침 계급'에 속한 셈이다. 나는 잠이

최저임금으로 한 달 살기 2 | 이상원

안 오면 다리를 들어 벽에 문지르는 습관이 있는데, 일체형 가구 때문에 한 달 동안은 못 할 것 같다. 그렇다고 머리를 책상 아래에 두는 건 위험 부담이 크다. 매트리스는 일체형이라 바닥에 내릴 수도 없다.

고시원 방은 방음에 취약했다. 방문을 열었을 때 '원장이 내 방 TV를 켜놓고 갔나? 나는 튼 적이 없는데'라는 생각이 들 정도였다. 맞은편 방 사람이 보고 있는 코미디 프로그램 소리가 이어폰 속 FM 라디오 음질로 들렸다. 그의 웃음소리도 들렸다. 박장대소가 아니라 '프흐흡' 정도였는데도 방과 방을 관통했다.

한 층 전체가 고시원인데, 그처럼 잠만 잘 수 있는 방이 44개였다. 한 방에 2명이 살기도 했다. 50여 명이 사는 그곳에 고시생은 한 명도 없다. 40~50대 노동자가 대부분이다. 공동으로 쓰는 샤워 부스와 화장실이 3개씩 있다. 샤워실과 화장실은 아침마다 붐볐다. 내 방에서 가장 가까워 주로 이용했던 화장실은 잠금장치가 고장 났다. 변기에 앉아 큰일을 볼 때면 문고리를 잡아야 했다. 세탁실에 공동 세탁기 2대, 조리실에 가스레인지 1대가 있다.

호텔 주방 보조로 일하다

노동시간을 늘리려고 일주일마다 일자리를 달리했다. 김연희 기자처럼 한곳에서 일할 경우 '꺾기'(손님이 없으면 강제로 퇴근시키는 것)를 자주 당하기 때문이다. 첫째 주 내가 구한 일자리는 동대문에 위치한 호텔의 주방 보조였다.

낮 12시에 출근해 밤 9시에 퇴근했다. 첫날 호텔 보안실을 찾았다. "연회 주방 알바 하러 왔어요"라고 말하자 직원이 고개만 까딱했다. 그의 '안내'로 라커룸에 들어가자 남자 4명이 앉아 있었다. 모두 20대 초·중반으로 보였다. 요리사복으로 갈아입고 20분쯤 대기하자 한 요리사가 호텔 주방으로 안내했다.

처음 한 일은 샐러드용 채소를 뭉치는 것이었다. 처음 우리 작업을 보고 난 요리사는 '너무 많이 뭉쳐 놓았다'라며 핀잔을 주었다. 알바생 다섯은 지시대로 양을 줄였다. 이번에는 다른 요리사가 오더니 인상을 썼다. 그는 '이렇게 조금 하면 어떻게 쓰라고'라며 소리치더니 채소를 싼 랩을 찢었다. 그 기세에 눌려 우리는 처음부터 다시 채소를 뭉쳐댔다.

채소 뭉치기가 끝나자 인삼·대추 꼬치 작업에 돌입했다. 그 뒤에도 박스를 접고, 무를 썰고, 가지 껍질을 벗기고, 꿩 뼈를 끓는 물에 데쳤다. 쉬는 시간이 없었다. 9시간 내내 서서 일해야 했다. 무릎이 후들거릴 정도로 힘이 들자 나도 모르게 화장실로 향했다. 변기 커버를 내리고 그냥 앉아만 있었다. 2분이 지났을 때 밖에서 "알바, 어디 있어?" 하는 소리가 들렸다. 재빨리 일어나 손을 씻고 다시 나왔다.

구직 사이트에 올라온 조건은 시급 5580원, 9시간 근무시간 가운데 1시간 저녁식사 시간이 포함되어 있었다. 내가 받기로 한 일당은 정확히 따지면 8시간 노동의 대가였다. 저녁식사 1시간은 휴식 시간이었다.

저녁식사 대신 더 받은 5580원

근로조건에 명시된 저녁식사 시간이 다가왔는데도 일은 멈추지 않았다. 출근할 때 받은 식권 1장을 만지작거렸다. 호텔 직원용 푸드 코트 식권이었다. 하지만 식권 쓸 시간을 주지 않았다. 지글거리는 스테이크와 버터향 가득한 호박 수프, 투명한 푸딩 등 손님에게 나가는 음식으로 눈과 코가 쏠렸다. 저녁 7시가 넘어 동료 알바생이 저녁식사에 대해 묻자, 주방장은 "원래 바쁠 때는 먹지 못한다. 푸드 코트에 가봐서 식당 문 닫았으면, 다시 와서 하던 일을 해라. 그 대신 1시간 시급을 더 주겠다"고 말했다. 이날 9시간 일한 돈을 받았다. 저녁을 못 먹었다는 허기보다는, 5580원 더 받았다는 이상한 안도감이 들었다.

체험
2일차

최저임금 늪에 빠진 '공부하는 노동자'

컥컥 기침을 하면서 일어났다. 아침 7시 20분, 맞은편 방에서 들리는 텔레비전 소리 때문에 잠이 깼다. 정신이 또렷해지면서 팔다리 통증도 생생해졌다. 몇 대 맞은 다음 날 같았다. 실제로 비슷한 악몽에 시달렸던 것 같기도 하다. 몸 상태가 아니라 공간의 상태에 맞춰 살아야 한다는 걸 금방 배웠기에 화장실로 향했다. 하필 빈 곳이 문고리가 고장 난 화장실뿐이었다. 누군가 들어올까 봐 문고리를 단단히 부여잡고 큰일을 치렀다. 아침 출근 시간보다 조금 늦었는데도 샤워실은

외롭고 좁고 쓸쓸한 '미션 임파서블'이었어

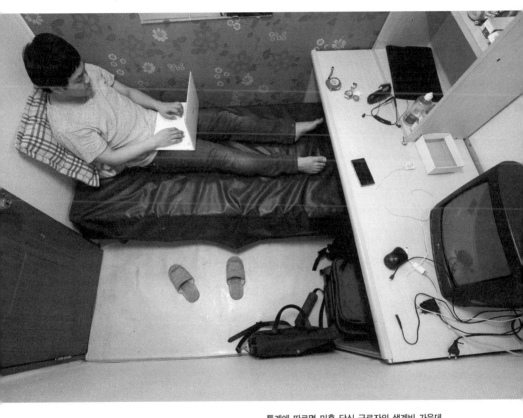

통계에 따르면 미혼 단신 근로자의 생계비 가운데
주거비 지출이 33만 원가량으로 가장 많다. 최저임
금으로 한 달을 살려면 주거비를 줄이기 위해 24만
원짜리 고시원을 선택할 수밖에 없었다.

붐볐다. 배수구가 꽉 막혔는지 발등까지 물이 차올라서 첨벙첨벙 소리가 났다. 고시원 인근 시장에 있는 식당에서 '아점'을 해결했다. 오늘도 저녁을 못 먹을지 모른다 싶어 꾸역꾸역 많이 먹었다. 아점을 먹는 10분이 감사하고 행복했다.

출근해보니, 주방에 알바가 7명 와 있었다. 전부 처음 온 사람이었다. 어제 온 알바는 한 명도 없었다. 명수(26·가명)도 없었다. 첫날 함께 퇴근한 명수는 '공부하는 노동자'다. 요즘 공부하는 노동자는 두 부류다. 등록금을 마련하려고 알바 하는 대학생과 생계비를 벌려고 알바 하는 취업 준비생. 명수는 전자에서 후자로 넘어갔다. 최근에 졸업했다. 그들은 저임금과 시간 부족이라는 이중고에 시달린다. 부모의 도움 없이 취업 준비를 하려면 명수처럼 하루 8~9시간 일을 해야 한다. 그러고 나면 취업 준비를 할 시간이 부족하다. 악순환의 늪에 빠지는 것이다. 미래를 준비할 돈도 시간도 부족해지고, 결국 최저임금 노동에서 벗어나지 못한다. 명수도 그렇게 최저임금 노동이 본업이 되다시피 했다. 그는 퇴근하며 '시급에 비해 일이 너무 힘들다'고 말했다. 아마 다른 알바를 구했을 것이다.

새 동료 1명과 음식 재료를 비닐팩에 담았다. 그는 공업고등학교를 졸업하고 중소기업에 면접을 보러 다니는 중이라고 했다. 어떻게 이 알바를 택했는지 묻자 "그냥 문자가 와서요"라고 말했다. 알바 동료들은 대부분 문자를 받고 왔다. 내용은 '○월 ○일 주방 보조 급구. 12시~21시. 시급 5600원. 석식 제공'이다. 알바 중개 사이트에 올린 이력서를 보고 '스팸'식으로 뿌리는 문자에 응한 사람이 대다수였다.

외롭고 좁고 쓸쓸한 '미션 임파서블'이었어

앉아서 쉬면 기분 나쁘지

중간중간 화장실에 가서 미리 다리를 '충전'해놓았다. 요령껏 충전하지 않으면 밤 9시까지 버틸 수가 없을 것 같았다. 그래도 둘째 날부터는 저녁 먹을 시간을 주었는데 식사 시간이 15분 남짓이었다. 저녁시간 1시간 보장이라는 문구는 현장에서 통하지 않았다. 15분간 저녁을 먹고 45분은 일했다. 물론 그 시간은 임금으로 환산되지 않았다. 둘째 날부터 8시간 45분 온전히 서 있었다. 다리에 충전한 에너지가 바닥나면서 저녁 땐 잠깐 주방 가장자리에 쪼그려 앉아 있었다. '아이고 살 것 같다'라는 해방감을 느낀 지 1분도 채 안 되어 한 외국인이 들어왔다. "Hey" 하는 그의 험악한 표정에 자동으로 일어났다. 따라온 다른 요리사가 "왜 앉아 있어?" 하며 화를 냈다. 나를 복도 끝에 있는 건조실로 데려갔다. 그는 "돈 주는 사람 입장에서 앉아 있으면 기분 나쁘지. 쉬더라도 요령 있게 쉬든가. 저기 걸레 가져와서 이런 데 닦아"라고 말했다. 나는 진심으로 죄송한 표정을 지으며 걸레를 빨아왔다. 그가 가리킨 쇠문, 개수대 같은 곳을 벅벅 문질렀다.

체험
3일차

'You raise me up'

새벽 5시 30분, 눈을 떴는데 움직일 수 없었다. 몸이 많이 아팠다. 전날과 달리 머리까지 지끈거렸다. 결국 몸살이 났구나 싶었다. 물 마

시러 갈 힘도 없어서 약 먹을 생각을 못 했다. 그래도 출근해서 일을
했다.

호텔 주방에서 검정 모자를 쓰고 있는 요리사를 직원들은 대리라
고 불렀다. 가슴에 'restaurant head chef'라 적힌 이는 과장으로 불
렸다. 드라마에서 흔히 듣는 '셰프'란 호칭은 아무도 쓰지 않는다. 검
정 모자 대리가 시킨 일은 수월치 않았다. 수제 소시지의 비닐을 자르
고 내용물을 짜내는 작업이었다. 25센티미터 정도의 소시지는 닭고
기를 갈아 만들었는데, 안에는 인삼·대추 꼬치와 찹쌀이 들어 있다.
비닐 끝을 자르고 내용물을 짜내면 반고체 상태의 고기가 나온다. 비
닐 여기저기에 이쑤시개로 구멍을 뚫어놨기에 닭기름이 사방으로 샌
다. 1통에 12개씩, 그렇게 모두 15통 분량을 짜냈다. 내가 작업한 소
시지를 가리키자 검정 모자는 웃으며 말했다. "잘했어. 이제 다시 싸
자." 이번엔 랩으로 180개 소시지를 돌돌 말아 끝을 묶었다. 얇은 병
풍 너머 연회 홀에서는 'You raise me up' 노래와 박수 소리, 환호성
이 들려왔다. 퇴근해 비누로 씻고 씻어도 손에서 닭기름 냄새가 지워
지지 않았다. 밤 9시까지 일하고 와서는 그대로 쓰러져 잠을 잤다.

외롭고 좁고 쓸쓸한 '미션 임파서블'이었어

체험
4일차

노동만 있고 생활은 없었다

최저임금으로 한 달 살기 체험 첫째 주에는 '노동'만 있고 '생활'은 없었다. 퇴근하면 곧바로 고시원 방으로 돌아와 쓰러지기 일쑤였다. 그래도 생활은 이어가야 했다. 꼭 필요한 옷가지만 들고 나온 터라 면도기부터 샀다. 어제 일터에서 요리사 한 사람이 어깨를 툭툭 치며 "다음에 올 때는 면도해"라고 주의를 주었다. 1000원짜리 일회용 면도기 4개를 사서 듣지 않는 면도날과 씨름하다, 얼굴에 여러 군데 생채기를 냈다. 그렇게 첫째 주는 후회의 연속이었다.

그래도 생활을 하고 싶었다. 다음 일자리를 알아보며 저녁에 친구와 술 약속을 잡았다. 약속 장소인 신촌에는 밤 10시가 다 되어 도착했다. 준비하던 시험에 낙방한 친구라 더치페이 하자고 말할 수 없었다. 1만 4000원짜리 제육볶음에 먼저 눈이 갔지만 감자전을 시켰다. 제일 싼 안주였다. 감자전이 다 떨어져도 안주를 더 시키지는 않았다. 술도 더 시키지 않고 물만 연거푸 주문했다. 학점이 좋지 않아 내년에도 낙방하면 취직하기가 더 힘들 것 같다고 친구는 푸념했다. 더 열심히 살았어야 했는데, 학창 시절이 후회된다고 그는 말했다. 내 머리와 수염을 놀릴 때에만 그는 웃었다.

고시원으로 돌아와 담배를 피우러 갔다가 재떨이 위에 종이가 불타고 있는 걸 목격했다. 급히 화장실로 올라가 손으로 물을 퍼서 끼 없었다. 고시원 방문은 나무로 되어 있다. 벽은 군데군데 튀어나와 있고, 두드려보면 속이 비었다는 걸 알 수 있다. 밤중에 불이 나면? 상상만 해도 끔찍했다. 고시원 입주자는 많은데 복도는 좁아 아수라장이 될 것이다. 다행히 방 바로 옆에는 소화전이라 쓰인 벽장이 있다. 습기 가득한 빨래 건조실도 가까워, 화재에서 기적적으로 생존하기에는 천혜의 조건이다. 하지만 벽장은 소화기 외에 무슨 보물이라도 들어 있는지, 먼지 쌓인 자물쇠로 철통같이 잠겨 있었다.

체험
5·6·7일차

주말 단기 알바를 뛰다

'시간 빈곤'은 내게도 닥쳤다. 최저임금으로 의식주를 해결하려면 주말에도 일을 해야 했다. 퇴근 후 방에 돌아와서는 알바 사이트를 뒤졌다. 단기 알바는 많은데 내가 할 수 있는 일은 찾기 어려웠다. 주방 보조 및 서빙을 제외하자 절반 이상이 빠졌다. 편의점 야간 알바를 문의하자 '편의점 근무 경력자만 받는다'라는 답이 돌아왔다. 매표소 알바는 '나이가 너무 많아서 안 된다'라고 했다. 여러모로 나는 무능했다. 관련 학과 전공자, 경력자 같은 우대 사항에 속하지 않는 데다, 운전도 잘 못하고 나이도 어중간했다. 콜센터 알바도 하고 싶었지만 여성만 받았다. 물론 어제 술자리에서 친구가 지적했듯, 남자를 뽑는다 하더라도 내 목소리는 아마 부적합 판정을 받았을 것이다. 큰 키를 요구하는 곳도 꽤 있었는데 내게 유리할 턱이 없었다.

외롭고 좁고 쓸쓸한 '미션 임파서블'이었어

결국 첫 주말에 구한 단기 일자리는 웨딩홀 보조였다. 토요일과 일요일 모두 13시간을 일했다. 시간당 6000원씩, 7만 8000원을 벌었다. 내가 좋아하는 축구 선수 리오넬 메시의 30초 급여보다 조금 적다.

체험
8·9일차

<u>모두 잠든 후에</u>

아침 전화에 잠이 깼다. 가죽 세공 공장이었다. 채용이 확정됐다며 당장 밤 10시부터 출근할 수 있느냐고 물었다. 얼떨결에 '그렇다'고 답한 후에야 약속이 생각났다. 그날 밤 친구와의 약속이 떠올랐지만, 일을 놓치면 또 힘겹게 일자리를 구해야 했기에 '나가겠다'고 했다. 열흘 동안 문을 두드린 회사 가운데 단 세 곳만이 긍정적 답변을 주었다. 스물여덟 살이 매표소에서 표 팔기에는 '늙었다'고 탈락시켰다. 연거푸 구직에 실패하자 나 스스로 비굴해졌다. 나를 뽑아준 사장님이 그저 고마울 뿐이었다.

근무시간은 밤 10시부터 다음날 오전 8시. 일자리는 대다수가 기피하는 야간작업이었다. 그 대신 사장은 주휴수당을 주겠다고 했다. 시급 5580원에 주휴수당을 포함해 계산해보니 시급 7000원 가까이 되었다. 주휴수당은 주당 15시간 이상 일하면 어떤 노동자에게나 적용되며 하루치 임금을 받을 수 있다. 하지만 현장에서는 잘 지켜지지 않는다. 나도 최저임금 한 달 살기 기간에 받은 처음이자 마지막 주휴수당이었다. 하루 8시간을 초과하고 야간 노동이면, 연장근로수당이나 야간근로수당을 받을 수 있다. 하지만 내가 일한 곳은 나와 같은 알바생을 포함해 5인 미만 사업장이라, 사용자가 그런 수당을 지급하지 않아도 불법은 아니었다.

밤 10시. 가죽 세공 공장에서 처음 사장을 만났을 때, 내 두 손은 다소곳이 모아져 있었다. 선하고 수더분한 인상의 사장은 50대 후반쯤으로 보였다. '잘 부탁드린다'며 사장이 먼저 악수를 청해오자 나는 황망히 허리를 굽히며 양손으로 그 손을 쥐었다.

일은 쉬웠다. 복사기처럼 생긴 기계에는 레이저가 달려 있었다. 편자 모양 가죽 네 조각을 표시된 공간에 올려두고 버튼만 누르면 된다. 레이저는 컴퓨터와 연결돼 있어 도안에 알맞게 자동으로 세공한다. 세공이 끝나면 덜 잘린 가죽을 손으로 조금 정리해줘야 한다. 각기 다른 기계 3대를 돌며 그 작업만 반복했다.

일을 알려준 사장은 바로 퇴근했다. 40평(132제곱미터) 남짓한 공장에서 혼자 일했다. 인적이 드문 시간이라 처음에는 좀 무서웠다. 15분 정도 흐르고 일이 익숙해지자 마냥 즐거웠다. 이렇게 쉽게 돈 버는 방법이 있는데, 그간 정말 세상 물정 모르고 살았구나 싶었다.

일이 너무 쉬운 게 도리어 문제였다. 나름대로 최고의 능률을 뽑아내는 방식을 습득하자, 아직 9시간 30분 동안 같은 일을 해야 한다는

외롭고 좁고 쓸쓸한 '미션 임파서블'이었어

밤 10시부터 다음날 오전 8시까지 가죽 세공 공장에서 일했다. 야간작업을 하는 일자리 탓인지 사장은 주휴수당을 주었다. 체험 기간 동안 일한 네 곳에서 처음이자 마지막으로 받은 주휴수당이었다.

사실이 떠올랐다. 공장 일은 주방이나 웨딩홀과 달랐다. 여기서 내가 무슨 짓을 하더라도 책상에 놓인 할당량 이상을 해낼 수는 없다. 반대로 대놓고 태업을 하는 것도 불가능하다. 도안 수가 기계 작업 시간에 맞춰 정해져 있기 때문이다. 공장에서 내 의지로 할 수 있는 일은 없었다.

오늘 하루만 근근이

초보자도 5분이면 익힐 수 있을 만큼 단순노동이었다. 아침 8시까지 꼬박 10시간 반복 작업을 했다. 건물 전체가 공장이었다. 옆 칸의 제지 공장 역시 사람 소리는 없이 기계만 돌아갔다. 아래층에도 간판 없는 공장이 두어 개 있었다. 가죽과 가공 약품 타는 냄새가 심했다. 짬짬이 밖에 나가 담배를 피웠다. 담배를 끊을까 생각도 했는데, 끊기가 쉽지 않았다. 노동을 하다 보면, 일터에서 담배 피우는 시간이 유일한 휴식 시간일 때가 많았다. 새벽 4시부터는 머리가 아파서 담배 피우는 주기가 더 짧아졌다.

다른 알바에 비해 일은 분명 편하다. 반면 보람은 없다. 도안 가공에서 일이 끝나다 보니 가죽 조각이 어디에 쓰이는 물건인지도 알 수가 없다. 완전 기계화 공정이기에 최단 시간 최고 효율도 무의미하다.

일당으로 하루, 일주일, 한 달을 버틸 수는 있다. 최저임금 노동을 하며 미래를 준비하기는 너무 힘들다. 그저 오늘 하루만 근근이 먹고 살 뿐이다. 나는 점점 멍해져갔고 두통은 끊이지 않았다. 근처 편의점에 들어가 에너지 음료를 하나 사 마셨다.

외롭고 좁고 쓸쓸한 '미션 임파서블'이었어

아침 8시에 출근한 사장은 "오늘 밤부터는 끝날 때쯤 바닥도 좀 쓸어요. 이제 가보세요"라고 퇴근을 명했다. 화장실에서 손을 박박 씻었는데 검댕이 지워지질 않았다. 공장과 지하철역 사이에 짬뽕집이 하나 있어 아침을 해결했다. 머리가 띵하고 속이 안 좋아서 헛구역질이 나왔다. 겨우겨우 고시원에 돌아와 씻고 바로 잤다. 불을 끄면 창문이 없는 고시원은 동굴처럼 어두웠다. 밖은 환한 낮이었지만, 고시원과 몸은 한밤중이었다.

체험
10·11일차

창문 없는 방의 좋은 점

눈을 뜨니 저녁 7시 30분이었다. 8시간 가까이 깨지 않고 잤다. 창문이 없는 방에 사는 게 이럴 때는 좋다. 형광등만 끄면 낮인지 밤인지 구분이 안 간다. 밤이고 낮이고 땀에 젖어 캑캑거리며 일어나는 건 똑같다.

이번 체험의 목적은 최저임금으로 '생존하기'가 아니다. 최저임금으로 '생활하기'다. 최저임금법 1조에서 밝힌 '근로자의 생활 안정'과 '노동력의 질적 향상'이 가능한 삶인지 직접 검증해보자는 취지다. 그래서 친구와 약속도 하고 소개팅도 잡았다. 이내 걱정스러워졌다. 옷가지와 면도기, 여타 생활용품 구매를 생각하면 소개팅은 한 번밖에 할 수 없을 것 같았다. 친구와 잡은 약속도 벌써 미뤘다.

며칠 전 갔던 냉면 가게에 또 갔다. 만두도 먹고 싶었지만 비빔냉면만 시켰다. 저놈의 5000원짜리 만두는 언제 먹을 수 있을까. 한숨을 쉬면서 냉면으로 저녁을 해결했다.

가죽 공장에는 사장 대신 어떤 젊은이가 있었다. 나보다 어려 보이기에 혹시 다른 알바가 충원되었나 생각했다. 인사만 한 뒤 기계가 돌아가길 기다리고 있는데, 그가 "어제 일을 좀 잘못해서, 그냥 간단히 몇 가지 알려드리고 갈게요."라고 말했다.

낮에 근무하는 직원들이 돌아가면서 당직을 맡는 모양이었다. 당직인 그가 말했다. "가죽 찌꺼기를 너무 세게 털면 기계 안에 들어가서 오작동이 생겨요. 덜 뚫린 구멍은 손으로 하지 말고 여기 진공청소기 쓰세요. 그것도 안 되면 이쑤시개로 꼭 뚫어주시고요." 내가 알겠다고 말하자 당직 직원은 서둘러 퇴근했다.

어제와 달리 기계를 4대 돌렸다. '1대만 더 늘어도 정신없겠다'라고 생각했는데, 그것이 실제로 일어났다. 어제와 똑같은 일을 10시간 한 뒤 고시원으로 돌아왔다. 가져간 초코과자와 커피를 밤참으로 삼았다.

기계는 잘도 도네, 돌아가네~
아침까지 일을 마치고 고시원으로 돌아오는 길에, '점포 정리'라 적힌 가게가 눈에 띄었다. 잡다한 생활용품을 파는 곳이었다. '전동 면

　　　　　　　　외롭고 좁고 쓸쓸한 '미션 임파서블'이었어

도기 있느냐'고 물었더니, 주인이 먼지 쌓인 상자를 가리켰다. 1만 5500원이라 적힌 스티커를 떼며 그는 "그냥 1만 3000원에 줄 테니까 가져가요"라고 말했다. 일회용 면도기를 사서 쓰다가 얼굴이 피투성이가 된 터였다. 전동 면도기를 사고 싶다는 생각이 스쳤고, 졸려서 정신이 혼미한 상태라 '면도기가 필요하다'와 '면도기가 있다' 정도만 인식했다. 주인이 2000원을 거슬러 줄 때에야 왜 상자가 반쯤 열려 있는지, 쓰던 것 아닌지 물었다. "쓰던 거는 무슨 쓰던 거. 손님이 보여달래서 그런 거지." 고시원에서 씻고 면도를 해봤는데 수염이 거의 깎이지 않았다. 면도기라기보다는 휴대용 선풍기와 비슷한 날이었다.

눈을 감자마자 알람이 울렸고, 억지로 일어나서 전날 연락했던 김밥 가게에 면접을 보러 갔다. 다음 일할 자리를 미리 구해야 했다. 3시간밖에 못 자서 몽롱했다. 다른 지원자 한 사람과 함께 면접을 봤다. 덩치가 크고 무표정한 남자였다. 나보다 대여섯 살 많아 보였다.

그는 진짜 요리사였다. 호텔경영학과를 졸업하고 한식 관련 자격증도 있다고 했다. 김밥을 쌀 수 있느냐는 사장의 질문에 그는 당연하다는 듯 껄껄 웃었다. 벽에 붙은 메뉴판을 쓱 보더니 "레시피만 간단히 알려주시면 진부 돼요"라고 말했다. 사장은 "생선 저음 음식점을 하는 거라 같이 운영할 만한 사람을 찾고 있었는데"라며 반가워했다. 그 모습이 마치 유비와 제갈량의 만남 같아서 할 말을 잃었다.

사장은 내게도 어디서 얼마나 일했는지, 어떤 요리가 가능한지 물었는데 마음은 이미 정한 표정이었다. "가르쳐만 주시면 뭐든 금방 할 수 있다"라고 답했다. 그러나 자리에 앉은 세 사람 모두 결론이 어떻게 날지 알고 있었다. "상원 씨한테는 미안하게 됐다"라는 말을 듣고 어색하게 웃으며 식당을 나섰다.

고시원으로 돌아가는 지하철에서 구인 검색을 하다가 대형마트 입점 업체의 구인 광고를 봤다. 거리와 시간이 모두 적당해서 망설임 없이 전화를 걸었다. 전화 받은 이는 주말 포함한 7일 단기 일자리인데 괜찮은지 물었다. '그렇다'라는 내 대답에 가능하면 바로 면접을 보러 오라고 말했다.

점포는 잠실에 있는데 면접은 강남에서 보았다. 강남역 거리는 붐볐는데 매장은 한산했다. 알바 면접 보러 왔다고 말하자 사무실로 안내했다. 자리에 앉자마자 지원서부터 들이밀었는데, '부모 직업' 따위 상세한 항목도 기입하게 했다. 지원서를 서류 사이에 끼워 넣던 직원은 '건강진단결과서가 없다'라는 말에 당황했다. 음식점이나 식품 관련 노동자는 식품위생법에 따라 건강진단을 받아야 한다. 이를 어기면 영업 취소나 500만 원 이하 과태료 처분을 사용자가 받는다. "아, 그러면 안 되는데. 이게 적발되면 좀 큰일이 나거든요. 발급받는 데에 사나흘은 걸려서." 면접을 마친 그는 점장에게 물어보겠다는 모호한 답만 내놓았다.

가죽 세공 공장 레이저에 손가락이 잘리지 않으려면 조금이라도 자야겠다고 생각했다. 알람을 맞춰두고 1시간 30분 잔 뒤 출근했다. 새벽 4시쯤 담배가 떨어져서 편의점에 다녀왔다. 원래 하루에 1갑을

외롭고 좁고 쓸쓸한 '미션 임파서블'이었어

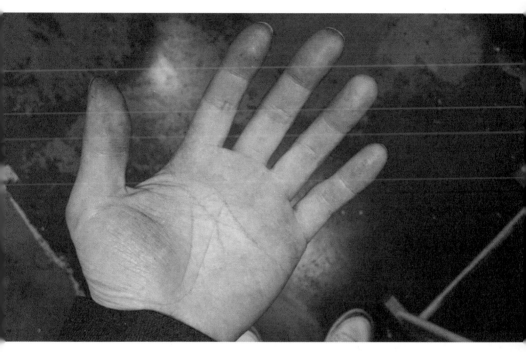

하루 일을 마치고 화장실에서 손을 박박 씻었는데도
손바닥에 묻은 검댕이 잘 지워지지 않았다.

다 피우진 않는데 일을 하면서 흡연 빈도가 늘었다. 삼각김밥 비슷한 음식과 커피도 같이 샀다. 편의점 새벽 알바생은 발음이 부정확했다. 중국 동포 같았는데 사람을 경계하는 눈치였다. 계산만 하고 음식은 공장에 들어가서 데웠다. 넓은 공장에 혼자 있는 게 처음에는 좀 무서웠는데 이제는 편했다. 아침에 출근한 사장이 일찍 퇴근하라고 했다. 손을 씻고 나가는 길에 출근하는 다른 직원과도 마주쳤다. 노동절에도 공장은 쉬지 않고 돌아갔다.

체험
12·13·14일차

'쿨함'은 어디에서 오는가

우렁찬 '개그 콘서트' 소리에 깨어났다. 방음에 취약한 고시원에서 앞방의 텔레비전 소리는 자명종이었다. 비몽사몽 일어나 씻고 종로에 가서 청바지를 샀다. 최저임금으로 한 달 살기 체험을 하며 미리 준비한 옷가지가 티셔츠 2장과 청바지 하나뿐이었다. 바지 하나가 일당보다 더 비쌌다. 티셔츠나 남방도 살까 했지만 동대문 상가가 더 쌀 것 같아서 참았다. 한 푼이라도 아끼려고 발품을 판 끝에 티셔츠 2장과 남방 하나를 비교적 싼값에 샀다. 그래도 주방 보조를 사흘 해서 번 임금이 순식간에 날아갔다.

가죽 공장에서의 마지막 날이다. '끝난다고 날림으로 했다'라는 뒷

외롭고 좁고 쓸쓸한 '미션 임파서블'이었어

말이 나오지 않도록 평소보다 더 열심히 했다. 이튿날 아침 나온 사장은 흡족해했다. 퇴근해서 자고 일어나니 오후 5시 40분이었다. 소개팅이 있는 날이다. 소개팅 상대에게 급히 전화를 걸어 출발했느냐고 묻자, 웃으며 집이라고 답했다. 약속 시간을 미뤄 6시 30분에 만나기로 했다. 따져보면 7시간 잤는데 이상하게 피로가 조금도 풀리지 않았다. 온몸이 맞은 것처럼 아파서 상대방을 만나고 나서도 정신 차리기가 힘들었다. 터놓고 이야기했다. "죄송한데 제가 일어난 지 1시간밖에 안 돼서 어디에 갈지 아예 생각을 못 했어요." 우리는 처음 눈에 띈 치킨집에 들어갔다.

소개팅이 너무 오랜만인 데다 잠도 덜 깨서 말도 안 되는 소리를 늘어놨다. 소개팅 첫 만남에서 비용은 대개 남자가 지불한다는 게 보편적 인식이고, 나는 술에 취하면 주머니에 있는 돈을 몽땅 쾌척하는 게 버릇이라 걱정됐다. 노동의 가치를 실감해서일까. 소개팅 상대의 말에 깔깔거리면서 속으로는 술값과 시간당 임금을 끊임없이 비교하고 계산했다. 그간 자랑스러워했던 '쿨함'이라는 덕목은 천성이 아니라 경제력에 더 큰 영향을 받는 것 같았다. 소스에 찌들어 눅눅해진 닭튀김을, 그저 아깝다는 생각에 다 먹어치웠다.

어차피 쓸 돈이면 점수라도 따자는 마음에 그녀가 화장실에 간 사이 계산을 마쳤다. 화장실에서 나온 그녀는 영수증을 들고 있는 내 모습을 보고 "아, 제가 내도 되는데"라며 웃었다. 그녀의 제안으로 막걸리집을 찾아 헤맸다. 한산한 술집에 앉았다. 다른 안주는 터무니없이 비싸서 8000원짜리 김치전을 시켰다. 술김에 호기를 부리려 했던 것

일까? 자리에서 일어나면서 또 '내가 사겠다'고 객기를 부렸다. 2차는
그녀가 냈다. 2차까지 샀다면 아마 다음날 아침 샤워하면서 절규했을
것이다.

행동 하나하나, 시급으로 환산하는 버릇

그녀를 집에 보내고 대학 선배들이 모여 있는 곳으로 갔다. 내가
도착했을 때 세 사람이 있었는데 한 선배는 이미 만취 상태였다. 선배
는 택시를 타고 집에 갔다. 나머지 선배 둘 중 하나는 대형 로펌 취직
이 확정됐다. 술값은 그 선배가 다 냈다. 그라고 사정이 아주 넉넉한
건 아니다. 사법시험 합격 직후 만든 마이너스 통장에 빚이 1000만
원 이상이라고 했다. 집안 사정도 어렵고 여자친구도 취직 준비 중이
라 결혼은 엄두도 못 내고 있다.

한참 푸념을 듣고 있던 다른 선배가 "난 그냥 시험만 됐으면 좋겠
다"라며 소주를 들이켰다. 사람들과 어울리고, 사람들과 만나는 건 좋
았다. 그런데 주 중에 번 돈이 순식간에 사라졌다. 집안 형편이 좋지
않던 대학 동기가 학회 뒤풀이에 자주 빠지던 모습이 떠올랐다. 지하
철이 끊겨서 택시를 탔다. 택시비는 1시간 시급보다 비쌌다. 행동 하
나하나를 시급으로 환산하는 버릇이 생겼다. 분명히 최저임금으로
'생존하기'가 아니라고 했는데, 어느새 나 스스로 생존을 목표로 하고
있었다.

외롭고 좁고 쓸쓸한 '미션 임파서블'이었어

체험

15일차

빨리 끊어야 한다

대형마트 입점 업체 점장의 전화에 잠이 깼다. 건강진단결과서가 없다는 게 마음에 걸렸나 보다. 점장은 "우선 근무하고 오늘 바로 건강진단을 받는 게 낫겠다"고 말했다. 스마트폰으로 근처 보건소를 검색했다. 건강진단은 간단했다. 폐결핵 검사를 위해 흉부 CT 촬영을 했다. 장티푸스 검사를 위해서 항문에 면봉을 넣었다 뺐다. 검사는 10분도 걸리지 않았다. 하지만 건강진단결과서 발급은 나흘 뒤에나 가능했다.

고시원 방에 돌아와서 미팅을 했던 A양과 통화를 했다. 수다를 떨다 보니 시간이 꽤 지났다. 슬쩍 통신 요금이 머리를 스치고 지나갔다. 나는 같은 통신사끼리는 통화료가 공짜인 요금제를 쓰고 있는데, A양은 다른 통신사였다. '통신비'가 떠오르자 '빨리 끊어야 한다'는 생각이 들었고, 대화는 갑자기 결론을 향해 치달았다. 무료 통화 앱이라도 받아야 하나.

오늘은 고등학교 친구들을 만났다. 한 친구는 '강제 야근'이라 늦는다고 답했다. 대기업에 다니는 다른 친구는 슬리퍼를 신고 왔다. 친구는, 온종일 수치를 정리했는데 정리한 자료가 어디에 쓰이는지 모르겠다고 투덜댔다. 일을 시키는 직속 선배는 오전에 꾸벅꾸벅 졸다가 점심을 먹고는 자리를 비운다고 했다. 선배는 퇴근 시간쯤 들어와 그와 동기들이 엑셀과 씨름하는 모습을 보곤 "다 하고 나면 이것도 좀 부탁해"라고 속삭이고는 집에 간단다. 드라마 〈미생〉에 나오는 신입 사원 한석률의 선배 '성대리'를 연상케 했다. 친구도 한석률처럼 "기회만 생기면 이직하겠다"고 말했다.

또 다른 친구가 눈썹 위에 반창고를 붙이고 나타났다. 농구를 하다가 이마가 찢어졌다고 했다. 친한 친구가 한 명 더 있는데, 그는 언젠가부터 핑계를 대며 자리에 나오지 않는다. 구직 때문에 바빠서일 거라고 한 친구가 말했다. 우리는 주로 고등학교 때 이야기를 했다. 만날 때마다 해온 빤한 소리인데도 질리지 않았다. 1차는 내가 샀고, 2차는 슬리퍼를 신고 온 친구가 샀다. 우리 둘 다 백수 시절 이마가 찢어진 친구에게 '뜯어먹은' 게 적지 않았다.

그래도 오늘은 택시 대신 지하철을 타고 고시원에 도착했다.

체험
16·17일차

어차피 신경 안 써

면접을 본 곳과 근무할 곳은 달랐다. 지하철을 타고 가며 점장에게 정확한 매장 위치를 물었다. "아직 여기가 오픈을 안 해서요. 마트 1층에 있는 커피숍으로 오세요." 근무지는 역에서 가까워 찾기 쉬웠

외롭고 좁고 쓸쓸한 '미션 임파서블'이었어

다. 주변에는 고층 건물이 줄지어 서 있었다. 약속 시간 10분이 지났는데도 점장은 오지 않았다. 전화를 걸자 "보안실 거쳐서 지하 2층으로 오세요"라고 했다. 긴장되어 '아이스 아메리카노'를 사서 손에 들고 지하 2층으로 향했다.

계단을 내려가자 3평(9.9제곱미터) 남짓한 공간이 나왔다. 정장 입은 사내 4명이 서 있었다. 직종, 이름, 출근 시간 같은 항목을 서류에 써 냈다. 한 사람이 내 가방을 가리키며 "업무에 필요한 물건이 들어있나요?"라고 물었다. 그는 보관함 열쇠를 주며 불필요한 물품은 맡기라고 했다. 출입증을 주머니에 넣자 "지금부터 차세요!"라고 소리를 질렀다. 출입증에는 대형마트 로고가 새겨져 있었다. 벽 여기저기에는 '서로 존댓말을 씁시다' '5대 근무 수칙' '웃으며 인사합시다!' 따위 글귀가 쓰여 있었다.

지하 2층에서 점장을 만났다. 30대 중반으로 보이는 여성이었다. 소개팅 첫 만남처럼 코앞에서 전화를 걸고 나서야 알아볼 수 있었다. 유니폼으로 티셔츠와 모자를 받았다. 화장실에서 옷을 갈아입고 오자 점장은 업무를 설명해주었다.

본점에서 제공된 빵을 미리 6개들이 작은 상자에 넣어 4상자씩 봉지에 담는다. 지나다니는 마트 손님에게 '원 플러스 원 행사 중입니다'라고 외친다. 계산을 해준 뒤 시간당 매출 기록표에 남긴다. 빵이 떨어지면 창고에서 더 가져온다.

이곳에 올 때만 해도 나는 일터를 카페로 잘못 생각했다. 주방에서 도넛을 데우거나 커피를 만들 줄 알았다. 설명을 듣고 "간단하네요" 하고 말하자, 점장은 웃으며 대꾸했다. "진상 손님이 은근히 많아. 조심해."

점장이 매대를 장식하는 동안 나는 '호객 행위'를 했다. 익숙하지 않아서 한마디 할 때마다 멋쩍게 웃었다. 점장은 "창피해할 필요 없어. 사람들은 어차피 네가 인사하든 말든 신경 안 써"라고 말했다.

빵은 잘 팔리지 않았다. 묶음이 너무 컸다. 사려고 했던 손님도 빵 24개가 든 걸 알고는 돌아섰다. 점장은 마트에 사람이 너무 없다며 투덜댔다. 점심때까지 마트 조끼를 입은 남자들이 돌아다니며 매대를 체크하곤 했다. '박스를 치워달라'거나 '입간판을 더 집어넣어라' '명찰을 달라' 따위 주의를 주었다. 외부 업체로서는 마트 직원에게 밉보여 좋을 게 없었다. 옆에서 아동복을 판매하던 점원이 결제 방법을 가르쳐줬다. 어려운 과정은 아니었지만 빵이 너무 안 팔리는 바람에 연습할 기회가 많지 않았다.

점심시간이 지나자 키 큰 남자 직원이 한 사람 더 왔다. 본점에 있던 사람 같았다. 명찰에는 '매니저'라고 적혀 있었다. 그는 내게 "물 마시는 데 어디에요?" "휴게실 어디에요?" 따위의 질문을 했다. 그는 "근데 여기는 쉴 수가 없네"라고 푸념했다. 점장은 우리에게 계속 여기저기 걸어 다니라고 조언했다. 가만히 서 있으면 다리가 아파서 못 견딘다고 했다. 확실히 지난번 주방 보조가 괴로웠던 건, 선 채로 부동자세를 유지해서였던 것 같다. 얼마 지나지 않아 나는 '손을 깍지 낀 채 허공을 바라보며 돌아다니는' 백화점이나 마트 직원 특유의 움직임을 익힐 수 있었다.

식대로 받은 빵 6개

손님이 적다 보니 시간은 더디게 갔다. 오후 3시, 매니저는 "휴식!"이라고 말했다. 우리 점포는 3시부터 30분 쉰 후 다시 30분 일하고 퇴근한다. 오후 타임 근무자는 3시부터 출근한다. 3시부터 4시까지 1시간 동안 교대로 세워 매대를 지키게 했다. 퇴근이 임박한 마지막 30분은 꽤 가벼운 마음으로 일할 수 있었다. 오후 4시, 티셔츠를 매대 아래에 집어넣고 퇴근했다.

식대 대신 3000원어치 빵 6개를 받았다. 별로 좋아하는 빵은 아니었지만 고시원에서 먹었다.

아르바이트하는 동안 점심 겸 저녁은 빵만 먹을 생각이다. 만두만 먹는 〈올드 보이〉나 햄버거를 끼니로 계속 먹는 영화 〈슈퍼 사이즈 미〉가 떠올라서 쓴웃음이 나왔다. 담배를 피우고 씻은 다음 잠시 눈을 붙였다가 일어나니 밤 12시 30분이다. 건강진단결과서를 아직 발급받지 못해 '가명으로 명찰을 신청했으니 내일부터 확인하라'는 점장의 문자가 왔다. 내일부터 나는 박상민(가명)이다.

체험

18일차

아무것도 하지 않는 인상을 줘선 안 된다

일찍 일어나 출근했다. 단체 채팅방에 '상원씨, 보안실에 박상민 명찰 있을 테니 찾아 가세요'라는 메시지가 와 있었다. 마트 보안실에 근무하는 건장한 사내에게 "박상민인데 명찰 찾으러 왔어요"라고 말했다. 그는 "박상민? 그런 게 있었나?" 하고 중얼거린 뒤 플라스틱 상자를 뒤졌다. 그가 찾아낸 명찰을 받아서 주머니에 넣자, 그는 "지금 차세요"라고 지시했다. 워낙 말투가 단호해 허둥지둥 티셔츠에 명찰을 끼웠다. 유니폼이 매장에 있기에 갈아입으면서 달 생각이었다.

입점 업체라 오픈하기는 쉬웠다. 매대 아래에 집어넣은 견본과 가격표를 꺼내 설치했다. 창고에서 빵이 담긴 큰 박스를 가져왔고 그 빵을 6개들이 상자로 포장해 한 봉지에 4상자씩 넣어 비치하면 끝났다. 서두르면 20분도 채 걸리지 않았다. 오픈을 마치고 할 일이 없어서 가만히 서 있다가 뜨끔했다. 점퍼를 입고 매장 구석구석을 체크하던 직원이 경고하듯 시선을 던졌다. 괜히 박스며 봉지를 만지면서 왔다 갔다 했다. '아무것도 하지 않는 인상을 줘선 안 된다.' 그동안 일하면서 배운 지혜다.

쉬려고 화장실에 가는 길에 햄버거 가게를 보니 배가 고팠다. 어차피 10시부터 30분 정도는 손님도 없기에 밥을 먹어도 괜찮겠다고 여겼다. 주변을 둘러보니 다들 분주해 신경을 쓰지 않았다. 모자를 벗고 명찰을 뗀 후 햄버거 하나를 사서 앉았다. 가게 입구 자리와 달리 안쪽 자리는 테이블과 의자가 눕혀져 있었다. 밖에서 눈에 띨까 봐 안쪽을 택해 직접 테이블을 세웠다. 5분 만에 먹고 복귀했는데 계산대 직원이 핀잔을 주었다. "어디 갔었어? 손님 왔었는데. 바코드라도 주고 가지." 결제하려면 상품 번호를 외워서 쳐야 한다. 메모지 1장을 떼어 13자리 번호를 적어뒀다. 직원은 "똑똑하네, 이렇게 긴 걸 외우고" 하며 어깨를 툭 쳤다.

판매는 지지부진했다. "원 플러스 원 행사 중입니다!"라고 더 자주, 크게 외쳤다. 손님들은 "4상자에 1만 1800원이에요?" "이거 언제까지 해요?" 질문만 하고 사지는 않았다. 퇴근할 때 또 빵 6개를 식대로 받았다. 옷을 갈아입고 퇴근했다. 마트 입구에는 '명예의 전당'이라는 표지석이 서 있는데 어떤 기관이 선정했는지는 알 수 없었다. 고객 만족을 위해 직원은 온종일 서 있었다. 계산대에 의자가 있지만 앉아 있는 직원은 없었다. 앉아 있으면 계산대 끝에 놓인 봉지에 손이 닿지 않기 때문이다. 앉아서 일하는 상상을 했다. 앉아서 일하면 20시간도 넘게 빵을 팔 수 있을 텐데…. 집 앞 지하철역 인근의 커피 가게에서 아이스 아메리카노를 샀다. 고시원 방에서 식대로 받은 '급식 빵'과 같이 저녁으로 먹었다.

체험

19일차

앉아서 일하면 좋겠다

늦잠을 자서 허겁지겁 고시원을 나섰다. 고시원 공기에 적응해서 인지 몸이 힘들어서인지 늦잠을 잤다. 오전 9시 15분쯤 도착했지만 30분이면 개점 준비가 끝나기에 여유는 있었다. 물품을 옮기는 동선도 익혔고 포장 속도도 빨라졌다.

마트 직원은 서로를 '담당님'이라고 부른다. 이름이나 직책을 부르는 일은 거의 없다. "담당님이 담당님이랑 상의해서 각각 담당하세요." 이런 말도 했다. 아무렇지도 않게 소통하는 게 신기했다. 식품 매장에는 계산 담당 직원이 6명 있다. 주간에는 3시간마다 사람이 바뀐다.

계산 담당은 전부 40~50대 여성이다. 매장을 돌며 그들의 복장 상태나 인원 배치를 관리하는 담당도 있는데, 이들은 대개 30~40대 남성이다. 그중 가장 젊어 보이는 직원이 잔소리가 심했다. 마트 사정에 어두운 외부 업체 직원에게 자주 신경질을 낸다. 오늘 처음 입점한 여성화 코너가 그의 표적이 되었다. 그는 신발 진열장이 통로에 방해가 된다며 배치를 바꾸라고 강요했다. 점포 주인은 "내일부터 그렇게 할게요. 지금은 손님들 오시는데"라며 소극적으로 저항했지만, 그는 들은 척도 하지 않았다. 두 사람이 낑낑대며 진열장을 옮기는 동안 손님 예닐곱 명이 그냥 지나갔다.

　　　　　외롭고 좁고 쓸쓸한 '미션 임파서블'이었어

대형마트에 입점한 한 업체에서 일했다. 손님들에게 알바 노동자는 노란 옷을 입은 인간 자판기나 다름없었다.

계산 담당 직원 말고는 계산 프로그램 사용이 서툴다. 이벤트 코너 사람은 물론이고, 반찬 가게나 견과류 가게 담당도 그렇다. 얼굴이 좀 익으면서부터 내게 종종 도움을 요청했다. 내가 계산을 끝내고 나면, 그들은 "난 여기서 3번인지 7번인지가 계속 헷갈리더라. 틀리면 또 새로 해야 되잖아" 하며 웃었다. 어제부터는 첫날과 달리 훨씬 적극적으로 '원 플러스 원 행사 중입니다'를 외쳤다. 빨리 물량이 나가야 창고에 가서 5분이라도 쉴 수 있기 때문이다. 담배는 꿈도 못 꿨다. 화장실은 최대한 참았다가 직원이 보이지 않을 때 갔다.

유일하게 쉴 때가 있는데 점심시간이다. 안면을 튼 반찬 가게 할머니가 직원 식당 이용법을 가르쳐줬다. 마트의 포인트 카드를 고객센터에서 충전한 후 4층 식당에서 식권을 구매했다. 매대를 봐줄 테니 얼른 다녀오라는 할머니 말에 4층으로 향했다. 조끼를 입은 직원이 꽤 많이 밥을 먹고 있었다. 식당 한편에 놓인 텔레비전에서 예능 프로그램이 나왔다. 5분 정도 보고 있는데 직원 한 사람이 채널을 돌려 마트 홍보 영상을 틀었다. '임직원이 하나 되어 새 세기의 비전을 공유하자'는 프로그램이었다.

정수기 물을 마시며 '직원 휴게실'을 살짝 열어봤다. 5평(16.5제곱미터) 정도 되는 방에 직원 10여 명이 신발을 벗고 쉬는 중이었다. 대개는 근육 푸는 운동을 하는 것 같았다. 찜질방을 방불케 하는 풍경에 압도되어 들어갈 생각은 못 하고 매장으로 내려왔다.

외롭고 좁고 쓸쓸한 '미션 임파서블'이었어

백주부보다 뛰어난 엄마의 집밥

퇴근 후 옷을 갈아입고 지하철역에 도착하니 오후 4시 30분이었다. 어버이날 선물을 사러 집 앞 백화점에 들렀다. 아버지의 등산용 바지를 한 벌 사려고 아웃도어 매장을 돌았다. 예상대로 옷은 비쌌다. 어머니께 선물하려고 했던 블루투스 이어폰도 마찬가지였다. 내 주머니 사정으로는 엄두도 못 낼 가격이었다. 생각을 고쳐먹었다. 아버지 선물은 구매할 장소를 바꿨다. 백화점과 연결된 지하철역의 매장에서 트레이닝 바지와 방수 티셔츠를 샀다. 어머니 선물은 품목을 바꿨다. 글을 길게 쓰니 볼펜이 남아나지 않는다고 하던 기억이 나서 볼펜 10개 세트를 샀다.

최저임금으로 한 달 살기 체험 이후 처음으로 집을 찾았다. 급식으로 받은 빵 6개를 가지고 갔다. 고등학교에 다니는 동생이 3개를 먹어치웠다. 된장에 마늘종, 김치찌개 반찬으로 저녁을 먹었다. 집에서 먹는 밥이 얼마나 맛있는지 새삼 놀랐다. 부모님은 최저임금 생활에 대해 이것저것 물어봤는데, 대답을 얼버무렸다. 느낀 바를 전부 말했다간, 분명 숟가락을 놓을 게 뻔했다. 신중하게 고른, 재밌는 일화만 몇 개 말한 뒤 방에 들어갔다.

인터넷에서 건강진단결과서 온라인 발급을 신청하자 세 항목 모두 '정상'이라 적힌 페이지가 나타났다. 출력한 후 바닥에 놓인 책을 베고 잠시 누웠는데 깨어보니 밤 10시였다. 이만 닦고 침대에 파묻혔다. 이불에서 섬유유연제 냄새가 났다. 의자를 매대 뒤에 교묘하게 숨겨서, 아무도 모르게 앉은 채 장사하는 꿈을 꿨다.

체험

20일차

그놈의 선배 노릇

운동장 같은 침대에서 일어나니 행복했다. '잠만 잘 거니까'라는 전제가 얼마나 위험할 수 있는지 톡톡히 깨달았다. 잠만 잘 수 있는 고시원 방을 구하면 잠도 못 자게 된다. 주거비를 아끼려 값싼 고시원을 구했는데도 가계부는 여전히 적자다. 더 비싼 방을 구했더라면 주말에도 일을 해야 했을지 모른다. 최저임금으로 살면서 미래를 준비하겠다는 건 무모한 소리다. 하루하루 버티기도 위태롭나.

샌드위치를 먹고 집을 나섰다. 마트에 도착해 바지런히 오픈 준비를 하는데 '담당님'이 왔다. "1층으로 옮길 생각 없어요?" 나는 점장의 휴대전화 번호를 누르며 습관적으로 매대 뒤에 웅크렸다. 무얼 먹거나 마실 때, 통화할 때, 매대 물품을 조립할 때는 늘 그렇게 숨어서 한다. 제사상 앞에서 손을 모으는 것처럼 자연스러운 사회적 약속이다. 물건을 파는 모습 외에는 어떤 동작도 손님(혹은 담당님)에게 보이지 않았다.

점장의 첫 물음은 "그래, 몇 층으로 옮겨준대?"였다. 매대 이동은 마트가 아니라 회사의 요구였나 보다. 매출이 형편없기는 했다. 첫날 점장은 오전 11시, 오후 2시에 추가 물량을 가져와야 한다고 당부했으나 그럴 필요가 없었다. 오전 9시에 가져온 물량도 퇴근할 때까지 다 팔지 못했다. 판매 기록을 보면 오후조도 사정은 마찬가지였다. 점

외롭고 좁고 쓸쓸한 '미션 임파서블'이었어

장의 승인 아래 담당님과 함께 매대를 옮겼다. 그는 정문 앞 야외를 권했지만 계산대가 너무 멀었다. 나는 후문 안쪽 꽃집 맞은편을 지목했다.

입지가 좋았나 보다. 빵이 날개 돋친 듯 팔려나갔다. 시작하자마자 쌍둥이 자매가 3봉지나 사갔다. 그 후에도 꾸준히 팔렸다. 식품 코너 자리가 워낙 좋지 않았던 것 같다. 손님이 많다고 바빠지지도 않았다. 매대 바로 옆에 계산대가 있기 때문이다. 1층 물건은 전부 거기서 계산한다. 피크타임인 오후 2시에서 3시까지 어마어마한 물량을 팔아치우고 퇴근했다.

퇴근 후 고등학교 동아리 행사가 있는 날이라 같이 가기로 한 후배에게 전화를 걸었다. 그는 "이제 저도 혼자 가기엔 민망한 나이예요"라며 일 끝났으면 같이 가자고 말했다. 지하철을 타고 가던 도중 그에게 다시 전화가 왔다. 행사는 벌써 끝나고 사람이 적어서 뒤풀이는 없다고 했다. 후배는 마침 할 일 없어하던 다른 후배 둘을 데리고 나왔다. 한 명은 스물두 살, 다른 한 명은 스무 살이었다. 동생뻘 친구들과 술을 마시니 기분이 이상했다. 1차는 내가 냈고, 2차는 후배가 냈다. 2차가 많이 나와서 만취한 후배의 가방에 2만 원을 슬쩍 넣었다. 지하철에서 메시지를 주고받던 와중 '가방의 돈 확인해'라고 쓸까 망설이다가 안 썼다. 나는 술을 줄이든지, 돈을 쾌척하는 술버릇을 좀 고쳐야 한다. 알량한 선배 노릇에 일당을 홀랑 날렸다.

체험

21일차

아저씨들의 발은… 어떨까

오전에 고시원 앞방 사람과 언쟁을 했다. 물을 마시고 담배를 피운 후 방에 들어오면서 문손잡이를 돌리지 않고 방문을 닫았다. 침대에 눕기도 전에 앞방 문 열리는 소리가 나더니 "에이 XX놈, 문 좀 살살 닫지"라는 말이 들려왔다. 그간 대여섯 번 욕을 먹어도 참았는데, 처음으로 좀 따졌다. "아저씨, 문소리는 죄송한데 쌍욕은 하지 마세요." 방으로 돌아와 방문을 걸어 잠근 후 오랫동안 가슴 졸이며 앉아 있었다.

불행인지 다행인지 모기가 주의를 분산했다. 날이 더워지면서 하루에 두 마리 이상은 꼭 잡는다. 어젯밤에는 발등을 물려서 고생했다. 잠결에 긁었는지 시뻘겋게 부어올랐다. 최저임금 생활을 가장 혹독하게 겪는 신체 부위가 발이다. 서 있는 시간이 길다 보니 퇴근하고 신발을 벗으면 발 뼈마디마다 뿌드득 소리가 났다. 모기는 악취가 좋은지 밤마다 가열차게 발등을 물었다. 아침에 일어나 긁으려고 보면 멍들어 있었다. 몸부림을 치다가 침대 위 책상에 찧는 것 같았다. 뒤꿈치 굳은살은 매일 누리끼리해지고, 새끼발톱 주변 피부는 벗겨졌다. 구두가 아니라 농구화를 신는데도 그랬다. 이런 방에 수십 년 살면서 매일 육체노동을 한 고시원 아저씨들의 발은 어떨지 궁금했다.

다음 아르바이트 자리로 주유소를 알아봤다. 주유소는 대개 25~26세 이상만 뽑는다. 나름대로 위험 물질을 취급해서인지, 운전

외롭고 좁고 쓸쓸한 '미션 임파서블'이었어

면허가 필요해서인지는 잘 모르겠다. 세 군데에 전화를 걸었는데 처음 받은 곳은 심야와 주말 타임만 남았다고 했다. 한 곳은 나이와 근무 가능 시간만 물었다. 수요일부터 일할 수 있다고 했더니 바로 그러라고 했다. 면접 절차는 없냐고 묻자, "그냥 이력서랑 등본만 하나 갖고 와요"라고 답했다. 수요일 오전 9시에 나오라는 말을 듣고 전화를 끊었다. 그 정도면 쉽게 구한 편이다. 뿌듯했다.

체험
22일차

<u>한 번쯤은 8000원짜리 밥을 먹고 싶다</u>

일찍 일어나서 출근 시간보다 30분 먼저 마트에 도착했다. 우리 매대 옆에 있는 카페에서 아침을 먹고 싶었다. 정문으로 들어오는 아주머니 둘에게 직원 셋은 "어서 오세요, 카페 ○○○입니다!"라고 힘차게 인사했다. 10초 정도 후 내가 들어갔을 때에는 침묵했다. 지난주 토요일처럼 물을 얻어 마시러 온 줄 알았나 보다. 직원과 눈을 마주치고 주문을 하려니 왠지 모르게 민망한 기분이 들었다. '유니폼을 갈아입지 말고 들어올걸.' 후회했다. 아침 세트 B를 주문하니 커피와 베이글이 나왔다. 명찰을 떼고 나서 먹었다.

1층으로 옮기고 나서부터는 매출이 늘었다. 전에는 창고에 물량이 얼마나 있든 3박스만 가지고 왔다. 포장하면 15봉지인데 그것조차 다

팔지 못하고 퇴근했다. 오늘은 6박스를 신고 왔다. 오픈 준비하는 시간이 배로 걸렸다. 개시하자마자 2봉지가 팔렸다.

매장 내부, 도난 방지 장치가 설치된 곳에는 인사하는 직원이 늘서 있다. 내가 일하는 동안에는 3명이 교대로 서 있는데, 셋 다 병적일 정도로 웃고 있다. 지나가는 손님이 없을 때는 물론이고, 화장실에 다녀올 때도 입꼬리가 올라가 있었다. 사람들에게 외치는 구호는 늘 똑같았다. "안녕하십니까, 착한 ○○마트입니다." 짬짬이 휴대폰을 보기도 하고 괜히 화장실에 앉아 있기도 하는 나와 달리 그들은 웬만해선 자리를 비우지 않았다.

오후 1시, 식당에 가서 밥을 먹었다. 4층 식당가는 매장이 있는 전문 식당과 식탁만 있는 푸드 코트로 나뉜다. 식당가를 가로질러 화장실로 가는 길목에 직원 식당이 있다. 오늘 메뉴는 깍두기·콩자반·멸치조림이었다. 내일은 퇴사 기념으로 전문 식당에서 8000원짜리 새우볶음밥을 먹고야 말리라 다짐했다.

밥을 먹고 돌아오니 1층 분위기가 어수선했다. 계산대 담당 직원과 인사하는 직원이 소곤거렸다. 어젯밤 매장 마감에 문제가 있었다고 한다. 야간 담당이 문만 잠그고 셔터를 내리지 않았다는 것이다. 셔터에 센서 온오프 기능이 있어서 밤새도록 자동문이 열렸다 닫혔다 했다고 한다. 계산대 직원은 "어떡하니. 걔네들, 경위서 쓰겠네"라고 걱정했다. 다른 직원은 "경위서로 끝나면 다행이지…"라며 말꼬리를 흐렸다. 그들은 VIP의 방문에 대해 이야기를 나눴다. 직원들은 "또 오시

외롭고 좁고 쓸쓸한 '미션 임파서블'이었어

느냐" "왜 이렇게 자주 오시느냐" 소곤거렸다. 아마도 대형마트 사장이나 회장이 방문하는 듯했다.

화장실에서 휴대전화를 확인했더니 주유소 사장이 문자를 보냈다. 미안하지만 오후·심야 타임으로 바꿀 수 없냐는 내용이었다. 답문을 보내려다가 급한 마음에 전화를 걸었다. 사장은 착오가 있었다며, 오전 타임은 다른 사람을 이미 구했다고 했다. 나는 "새벽 2시면 지하철이 끊기는 시간대라 근무가 불가능하다"고 말했다. 내 처지에 택시비로 일당을 날릴 수는 없었다. 다시 구인 사이트를 검색했다.

퇴근길 편의점에서 담배를 샀다. 담배만 사기 아쉬워서 냉장고 쪽을 기웃거렸다. 지난해 겨울에 자주 마시던 캔맥주가 눈에 띄었는데, 4000원이 넘었다. 조금 고민하다가 그냥 소주를 샀다. 그리고 안주로 과자 하나를 골랐다. 사람들과 어울리면 지갑이 뭉텅뭉텅 털린다. 요즘 나는 길바닥이 반짝거리면 동전인가 싶어 두 번 본다. 독하게 마음 먹으면 궁상떨지 않고도 아낄 수 있을 줄 알았는데 생각보다 어려웠다. 담배 끊기도 쉽지 않았다. 500원 더 싼 담배로 바꿀까 생각 중이다.

체험

23일차

혼자 마시는 술

고시원 샤워실에서 바닥의 물이 빠지지 않았다. 남자 샤워실은 배수구를 공유했다. 가운데 샤워실에 있는 배수구는 머리카락을 치우지 않아서 거의 가발 같아 보이는 뭉치가 떠 있었다. 샴푸를 풀기 전에는 배수구 특유의 악취도 풍겼다. 시각, 후각 보호를 위해 나는 대개 오른쪽 샤워실을 썼다. 그런데 오늘 아침에는 그곳도 안전하지 않았다. 오래 씻는 편도 아닌데 비누 거품이 둥둥 떠다녔다. 슬리퍼를 신고 씻는데도 발에 비눗물이 엉겨 붙었다. 잠옷 바지 끝을 흠뻑 적시며 옷을 입었다. 발등을 질척거리며 착잡한 심경으로 방에 돌아왔다.

행사 매대 마지막 날이다. 마지막 날은 출근도 흥겹다. 아침은 먹지 않았다. 점심을 거하게 먹을 예정이었다. 너무 기분을 냈는지 발목을 삐었다. 창고에서 상자를 운반하던 도중 뛰어내렸다. 1층 창고는 1.5미터 높이의 두 층으로 나뉘어 있고 물품은 소형 승강기로 이동시킨다. 버튼을 누르기 귀찮아서 박스를 아래로 던진 다음 뛰어내리다가 접질렸다. 1시간 정도 절뚝거렸다.

오늘은 유난히 많은 사람이 '아저씨'라고 불렀다. 수염을 제대로 깎지 않아서인 것 같다. 면도기는 충전을 했는데도 점점 힘이 떨어졌다. 심지어 콘센트를 꽂은 채 허리를 굽히고 면도해도 모터 소리는 풀이 죽었다. 시간이 없어서 더 깎지 못하고 나왔다.

외롭고 좁고 쓸쓸한 '미션 임파서블'이었어

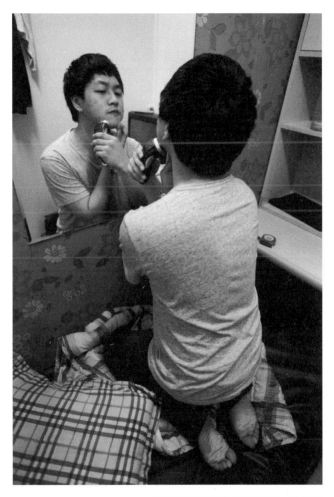

일회용 면도기를 사서 쓰다가 얼굴이 피투성이가 된 뒤 최저가 전동 면도기를 샀다. 수염이 거의 깎이지 않는, 면도기라기보다는 휴대용 선풍기에 가까웠다.

아저씨라 불리면서 새삼 손님을 관찰하게 되었다. 그들은 내 눈을 잘 보지 않았다. 나와 대화하면서도 눈은 빵 봉지를 쫓았다. 작은 박스 속 빵이 몇 개가 들었는지, 유통기한이 언제인지, 백화점에서 파는 것과 같은지 물었다. 스스로 짐작할 수 없는 것을 묻기도 하는데 그때도 시선은 빵에 고정되어 있다. 말하자면 나는 노란 옷을 입은 '인간 자판기'였다.

최저임금 체험 전 나는 손님이고, 고객이며, 선후배이자 형, 동생이었다. 마트에서 일하면서, 내가 세상의 중심에서 얼마나 멀리 있는지 깨달았다. 그 사람이 그 사람 같고, 교대를 했는지 안 했는지 헷갈리는 유니폼을 입은 사람처럼 나도 그저 이름 없는 판매 알바였다.

일을 마치고 마트의 가전제품 매장에 들렀다. 오가다 봤던 선풍기를 사려고 했다. 비쌌다. 손바닥만 한 작은 선풍기도 4만 원이 넘었다. 하루 일당보다 비싼 값을 치르는 게 합리적인지 고민했다. 만약 체험이 아니라 실제 삶이라면, 여름을 창문 없는 0.8평(2.6제곱미터) 고시원에서 나야 한다면 나는 가장 싼 선풍기를 샀을 것이다. 그처럼 철마다 들어가는 비용을 따지자면 최저임금으로 살기는 훨씬 빠듯할 것이다.

맥주를 사서 급식 빵과 함께 먹었다. 저녁이었다. 고시원 아저씨들이 매일 술을 사들고 오는 이유를 알 것 같았다. 술은 싸고, 마시고 나면 마음이 편했다. 노동의 고단함이 풀렸다.

외롭고 좁고 쓸쓸한 '미션 임파서블'이었어

체험
24일차

아저씨, 불 좀 끄지?

주유소 취업을 위해 이력서를 작성했다. 서초동 남부터미널역에 있는 PC방에 들어갔다. 자격증란에 운전면허증을 적고, 그간 했던 알바 경력을 적었다. 주유소에서 전화 받은 이는 이력서가 요식행위라고 말했다. PC방에 10분 정도 앉아 있었는데 1시간 요금 1500원과 인쇄비 300원이 나왔다. PC방에서는 대개 1분만 앉아 있어도 1시간 요금을 받는다.

주유소에 딸린 편의점에 들어가 "면접 보기로 한 사람인데요"라고 말했다. 계산대를 지키는 남자는 안쪽 방을 향해 "안주임!" 하고 외쳤다. 잠시 후 키 크고 안경 쓴 사람이 나왔다. 30대 후반 정도로 보였다. 그는 정중하면서 사무적이었다. 이력서를 훑어보며 주유소 경험, 지금 사는 곳, 근무 가능 시간을 물었다. "일 자체는 쉬워요"라는 말을 세 번 반복했다. 그런데도 이상하게 도저히 못 하겠다고 뛰쳐나가는 사람도 몇 있었다며, 그는 처음 며칠은 짧게 근무한다고 했다. 일종의 수습 기간인데, 초보자를 가르치나 보번 식원이 들어오는 자에 기름을 넣을 수 없기 때문이다. 내일 오후 2시에 출근해 6시에 퇴근하라고 알려주었다. 일당을 꽤 많이 손해 볼 것 같다.

고시원으로 돌아와 컴퓨터를 켰다. 모기가 왱왱거려서 새벽에 불을 켰다 껐다 했다. 담배를 피우고 화장실에 다녀오니 앞방 사람이 문을 연 채 서 있었다. 그는 히죽 웃으며 "아저씨, 잠 안 자요? 불 좀 끄지?" 하고는 문을 쾅 닫았다. 한 사람이 지나갈 정도로 좁은 복도 양쪽에 방이 다닥다닥 붙어 있어서, 앞방이 불을 켜면 자신의 방도 불을 켠 것처럼 환하다. 그는 담배를 피우던 5~6분 동안 거기 서서 나를 기다린 모양이다.

체험
25일차

<u>손님 차에 치이지 않게 조심하세요</u>

잠을 설친 탓에 늦잠을 잤다. 저녁을 굶어서 배가 고팠다. 출근길에 삼각김밥 2개를 사서 먹어치웠다.

주유소에 딸린 편의점에 들어가서 "오늘부터 출근하기로 한 사람인데요"라고 말했다. 어제와 다른 사람이 나를 맞았다. 이름표에는 '주임'이라고 적혀 있었다. 송주임은 편의점 옆 계단으로 안내했다. 계단을 올라가자 방 둘이 딸려 있는 숙소가 나왔다. 그는 신발을 벗고 숙소로 들어가 유니폼이 담긴 상자를 뒤적였다. 유니폼을 고르며 "처음 전화 받은 사람이 저예요. 이런 일 안 해봤죠? 일이 힘들진 않아요. 남자가 이런 일 한번 해보는 것도 괜찮죠. 나도 여기 온 지 얼마 안 됐어요. 계속 컴퓨터 관련 일 하면서 사무직으로 있다가 어쩌다 보니 왔는데, 할 만할 거예요. 모르는 거 있으면 물으시고. M 사이즈면 되겠죠? 입고 나오세요." 바지가 많이 길고 헐렁했다. 허리와 발목을 접고 나온 모습을 본 송주임은 껄껄 웃으며 원래 바지는 다 크다고 말했다. 그는 직원과 알바를 한 사람 한 사람 소개해주었다.

송주임은 "오늘은 정주임 따라다니면서 배우세요"라고 손짓했다. 둘은 동갑이라고 했는데, 정주임이 대여섯 살은 젊어 보였다. 가끔씩 튀어나오는 '아저씨 개그'와 웃을 때 번쩍이는 금니가 아니라면 스무 살이라고 해도 믿을 정도였다. 정주임은 주유소 앞 대로로 나를 데려가서 사근사근하게 말을 시작했다.

그에 따르면 주유소에서 가장 주의해야 할 사항은 '혼유'다. 휘발유 차량과 경유 차량을 제대로 구분하지 못하고 기름을 잘못 넣는 걸 말한다. 가까운 도로를 지나는 차종 하나하나를 짚으며 정주임은 "저건 휘발유, 저건 경유. 저건 휘발유도 있고 경유도 있고. 저건 전부 경유"라고 알려줬다. 오토바이와 경차는 전부 휘발유고, 트럭은 전부 경유였다. '포르쉐는 딱 저 기종만 경유다' 하는 식으로 상세히 알려줬는데, 평소 차에 관심이 별로 없어서 익히기가 힘들었다. 혼란스러운 표정을 짓자 정주임은 웃으며 주유구를 열어보면 다 알 수 있다고 말했다. 오래 일하다 보면 소리만 듣고도 구분할 수 있다니 감탄스러웠다.

본격적으로 주유법을 배웠다. 리터당, 가격당, '가득'일 때, 각각 어떤 식으로 주유기를 조작하는지 배웠다. 그 부분은 생각보다 어렵지 않았다. 정주임의 권유로 휘발유 차량에 직접 몇 차례 기름을 넣었다. 정주임도 이전의 두 직원과 같은 말을 했다. "작업 자체는 전혀 어렵

마지막 일자리로 주유소에서 일했다. 손님 차에
치이는 걸 가장 조심해야 한다는 주의 사항을
들었다.

지 않아요."

다만 그는 손님 대하기가 어렵다고 말했다. 발음이 부정확한 사람도 있고, 말을 바꾸는 사람도 있다. 주유 도중에 출발하거나 지정된 곳으로 오지 않아 애를 먹게 만드는 사람도 있다. 손님 차에 치이는 걸 가장 주의해야 한다. "여기에 세우라고 앞에 서 있는데 무시하고 그냥 막 들어와요. 길거리에서라면 절대 안 그럴 텐데. 직원을 얕잡아 보는 거죠. 정말 조심해야 해요."

실제로 몇 분 지나지 않아 그런 손님을 마주했다. 포르쉐 SUV를 몰고 선글라스를 낀 사람이었는데, 내 3미터 앞에서야 속도를 줄였다. 황급히 피하자 정주임은 "다치면 우리만 손해예요. 차라리 혼유 실수가 낫지"라며 팔을 잡았다.

얼마 일하지도 않았는데 송주임이 와서 "밥 먹으러 가요. 오늘 마침 회식인데"라고 말했다. 우리는 주유소 바로 뒷골목에 있는 고깃집의 야외 테이블에 앉았다. 주간 알바 셋, 야간 알바 한 사람이 동행했다. 주간 알바 둘은 20대였다. 주유소 점퍼를 벗자 목과 팔에 문신이 드러났다. 그들은 넉 달 만의 회식이라며 내내 들떠 있었다. 다른 알바 한 사람은 연세가 지긋한 노인이었다. 정주임은 그가 일흔이 넘었다고 귀띔했다. "돈이 없어서 하는 건 아니고 소일거리로 하시는 것 같아요"라고 덧붙였다. 술은 70대 알바와 나 둘이서만 먹었다. 20대 둘은 8시까지 근무라 사이다만 마셨다. 정주임은 오늘 당직이라 술을 마실 수 없다고 했다. 70대 알바 이외의 직원들은 서로 반말을 했다. 낄낄대며 농담도 하고, 밥을 다 먹고 나서는 담배도 같이 피웠다. 30분 전에 일어나 나왔다는 야간 알바만 조금 우울해 보였다. 알바 다섯 중 세 사람이 주유소에서 숙식한다고 했다.

편의점으로 돌아와 출퇴근 기록을 적었다. 오후 2시에서 저녁 6시까지 4시간이다. 설명을 듣다가 밥을 얻어먹은 것밖에 없는데 일당을 받았다. 하지만 생각해보면 4시간 일해서는 돈을 벌 수가 없다. 정주임은 내일도 오후 2시에서 8시 정도까지만 근무할 예정이라고 했다. 빨리 '수습'을 떼야 제대로 된, 괜찮은 일당을 받을 수 있을 텐데, 언제 수습이 끝나는지 아직 듣지 못했다.

체험
26일차

'인간 알람'이 잠을 깨운다

괴성이 들려서 벌떡 일어났다. 방에서 나와 보니 멀리서 문이 쾅 닫히는 소리가 났다. 물을 한 잔 마신 뒤 샤워를 하고 나왔더니 핸드폰 알람이 울리고 있었다. 집에 있을 때는 알람이 두 차례 울릴 때까지도 일어나기 힘들었다. 고시원에서는 매일 색다른 '인간 알람'이 잠을 깨운다.

고시원 사람들은 주방에서 라면을 자주 먹는다. 공용 식기는 사

외롭고 좁고 쓸쓸한 '미션 임파서블'이었어

용한 사람이 씻는 게 원칙이지만 대부분 방치해둔다. 보통은 저녁쯤 원장이 몰아서 설거지하는 것 같다. 주방 창문에는 방충망도 없기에 식탁 주위에는 하루살이가 많다. 냄비가 필요 없는 컵라면을 먹기로 했다.

주유소에는 처음 면접을 봤던 안주임이 있었다. 나중에 들은 바로 안주임은 주유소 정직원 셋 가운데 가장 선임이었다. 그는 깐깐하고 똑 부러지게 말하는 사람이었다. 그렇다고 냉정한 성격은 아니었다. 알바들은 그를 형이라 부르며 눈이 마주칠 때마다 장난을 건다.

어제 대강 들은 주유법을 정확히 배웠다. 상황에 맞는 인사와 차량 유도법, 수신호도 익혔다. 안주임은 내 목소리가 너무 작다고 지적했다. "손님이 너한테만 집중하고 있다면 들리겠지. 근데 그렇지가 않아요. 기본적으로 여기 오는 사람은 직원한테 거의 주의를 안 기울여. 전화하다가 못 듣고 딴소리하는 손님도 많고. 손님이 못 들었다면 못 들은 거야. 억지로 귀에 쑤셔 박듯 말해야 돼."

전화가 오자 안주임은 나를 다른 알바 L씨에게 맡겼다. "쟤 따라다니면서 배워. 목소리 안 나오면 나시 올 서야"라는 말을 남기고 그는 편의점으로 들어갔다. L씨는 스물세 살이다. 6개월 일했다. 알바 중 가장 오랜 기간이다. 주유소의 '에이스'다. 송주임은 그를 두고 "혼자서 차를 3대까지도 받는다"라며 칭찬했다.

L씨는 내 나이를 물은 후 대번에 "형, 말 편히 하세요"라고 했다. 주

임들이 정석을 알려줬다면 L씨는 세부적 노하우를 가르쳤다. 생각보다 복잡했다. 차종과 유종에 따른 주유 속도 전환, 레버 작동 순서, 적합한 멘트와 올바른 차량 유도 동작 등 L씨는 족집게 과외 선생처럼 내게 붙어서 일을 가르쳤다.

L씨는 안주임과 달리, 손님에게 냉소적이었다. "손님은 열 중에 아홉은 안내해도 자기 멋대로 하고, 말도 안 되게 생떼 쓰는 사람도 엄청 많아요. 그래서 더 철저하게 해야 되죠. 나중에 문제가 됐을 때 '어쨌든 나는 했다'라고 책임을 돌리기 위해서라도. 여기 CCTV도 있고 하니까요. 책잡힐 일 안 만들어야 해요."

세밀히 배웠다. 내가 한 번 주유할 때마다 그는 한 가지 이상씩 문제점을 지적했다. 주유소가 한가할 때 그에게 "어떻게 그렇게 잘 가르치느냐"라고 칭찬했다.

지금까지 일한 곳 중에서 주유소는 알바를 가장 인간답게 대하는 직장이었다. 일하는 기간과 관련이 있지 않을까 생각했다. 일주일 이하로 계약이 정해진 이전 직장과 달리, 주유소는 근무 기간을 확정하지 않았다. 초보자를 가르치는 데에 상대적으로 비용도 꽤 들어가기에 숙달된 인력을 놓치지 않는 것도 중요했다.

근무자들은 대학 선후배처럼 서로 친밀했다. 차가 별로 없을 때에 주임과 알바는 수시로 간식을 나눠 먹었다. 직원들이 '어르신'이라 부르는 70대 알바만 좀 소외됐다. 그나마 주임은 깍듯이 대우했다.

외롭고 좁고 쓸쓸한 '미션 임파서블'이었어

퇴근 후 동숭동 대학로에서 A양을 만났다. 그녀의 추천으로 들어간 한정식집이 생각보다 너무 비쌌다. 고맙게도 더치페이를 한 후 갈 곳을 찾아 헤맸다. 술집에 들어가면 그나마 남은 예산이 궤멸할 것 같아서 좀 걷자고 제안했다. 편의점에서 맥주를 샀다. 벤치에서 마신 후 인근 개천 주변을 걸었다. 운동하는 사람들이 꽤 보였다. A양은 "젊고 돈 많은 사람들은 전부 헬스장에 가요"라고 했다. 지나다니는 사람 중에 옷차림은 내가 제일 허름했다. 신발에서 나는 기름 냄새가 계속 신경 쓰였다.

체험
27일차

쉬려고 먹는 밥

부모님 결혼기념일이다. 결혼기념일에는 해마다 아이스크림 케이크를 선물해왔다. '기프티콘'을 검색해보니 가장 싼 게 1만 8000원이었다. 아마 손바닥만 할 것이다.

주말 낮 시간 주유소는 한산했다. 의자에 앉아서 L씨와 얘기를 나눴다. L씨는 체육고등학교를 나왔다. 지금은 미용사 자격증을 준비하고 있다. 오전에는 학원을, 오후에는 주유소를 다닌다. 주독야경인 셈이다. 6개월 동안 학원에 600만 원 이상 들어갔다고 했다. 학원비와 방세를 충당하기 위해 주말도 없이 매일 10시간 일한다. 격주로 쉬는 수요일이 유일한 휴일이다. 왜 주유소를 택했느냐고 묻자 유동적 근무시간을 꼽았다. 미용 학원 일정에 따라 출퇴근 시간을 조정하고 있다. 이전에는 서빙을 했는데 스트레스 때문에 포기했다고 한다. 주유소는 상대적으로 별다른 예의를 차리지 않아도 되니 편하다고 했다.

다른 알바 한 사람이 배달 음식을 들고 와서 "식사하세요!"라고 외쳤다. 옆에 있던 L씨도 내게 밥을 권했다. 아침부터 속이 좋지 않아서 밥 생각이 없었다. 사양하는 내게 L씨가 말했다. "그래도 먹어요. 30분 공짜로 쉬는 건데. 여기 밥 먹고 싶어서 먹는 애 없어요. 쉬려고 억지로 먹는 거지." 일리 있는 말이라 여겨서 숙소로 올라갔다.

스무 살짜리 알바와 함께 점심 겸 저녁을 먹었다. 제육볶음과 매운 콩나물국, 밑반찬이 있었다. 알바는 앉자마자 텔레비전을 켜서 예능 프로그램을 봤다. 별다른 대화 없이 밥을 먹었다. 밥은 세 그릇이었다. 아래에 있는 L씨가 혼자 주유하다가 30분 후 우리와 교대할 생각 같았다. 오후 4시 35분에 올라와서 5시 4분에 내려갔다. 밥은 일찌감치 다 먹었지만 쉬는 시간은 최대한 활용했다.

담배를 피우고 주유소로 돌아오자 안주임이 "상원이는 일을 하고 밥 먹냐? 밥은 일한 다음에 먹는 거야"라고 놀렸다. L씨가 밥을 먹는 동안 우리는 바쁘게 주유를 했다. 안주임이 편의점으로 부르더니 가위바위보를 하자고 했다. 내가 이기자 알바 둘에게 자몽에이드를 하나씩 줬다.

'이제 일이 좀 익숙해졌다'고 생각했을 때에 대형 사고가 터졌다. "3만 원 주유합니다!"라고 외치며 주유기 레버를 내린 순간이었다. 주유 호스에 달린 버튼이 눌려 있었던 모양이다. 하필 주유 호스가 차량을 향해 있었기에 조수석에 휘발유가 '발사'됐다. 창문을 연 채 도넛을 먹고 있던 조수석의 여자가 휘발유 세례를 맞았다. 여자도, 나도 비명을 질렀다. 운전하던 남자는 그 광경을 믿을 수 없었는지 차에서 내려서 "지금 휘발유가 여기 들어간 거예요?"라고 소리 질렀다. 내가 공황 상태에 빠져 레버를 내린 후 사과를 연발하는 동안 L씨가 왔다. 그는 내게 다른 차량에 가서 주유하라고 말한 다음 해명하기 시작했다. 나는 지구가 폭발했으면 좋겠다고 생각하며 다른 주유기로 향했다. L씨는 "휘발유는 금방 날아갈 거고요. 저희가 내부 세차해 드릴게요"라며 손님을 진정시켰다.

하필 이후 10분 동안 차가 몰려들어서 모두 정신없이 바빴다. 소강 상태에 접어들었을 때 L씨가 "형, 편의점으로 잠시 들어오시래요"라고 말했다. 그 순간 나는 잘렸으면 좋겠다고 생각했다. 어느 미친놈이 손님에게 기름을 끼얹는단 말인가. 잠시 후 안주임이 들어왔다. 그는 나를 때리는 시늉을 하며 "야, 인마"라고 말을 시작했다. 나는 그가 한 마디 할 때마다 "죄송합니다"라고만 했다.

안주임은 심각하게 말했지만 화가 난 것 같지는 않았다. 그는 "레버 안전 수칙을 말해주지 않았느냐. 손님이 와서 '지랄하는' 게 문제다. 누구나 실수할 수 있고 나도 했었다. 반복되면 책임 물을 거다"라고 말했다. 생각보다 훨씬 욕을 덜 먹자 더 큰 자괴감이 밀려왔다. 초

상난 표정을 짓고 있는 내게 그는 "너무 기죽지 마. 그러면서 배우는 거야. 시간 됐으니까 옷 갈아입고 퇴근해"라고 말했다. 옷을 갈아입고 출퇴근 기록을 쓰는 내 등에 대고 그는 "실수는 지가 하고 닦는 건 우리가 한다"며 낄낄댔다.

아마 손님의 차를 닦아야 했을 다른 알바 둘은 나에 대해 불평할 것이다. 미안한 마음에 잠을 못 자겠다. 밥맛이 없어서 저녁을 먹지 않았다.

체험
28일차

손님을 혐오하다

밤새 머리가 아프고 콧물이 났다. 증상이 좀 심해서 씻지도 않고 약국에 갔다. 빈속에 약을 먹으면 효과가 없을 것 같아서 고시원 앞 식당에 들어갔다. 약을 먹고 방에 좀 누워 있자니 참을 만했다. 면도기는 수명이 다했나 보다. 전원을 켜면 30초 돌아가다가 멈춘다. 아무리 오래 충전해도 그렇다. 돈을 더 주더라도 제대로 된 물건을 샀어야 하는데….

주유소는 일요일에도 쉬지 않는다. 씻고 지하철을 탔다. 신발에서 채 가시지 않은 휘발유 냄새가 나는 게 신경 쓰였다. 주유소 편의점

외롭고 좁고 쓸쓸한 '미션 임파서블'이었어

에 도착해 시계를 보니 오후 1시 59분이었다. 안주임이 웃으며 "야, 이상원. 너는 일도 안 하면서 칼같이 올래? 더 일찍 와!"라고 소리쳤다. 어제 실수 때문에 아직 주눅 들어 있었는데 마음이 한결 편해졌다. 숙소에 올라가 빠르게 옷을 갈아입었다. 가방을 놓으려고 방문을 열었는데 심야 알바가 자고 있었다. 방은 폭탄 맞은 곳처럼 어질러져 있었다.

나와 마찬가지로 오후 2시 출근인 L씨와 마주쳤다. 어제는 죄송했다고, 나 때문에 고생이 많았겠다고 말을 건넸다. L씨는 웃으면서 "괜찮아요, 다들 실수하는 거죠. 별문제 없었어요"라며 웃었다. 주말엔 한가하다고 들었는데 의외로 바빴다. 차가 끝없이 들어와서 쉴 여유가 전혀 없었다. 한바탕 주유를 한 후 차가 좀 빠지자 또 다른 주임이 나를 손짓하며 불렀다. 그는 담배를 권하며 "어제 실수하셨다면서요? 주눅 들지 말고 하세요. 반복되지만 않으면 돼요"라고 위로했다. 필드로 돌아가 동시에 차 2대를 받자 웃으면서 "잘하시네"라고 말해준 것도 그랬다. 일요일은 식당이 쉬기에 밥을 배달하지 않는다고 했다. 주임은 편의점에서 컵라면과 음료수를 하나씩 고르게 한 후, 도시락을 얹어주었다. 제일 어린 알바 H군과 함께 숙소에서 예능 프로를 보면서 먹었다.

주유소 사람들의 신발은 전부 누더기다. 밑창은 반들반들하고 앞코는 찢어졌다. H군의 신발을 가리키며 얼마나 신었느냐고 묻자 두 달이라고 대답했다. 기름 때문에 신발이 금세 낡아버린다고 했다. L씨가 와서 거들었다. 너덜너덜한 오른쪽 신발을 들어올리며 "이거 한

정판인데 이렇게 됐어요. 두 켤레 사서 번갈아 신었는데도 이래요. 형도 지하상가 가서 신발 하나 사는 게 좋을걸요. 그거 비싼 모델 아녜요?"라고 물었다. 나는 짝퉁이라 상관없다고 답했다.

퇴근 시간이 지나 한산해지자 L씨가 결제하는 법을 가르쳐줬다. 생각보다는 간단했다. 주유 중인지 완료인지만 체크하면 됐다. 주임이 다가와서 "야, 결제는 내일 가르치지"라고 핀잔하자, L씨는 "아, 형, 다 이해했어요. 엄청 쉬운데"라며 뻗댔다. L씨의 배려로 그 후 들어오는 차 대부분의 결제를 내가 도맡았다. 주유보다 결제 쪽이 더 익히기 쉬운 느낌이었다. 결제를 하다 보니 손님과 대화 나누는 시간도 길어졌다. 대부분 손님은 알바의 말을 귀담아듣지 않는다. 창문을 내린 후 "5(만 원)"나 "가득" 한마디만 하는 경우도 잦다. 주유소 알바와 마주하는 것 자체를 불쾌해하는 얼굴도 꽤 본다. 알바가 손님을 기본적으로 혐오하는 이유를 알 것도 같았다.

주유소 일은 지금까지 했던 다른 알바에 비해 시간이 잘 간다. 상대적으로 분업이 덜 이뤄지기 때문이다. 차량 유도 후 손님에게 금액을 묻고, 주유기를 조작한 다음 결제까지, 바쁠 때는 혼자 다 한다. 피클 500개를 썰거나 도넛 300개를 파는 일과 달리, 주유 후 차를 보낼 때는 어떤 뿌듯함이 생긴다. 물론 일이 흥미롭다고 최저 시급도 기껍지는 않다. 퇴근 후 느끼는 뼈마디 통증에 비하면 시급 5600원은 턱없이 모자란다. L씨는 주유 도중 사색이 되어 통화를 하러 갔다. 자신이 납부하는 동생의 핸드폰 요금이 너무 많이 나와서다. 매달 쥐어짜듯 모은 적금을 깨야 할지 걱정했다. L씨는 5월 말에 보는 미용사 자격증 시험을 위해 가발도 사야 한다. 가발 1채에 10만 원인데, 10채 이상 필요하다고 한다. 2분 동안 선착순으로 응시하는 기이한 시험 방식 때문에 그는 '주유 마스터'가 돼버렸다.

안주임은 저녁 9시까지 일하라고 했다. 너무 짧게 하면 일도 안 늘고 돈도 안 벌린다는 이유였다. 나로서는 고마운 제안이다. 적자를 벌충하려면 사실 더 오래 일해야 한다. 이런저런 생각을 하다가 실수로 손님 차 지붕을 찍었다. 다행히 세게 부딪친 건 아니라 별말 없이 넘어갔다. 대형 트럭을 마지막으로 주유 업무를 마쳤다. 근무 일지에 출퇴근 시간을 적고 옷을 갈아입었다.

고시원에 돌아와서는 씻고 들어와 노트북을 다리 위에 올려둔 채 잠들었다. 앞방 사람의 코 고는 소리에 정신이 들었지만, 몸이 힘들어서 그냥 더 자기로 했다. 주유소는 일할 때보다 하고 나서가 더 힘들다. 다시 잠들기 직전, 문득 성당에 안 갔다는 사실이 떠올랐다. 일요일이라는 걸 잊어버린 것이다.

체험
29일차

일할 때는 몰랐던 상처

오늘은 낮 12시 출근이었다. 오전에는 다신 먹지 않을 생각이던 토

"5만원" "가득" "30"이라고 말하는 손님들의 어조는
아이폰 '시리'나 구글 음성 검색 사용을 연상시켰다.

스트집에 갔다. 체험 전에는 삼각김밥만 먹고 살 계획이었는데, 이것 저것 다양하게 먹고 싶다. 돈이 없으면 굶을 생각도 했었다. 육체노동 은 끼니를 거르면 3배로 힘들어진다는 사실을 알기 전이었다.

주유소에 갔더니 안주임이 '넌스' 쓰는 법을 교정해주겠다고 했다. 넌스는 'non-space'의 줄임말로 천장에 매달려 있는 주유기를 일컫 는다. 주유기는 은근히 무거워서 차를 긁기 십상이다. 차 지붕은 일체 형이기에 보상금이 엄청나다. 넌스 내리는 연습을 하는 도중 서른 살 짜리 알바 S씨가 와서 거들었다. "포르쉐 같은 거, 넌스로 지붕 찍으 면 거의 주유소 노예 계약 된다고 봐야죠. 아니면 페라리에 경유를 줄 줄 넣어버리거나. 인생 끝나는 거죠." 안주임은 그를 발로 차는 시늉 을 하며 "너나 잘해!"라고 말했다. 둘 사이에 오간 대화로 미루어, S씨 는 예전에 넌스로 차를 긁은 적이 있는 것 같았다.

배운 대로 한참 주유를 하는데 안주임이 다시 불렀다. 그를 따라 창고에 들어가니, 언제부터 모았는지 모를 쓰레기 봉지가 열댓 개 쌓 여 있었다. H군과 나는 안주임을 따라 편의점 앞마당으로 봉지를 옮 겼다. 그의 지시에 따라 쓰레기 분리를 시작했다. 작업은 역겨웠다. 음식물 썩는 냄새 때문이었다. 음식이 썩어서 파리가 날아다녔다. 봉 지 안을 헤집는 동안 팔 전체에 온갖 잔해가 튀었다. 안주임과 H군은 만담을 했다. 안주임은 우리에게 "앉아서 쓰레기 뒤지는 폼이 그림 나 온다. 이런 인재들한테 괜히 주유를 시켰네"라며 껄껄거렸다. H군은 "형, 껌이나 드세요"라며 봉지 속에서 건진 플라스틱 껌통을 흔들었 다. 둘은 일종의 노동요를 부르듯 과장되게 웃었다. 나도 덩달아 웃으면서 하다 보니 예상보다 금방 작업이 끝났다.

끝나고 담배를 피우며 H군은 쓰레기 비우기가 제일 힘들다고 했다. 손님들은 음식이 들어 있는 채로 쓰레기를 버리기 때문에 분리수거 때마다 역겨운 냄새를 맡아야 한다. '매주 두 번'이라는 H군의 말에 놀랐다. 편의점의 것뿐만 아니라 주유하는 손님이 버리고 가는 쓰레기도 꽤 많다고 했다. H군은 주유소에서 숙식 중이다. 집에는 안 가느냐고 묻자 단호하게 '안 간다'고 답했다. 반팔 유니폼을 입고부터 L씨와 H군은 검정색 토시를 착용했다. 팔을 뒤덮은 문신을 가리기 위해서다. 꽁초를 버리며 H군은 "피가 안 통해요"라며 툴툴댔다.

저녁을 먹기 직전, 안주임과 휴일 일정을 조정했다. H군과 S씨의 일정이 겹쳐서 주임은 골머리를 썩었다. S씨가 "그럼 제가 금요일에 쉬면 안 돼요?"라고 묻자, 안주임은 "미쳤냐? 금요일에 주유소 어떻게 돌아가는지 몰라서 그래?"라며 면박을 줬다.

듣던 대로 금요일 주유소는 붐볐다. 나를 포함한 알바 4명이 동시에 일하는데도 부족했다. 주임 두 사람도 수시로 필드에 나와 주유와 결제를 도왔다. 결국 금요일을 제외하고 일정을 조정했다. 안주임은 내게 "상원이는 내일하고 목요일 빼곤 계속 9시부터 근무야. 출근 시간엔 붐비니까 절대 늦으면 안 돼. 6월부턴 또 새로 일정 짜줄게"라고 했다.

저녁으로 김치찌개를 먹었다. 퇴근 직전에는 비빔국수도 먹었다.

외롭고 좁고 쓸쓸한 '미션 임파서블'이었어

주유소에서 일하니 확실히 식비는 굳는다. 전업 알바라면 숙소 생활도 고려할 것 같다. 배를 두드리며 집에 가는 길에 손끝 피부가 갈라진 게 보였다. 집에 돌아오니 발뒤꿈치도 찢어졌다. 일할 때는 몰랐던 상처다.

체험
30일차

저는 '시리'입니다

출근길에 방문을 열고 나가다가 문에 부딪혔다. 발을 부여잡고 아파하는 와중에 어김없이 앞방에서 소리가 들렸다. "씨×놈." 오늘은 간결한 편이었다. 지하철이 예상보다 훨씬 늦게 와서 지각했다. 편의점에 들어가 인사하는 내게 안주임은 때리는 시늉을 했다. 유니폼으로 갈아입고 필드로 나가려는데 주임이 손짓으로 불렀다. 편의점에 들어가자 정색하고 잔소리를 했다. 왜 이렇게 늦었느냐는 말이었다. 낮 12시는 점심 교대 시간이라 내가 늦게 오면 다른 사람의 식사도 늦어진다고 했다. 3분 정도 이어진 잔소리 끝에 인상적인 이야기가 나왔다. "우리는 너한테 돈을 주고 고용한 거잖아. 일 해달라고 구걸하는 게 아니잖아. 그럼 책임을 져야지. 퇴근하기 전에 10분 더 일하고 가."

비도 오고 추웠다. 감기 기운이 있어서 바람막이 유니폼을 입고 일했다. 이제는 정말로 일이 좀 익숙하다. "고급 29L에 불스원샷, 엔진오일 2통, 말보로 4갑" 같은, L씨의 표현을 빌리자면 '×같은' 요청도 금방 처리해냈다. 유일하게 꺼려지는 건 오토바이 주유다. 오토바이는 주유구가 커서 수동으로 기름을 넣어야 한다. 가득 넣을 때는 거품 때문에 넘치곤 한다. 이틀째 되는 날 '할리데이비슨'에 주유한 적이 있는데, 시트에 기름을 흘려서 "에이씨…"라는 소리를 들었다. 그날 이후 오토바이 주유는 다른 알바에게 맡기게 됐다.

에이스인 L씨가 출근하기 전이라 주유가 밀렸다. 나와 어르신, S씨 셋이 나와 있었다. 최악의 조합이다. 나는 서투르고, 어르신은 느리며, S씨는 게으르다. 새삼 L씨와 H군이 얼마나 기민한지 알게 됐다. 송주임까지 나와 주유를 도왔다. 기름 냄새가 심하게 나서 머리가 아팠다. 누군가 흘린 게 빗물을 타고 흐르는 것 같았다.

보통 주유하는 손님은 알바를 쳐다보지 않는다. 기름이 가득 차서 요청한 금액만큼 들어가지 않는다거나, 포인트 카드가 만료됐다는 의외의 이야기를 할 때만 불만스럽게 바라본다. '5만 원' '가득' '30'이라고 말하는 그들의 어조는, 아이폰 '시리'나 구글 음성 검색 사용을 연상케 한다. 내 처지에서도 이런 대우가 편하다. 손님이 알바를 인격체로 인지하는 건 대개 좋지 않은 소식을 전할 때다. "리터로 가득이랬는데 쟤가 원 가득으로 넣었어. 돈 못 줘" 같은.

늦게 출근한 L씨가 H군에게 말을 걸었다. 내일 가발을 사러 가는데 머리에 필요한 거 있으면 사다 주겠다는 이야기였다. 잠시 생각하

　　　　　　　　외롭고 좁고 쓸쓸한 '미션 임파서블'이었어

던 H군은 "세수할 때 머리에 물 안 튀게 하는 비닐"이라고 말했다. L씨는 웃음을 터트리며, "야, 그건 아무 데서나 다 파는 거잖아. 내가 가는 데는 머리에 관련된 건 전부 있어. 구하기 쉽지 않은 거 없어?"라고 물었다. H군은 "편의점에서 안 팔던데"라고 짧게 말했다.

주유소에서 숙식하는 H군은 밖으로 잘 나가지 않는 것 같다. 그는 매일 11시까지 근무하는데, 몇 시에 출근하든 방에서 자고 있다. 이번 달 들어 한 번도 쉬지 않았다. 한 달에 며칠 쉬냐고 묻자 하루나 이틀이라고 답했다. 혹시 주휴수당을 받는지 묻자 H군은 웃었다. "여기는 그런 것 바라시면 안 돼요. 여기만 그런 게 아니라 거의 그래요. 저는 고1 때부터 알바 진짜 많이 했거든요. 주휴수당이고 휴일이고 법대로 챙겨주는 데는 없어요. 여기는 그래도 밥 나오고 잘 수 있으니까 하는 거죠. 군대 가기 전까지 하려고요."

내일은 늦지 말라는 안주임의 경고를 듣고 퇴근했다. 팔다리가 많이 쑤셔서 누운 채 멍하니 있었다. 내일은 오전 9시 출근이라 일찍 자야 하는데, 통증에 잠을 이루기 힘들었다. 밤 11시가 조금 넘어서 맥주와 과자를 사왔다. 평소와 달리 책상 아래에 머리를 숨기고 새벽에야 잠들었다.

체험

31일차

악몽에 시달리다 깨어났다. 땀에 흠뻑 젖은 몸을 일으키다가 책상에 코를 찧었다. 새어 들어오는 빛이 없기에 불을 끄면 한 치 앞도 보이지 않는다. 형광등을 켜고 거울을 보자 만화책에서나 볼 법한 쌍코피가 질질 흐르고 있었다. 급히 수건으로 얼굴을 감싼 채 샤워실로 갔다.

주유소에는 웬일인지 주임 셋에 소장까지 있었다. 알바는 70대 어르신과 나 단둘이었다. 편의점은 소장이 보고 주임들과 함께 주유를 했다. 일이 손에 익으니 어르신이 얼마나 일을 힘겨워하는지 보였다. 안주임이 차 2대를 받는 동안 어르신은 1대도 채 끝내지 못했다. 함께 담배를 피우며 송주임이 말했다. "돈 때문이 아니라 집에 있으면 뭐 하나 해서 나오신 거라서. 인간적으로는 존경할 만한 분이지. 일은 못 하지만." 알바들보다야 덜했지만 분명히 주임도 어르신을 마뜩지 않게 여기고 있었다. 나는 대형 사고까지 친 터라 뜨끔했다. 내 실수는 장기적으로 부리기 위해 무마됐으리라.

서른 살짜리 알바 S씨가 기분이 좋아 보였다. 그는 "저 7월에 대만 가요"라고 속삭였다. 1박 2일 일정으로 EXID의 타이완 쇼케이스를 보러 간다는 것이다. H군이 "돈 엄청 깨질 텐데"라고 중얼거리자, 50~60만 원 정도 쓸 계획이라고 말했다. 타이완은 쇼케이스 입장료만 13만 원이라고 했다. 한국 정식 공연보다 배는 비싸다. "결국엔 중국으로 떠야 해요." 웨딩홀에서 만난 알바의 말과 같은 말을 S씨는 했다. 이 나라에는 희망이 없다는 것이다. 멀쩡한 경영학과를 나오고도 서류에서 다 잘린다며, 시장이 큰 중국으로 갈 예정이라고 했다.

한참 연예인 얘기를 하던 중 H군에게 "엑소 대신 군대 가요"라고 농을 걸었다. H군은 짜증난 듯 보였다. S씨가 화장실에 가자, 그는 "저 사람, 아무도 안 좋아해요. 제가 EXID면 소름끼칠 것 같아요. 머리 큰 사람, 저기 왜 또 있나 하면서"라며 흉을 봤다. 화장실에서 S씨의 "고 투 타이베이!"라는 고함이 들렸다.

점심은 어르신과 먹었다. 양푼 비빔밥을 비비며 어르신은 연신 혼 잣말을 했다. 된장을 넣으면서는 "된장, 된장~", 나물을 얹으면서는 "맛있겠네!" 같은 말을 중얼거렸다. 비빔밥을 싫어하는 나는 시무룩하게 먹었다. 어르신은 뉴스를 봤다. 뉴스에는 애견 소식이 나왔다. 강아지를 위한 유치원, 애견 치과, 스튜디오가 소개됐다. 아나운서의 "개 팔자가 상팔자란 말이 있죠"라는 멘트로 시작한 뉴스에, 어르신은 "개보다 못한 인생이네"라고 중얼거렸다. 누구를 향한 말인지 잘 모르겠다. L씨는 분명 어르신이 부자라고 했는데. 주유소의 일상에 대한 촌평이었을까.

일주일 중 오늘이 제일 차가 많았다. 비 온 다음 날이라 주로 세차하러 와서 기름까지 넣는 사람들이었다. 세차장 줄이 너무 길어서 주유소를 한 바퀴 빙 두를 정도였다. 어르신은 세차장에서 2시간 정도 나오지 못했다. 정신없이 기름을 넣다 보니 S씨가 보이지 않았다. 정주임과 일정 얘기를 하면서 비로소 이야기를 듣게 됐다. 갑자기 S씨의 할머니가 돌아가셨다는 소식이었다. 예상치 않게 S씨가 조퇴하게 되어 인력이 모자랐다. 오후 5시 퇴근 예정이었던 내게 정주임은 1시간 더 일하라고 했다. 어르신은 세차장에 있고, H군과 나 둘이서 주유했다. 번갈아가면서 밥을 먹어야 했다. 30분 만에 밥을 다 먹은 H군이 "형, 밥 먹어요"라고 소리쳤다. 세차장에 있던 송주임이 고개를 저으며 "아냐, 상원이는 6시까지 하고 먹어. 밥 먹고 퇴근해"라고 말했다. 엄밀히 말해 내게 손해였다. 원래는 식사 시간도 근무시간에 포함된다. 일을 마치고 저녁 먹으라는 말은, 30분치 급여를 주지 않겠다는 말이었다.

오후 5시 30분쯤 '벤틀리'에 경유를 넣다가 흘렸다. 거품 때문에 주유구 밖으로 기름이 넘쳐서다. 차 주인은 "야, 너, 내 기름 왜 흘려. 차에 다 묻었네" 하며 화를 냈다. 흘렸으니까 세차는 공짜로 해달라는 말도 덧붙였다. "닦으면 돼요" 하고 말하며 끼고 있던 장갑으로 차를 문질렀으나 차 주인은 "세차 공짜지?"라는 말만 반복하며 세차장으로 향했다. 세차장의 정주임과 승강이하는 소리가 들렸다. 끝까지 투덜거린 걸로 보아 공짜 세차는 실패했나 보다.

더 큰 문제가 생겼다. 선글라스를 낀 사람이 와서 고래고래 소리 질렀다. 누군가 자기 재떨이를 버렸다는 말이었다. 범인은 나였다. 상황은 이렇다. 선글라스 낀 이는 점심시간쯤 검정색 벤츠를 몰고 왔다. 주유구 대신 실수로 트렁크를 열어서 기억에 남았다. 주유하던 도중에

외롭고 좁고 쓸쓸한 '미션 임파서블'이었어

창밖으로 내민 팔이 보였다. 다가가서 "버려드릴까요?"라고 외치자, 상대는 앞만 보며 고개를 끄덕였다. 나는 그가 들고 있는 검정색 물체를 재활용 쓰레기통에 넣었다. 주유할 때는 잊고 있다가 저녁이 돼서야 생각난 모양이다. "나는 분명히 비우라고 했는데 그걸 쓰레기통에 버리면 어떡해! 누가 그랬는지 알아내"라고 주임에게 삿대질을 했다.

나와는 무관한 일인 것처럼 시치미를 떼고 있었다. 뜻밖에 선글라스는 주유원이 누구였는지 기억하지 못했다. 그는 나와 주임 둘을 번갈아 가리키며, "이렇게 셋 중 하난데" 하고 말꼬리를 흐렸다. 소장은 연신 고개를 조아리며 쓰레기통을 뒤졌지만 재떨이는 나오지 않았다. 굳이 나서서 '내가 버려드릴까요 하고 물었다, 바로 옆에 있는 쓰레기통에 버렸는데도 당신은 아무 말 없지 않았느냐, 보온병처럼 생긴 그 물건이 재떨이인지 내가 알 게 뭐냐' 같은 항변을 하지는 않았다.

최저임금으로 한 달 살기 체험 마지막 날이다. 고시원으로 돌아와 짐을 정리하며 주유소에 전화를 걸었지만 받지 않았다. 저녁 시간 이후에는 심야 알바만 있는 모양이었다. 이런저런 생각을 하느라 실수로 고시원 방문을 세게 닫았는데 앞방에서는 아무 소리도 들리지 않았다. 1분쯤 후에 문 위 창문이 드르르 닫혔을 뿐이다.

내일 방을 빼고 나면 곧 새로운 사람이 방에 들어올 것이다. 방 주인이 바뀐 걸 본 앞방 사람은 또다시 욕설을 시작하리라. 주유소의 알바 다섯은 여전히 허무한 표정으로 기름을 넣을 테고, 호텔 주방과 웨딩홀, 공장과 대형마트에선 지금도 다른 사람이 일하고 있을 것이다.

두 배석

최저임금위원회 배석은 단순한 자리 채우기가 아니었다. 회의장 안의 싸움, 바깥의 싸움, 그리고 안과 밖을 연결하는 싸움의 구도를 명확히 그리느라 분주한 소통의 자리였다. 한국비정규노동센터의 최혜인 정책부장과 청년유니온의 정준영 정책국장, 두 사람의 배석 자체가 폐쇄적인 회의 관행에 물꼬를 여는 셈이었다. 장시간 회의를 지켜보면서 최저임금을 둘러싼 치밀한 전략과 팀워크를 빠짐없이 간파하고 기록한다.

당신에게 최저임금이란?

밥 한 끼를 먹는 생존

마지노선의 삶을 넘어서는

노동의 가치

다른 삶, 다른 상상을 위한

미래를 준비할 수 있는
최저임금

|배석|

최혜인

열 번의 회의를 기록하다

최저임금위원회가 '밀실 합의'라 불리는 이유

3차 전원회의 - 6월 4일

회의장에 무사히 들어가고도 도로 끌려나오지 않는 것이 관건이었다. 어마어마하게 중요한 회의라 '아무나' 회의장에 들어갈 수 없고, 회의 내용은 짧은 요약만 공개된다. 그것도 모든 회의 일정이 끝나고 나서야 가능하다. 내가 말하는 회의가 뭐냐 하면, 메르스 감염 정보에 대한 회의도, 미군의 탄저균 실험에 대한 회의도 아니다. 바로 온 국민의 임금 하한선인 최저임금을 정하는 최저임금위원회다.

6월 4일, 3차 전원회의. 위원들이 생계비 조사와 현장 방문 등의 일정을 마친 다음, 조사 자료를 바탕으로 최저임금을 본격 심의하는 첫 회의였다. 이날 노동계의 요구 사항은 회의 내용을 녹취록 수준으로 공개하고 배석자를 늘리자는 것이었다. 심의에 들어가기에 앞서 위원회의 고질적 문제인 '밀실 합의'를 지적한 것이다. 최저임금의 사

열 번의 회의를 기록하다

회적 의미에 걸맞게 회의 내용을 공개해 누구나 접근할 수 있게 해야한다. 노동계는 1시간 전 운영위원회에서 이를 지적했으나 합의하지못했다.

오후 3시 정각에 전원회의가 시작되었다. 사무국의 성원 보고와 박준성 위원장의 모두 발언으로 회의가 개시되자 동시에 기자들이 회의장을 빠져나갔다. 모든 국민에게 영향을 미치는 회의인데도 노동자위원, 사용자위원, 공익위원 22명과 사무국 직원, 참관인 몇몇이 전부였다.

곧바로 임금수준전문위원회의 지난번 회의 보고로 이어졌다. 지금의 최저임금 실태를 '중위소득의 50퍼센트'와 '평균소득의 50퍼센트', '중위소득의 3분의 2' 셋을 모두 고려해 판단하기로 합의했다는 내용이었다. 한국처럼 소득 격차가 큰 경우 중위소득보다 평균소득의 값이 더 크기 마련이다. 그러므로 평균값을 쓰면 소득 격차 상황이 적나라하게 드러나 최저임금 수준을 높여야 할 동기를 강화할 수 있다. 전문위원회가 이를 합의한 것은 반가운 일이나 문제가 있었다. 최저임금 심의를 위한 임금 실태 자료에 반영되지 않은 것이다. 회의가 시작되자마자 논의에 불이 붙었다.

노동자위원 1인 이상 사업장의 중위임금만 기준으로 삼으면 일반 국민에게 최저임금이 생각보다 낮지 않다는 착시 효과를 줄 수 있다. 공정하게 볼 수 있도록 다른 통계도 제시해야 한다. 임금수준전문위원회가 논의한 대로 여러 자료를 제시해야 한다.

배석 | 최혜인

사용자위원 평균값은 소득 편차가 크기 때문에 현실을 왜곡한다. 수용하기 어렵다.

노동자위원은 다양한 자료를 제시해 최저임금의 상대적 수준을 판단하도록 해야 한다는 입장, 공익위원은 기타 자료에 첨부한 것으로 갈음하자는 입장, 사용자위원은 평균값을 쓰지 말자는 입장이었다. 그 논의만 장장 3시간에 걸쳐 이루어졌다.

결국 자료 사용에 대해 표결하는 쪽으로 기울었다. 노동계는 평균소득의 50퍼센트 대비 최저임금을 계산한 표를 산입한다는 내용으로 표결안을 만들었다. 사용계는 현상 유지를 안으로 했다. 잠시 후 운영위원회는 표결을 대신할 중재안을 내놓았다. 하지만 전원회의의 결정 사항을 자꾸 뒤집을 수 없다며 노동계는 표결하자고 요구했다. 예상치 못한 상황이라 투표를 진행할 준비가 되어 있지 않았다. 사무국이 재빠르게 투표용지와 투표함을 만들어 왔다. 투표는 노동계안에 대한 찬반을 다투는 것으로 했다.

투표가 시작됐다. 당시 성원은 노동자위원 9명, 사용자위원 7명, 공익위원 6명으로 노동자위원이 사용자위원보다 2명이나 많아 유리했다. 그리고 통계 자료마다 장단점이 있기 때문에 다양한 지표를 활용하자는 노동계의 요구는 연구를 업으로 하는 공익위원에게도 충분히 받아들여질 만했다.

결과는 예상대로였다. 찬성 13표, 반대 8표, 기권 1표로 노동계안이 받아들여졌다. 이제 최저임금의 상대적 수준을 볼 때 중위임금의 50퍼센트와 평균임금의 50퍼센트, 중위임금의 3분의 2를 모두 고려해 판단할 수 있게 됐다. 소득분배율 공식 기준 통계가 개선된 것은 무려 8년 만의 일이다. 최저임금을 심의하는 첫 회의부터 불꽃 튀는 논의가 오가고 표결까지 하는 치열한 상황은 처음이라고 한다.

표결이 끝나자 회의에 속도가 붙었다. 이미 자리를 뜬 위원도 상당 수 있었기에 안건 사항은 다뤄지지 못했다. 그런데 또 한 번 불이 붙었다. 회의 내용 공개와 배석자 증원 문제였다. 최저임금위원회는 최저임금을 받는 당사자 모두에게 닫혀 있다. 최저임금 위원으로 위촉된 27명만이 최저임금을 심의하고 결정할 뿐이다. 이에 대해 박준성 위원장은 "오랫동안 위원회가 유지되면서 이렇게 운영되고 있다"고 말했다.

노동자위원 최저임금 당사자는 이러한 내용을 잘 모른다. 어떤 얘기가 오가는지, 어떤 쟁점이 있는지 당사자에게 전혀 정보가 공유되지 않는 것은 심각한 문제다. 이렇게 중요한 의제인데도 27명만 공유하고 배석조차 한정하는 것을 이해할 수 없다. 정보가 필요한 사람에게 전달될 수 있도록 공익위원과 사용자위원은 협력해야 한다. 최소한 노·사 측 위원으로 참여한 조직의 참관은 마땅히 보장하고, 그 외에도 일정한 범위 내에서 문턱을 낮춰야 한다. 이건 국민의 알 권리이기도 하다.

사용자위원은 신상이 공개되는 TV 토론에 나갔다가 항의 전화를 받았던 경험을 이야기하며, 회의가 공개될 경우 자유로운 토론이 불가능해지기 때문에 회의 공개에 동의할 수 없다는 입장을 밝혔다. 또 위원들의 안전 문제도 고려해야 한다는 말을 덧붙였다.

지금의 위원회는 최저임금이 결정된 후 심의에 사용한 자료와 축

배석 | 최혜인

약한 회의 내용을 홈페이지에 공개하고 있다. 하지만 이미 최저임금이 결정된 후라 자료의 시의성이 떨어지고, 굳이 찾아보지 않고는 자료가 존재하는지도 모를 만큼 접근성이 낮다. 최저임금위원회가 '밀실 합의'라 불리는 이유다.

회의에 배석해 열심히 속기를 했다. 어떤 내용이 오가는지 곱씹어 보고 싶었다. 최저임금에 영향을 받는, 나와 주위의 수많은 비정규직, 여성, 청년이 속기록을 보면 어떤 기분이 들까. 위원회가 고작 27명에 의해 운영되는, 권위적이고 형식적인 구조라는 걸 알면 헛헛한 웃음이 새어나오진 않을까.

최저임금위원회에 외친다, '열려라 참깨!'
4차 전원회의 – 6월 11일

무거운 분위기가 감돌았다. 언론에 참관기를 기고한 것이 문제가 됐다. 4차 전원회의가 열리기에 앞서 운영위원회에서 사용자위원은 최저임금위원회 운영규칙을 거론하며 규칙 위반이라고 문제 제기했다. 그리고 공개 사과와 재발 방지를 요구했다. 동시에 한국노총이 작성한, 3차 전원회의 결과에 대한 보도 자료도 문제 삼았다.

운영규칙 25조는 '의장 이외의 위원은 회의의 결과를 위원회의 동의 없이 발표할 수 없다'고 규정하고 있다. 이는 1988년 최저임금위원회가 처음 구성될 무렵 만들어졌다. 운영규칙은 행정규칙으로 법령 체계상 최저임금법과 정보공개법(공공기관의 정보공개에 관한 법률)의 하위법이다. 법이 서로 충돌할 때는 '상위법 우선 원칙'에 따라

상위법을 하위법에 우선해 적용하도록 돼 있다. 즉 운영규칙은 두 법률에 위배돼서는 안 된다.

그렇다면 두 법은 최저임금위원회와 관련된 사항을 어떻게 규정하고 있을까. 우선 최저임금법의 적용 범위(3조)는 '모든 사업장'이다. 최저임금 제도의 수혜자는 대한민국 모든 노동자라는 말이다. 위원회의 회의 내용이 노동자 모두에게 공개되고 있지 않는 현실과 완전히 대비된다.

정보공개법은 국민의 알 권리와 국민 참여, 국정 운영의 투명성 확보를 목적(1조)으로 한다. 그리고 최저임금위원회는 행정기관위원회법(행정기관 소속 위원회의 설치·운영에 관한 법률)에 따라 고용노동부에 소속된 위원회로서 정보공개법이 규율하는 공공기관에 해당(2조)된다. 공공기관은 정보 보존과 신속한 검색을 위해 정보 관리 체계를 정비하고, 담당 인력을 배치할 의무(6조)를 갖는다. 심지어 최저임금위원회는 공개 대상으로 분류된 정보를 원문으로 공개해야 하는 대상 기관(정보공개법 시행령 5조)이기도 하다.

회의 내용의 10분의 1도 채 담기지 않은 참관기를 둘러싼 공방이 치열했다. 게다가 사용자위원은 노동계 배석자 6명 중 2명이 퇴장해야 한다고 주장했다. 그간 노·사 각 4명씩 배석해온 것이 관행이었다. 외딴 섬 같은 세종시 정부청사에서 나 홀로 쫓겨날 생각을 하니 아득했다. 사용자위원의 입에서 내 이름이 오르내리는 것도 상당한 부담이 됐다. 나는 사용자위원 바로 뒤에 앉아 있으면서도 내가 아닌 척을 했다. 노동계는 운영규칙이 국민의 알 권리를 침해하고 있다며 회의 과정의 투명성을 근본적으로 논의해야 한다고 말했다. 그리고 위

　　　　　　　　　　　　　　　　배석 | 최혜인

원회가 최저임금 노동자를 배제하면서 운영하는 모습을 오히려 공개 사과해야 한다고 맞대응했다. 그렇게 두 시간이 흘렀다.

이날 의결 안건은 최저임금 결정 단위(시급, 일급, 월급), 최저임금 업종별 차등 적용, 최저임금 수준 세 가지였다. 하지만 최저임금 수준에 대한 최초 요구안은 다음 전원회의에서 제출하기로 하고 운영위원회는 의결 안건 심의를 마쳤다.

회의 공개와 배석 증원 문제를 포함해 노·사가 제출한 제도 개선 사항이 아직 마무리되지 않았다. 노·사는 위원회 운영에 대한 단기·중기·장기 개선 과제를 제출했고, 우선 단기 개선 과제를 논의하기로 했다. 최저임금 심의를 위해 현재 미혼 단신 노동자의 생계비만 조사하고 있는데 여기에 가구 생계비 조사를 추가해야 할지가 관건이었다.

노·사가 제출한 단기 개선 과제는 총 8개다. 그중 이견의 여지가 없는 것, 다음 회의에서 다루기로 한 것 등을 빼면, 투명한 회의 운영과 가구 생계비 산입 문제 둘이 남았다.

[단기 개선 과제]

노동계 1. 투명한 회의 운영, 2. 최저임금 결정시 결정 근거(생계비, 유사노동자 임금, 노동생산성, 소득분배율 등)의 체계화

사용계 1. 업종별 최저임금 차등 적용, 2. 최저임금안 고시에 이의 제기할 수 있는 사용자 단체의 범위 확대, 3. 회의 장소 변경, 4. 위원 교체 시기 변경, 5. 회의장 피케팅 금지, 6. 공익위원 대상 피케팅 금지

열 번의 회의를 기록하다

가구 생계비 산입 문제는 생계비전문위원회에서 논의했으나 결정하지 못하고 전원회의로 안건이 넘어온 것이다. 사용자위원은 가구생계비를 최저임금 결정 근거로 추가하는 것은 최저임금 제도의 역할과 철학까지 바꿔야 하는 쉽지 않은 사안이라고 했다. 최저임금이 노동시장에 갓 진입한 노동자와 외국인 노동자가 혼자 생활할 수 있도록 하는 것을 목적으로 한다는 게 근거였다. 그러므로 18세 고졸 남성 노동자의 생계비를 기준으로 조사하는 현재 방식이 제도의 역할과 철학에 부합한다고 했다.

반면 노동자위원은 현장 방문 때에도 보았듯이, 최저임금을 받으면서 2~3인 가구를 꾸려나가는 노동자가 많은 것을 감안하면 미혼 단신 노동자의 생계비와 가구 생계비를 병행 조사하는 것이 필요하다고 했다. 공익위원도 의견을 같이했다. 사회적 변화에 따라 최저임금의 철학도 변화해야 하고, 통계를 풍부하게 마련하자는 차원에서 가구 생계비 조사를 병행하는 것에 찬성한다는 입장을 밝혔다. 사용자위원은 이에 동의하지 않았다. 합의가 어려웠다. 표결도 불가능했다. 사용자위원 9명 중 4명밖에 남아 있지 않았기 때문이다. 결국 운영위원회에서 다시 논의하는 것으로 마무리됐다.

투명한 회의 운영에 대해 사용자위원은 이미 충분한 정보가 공개되고 있다고 했다. 그래서 위원회 홈페이지에 들어가보았다. 회의록이라 분류된 자료가 없어서 찾는 데 한참 시간이 걸렸다. 전원회의 게시판에 '2014년 최저임금 심의 의결 경위'라는 제목의 자료가 올라와 있기에 살펴봤더니 2013년 회의 내용이었다. 회의의 맥락과 쟁점을 전혀 알 수 없을 정도로 축약한 것이 전부였다. 게다가 2015년 최저

배석 | 최혜인

임금을 심의한 2014년 회의의 내용은 다른 게시판에 올라와 있어 하마터면 못 찾을 뻔했다.

　노동자위원은 한 발 양보해 속기록 수준은 아니더라도, 지금의 회의록 정리 수준보다는 더 구체적인 내용을 시의성 있게 홈페이지에 공개하라고 요구했다. 이에 위원장은 당일 회의 결과를 정리한 문서는 다음 회의에서 공식 문서로 접수한 후에 공개해야 한다고 했다. 또한 지금 공개되는 내용이 거의 녹취록 수준 아니냐며 반문했다. 사용자위원은 임금 문제는 국민에게 자극적인 내용이기 때문에 공개할 수 없고, 공개된다면 여론이 나빠질 거라며 반대했다. 이 사안 또한 합의에 이르지 못하고 운영위원회에서 다시 논의하는 것으로 정리됐다.

　회의 내용 공개와 관련해 한 사용자위원은 이번만큼 불편했던 적은 없었다며 불만을 토로했다. 그만큼 위원회는 오랫동안 폐쇄적인 형태로 방치되어왔다는 말이 된다. 최저임금처럼 중요한 문제를 고작 27명 위원이 후다닥 결정하는 것이야말로 '졸속'이다.

　최저임금위원회는 대의민주주의의 한 형태다. 노사정이 대표성을 인정한 위원 27명이 최저임금이라는 특화된 제도를 심의하고 결정하는 것이다. 투명한 회의 운영은 노·사 위원의 대의를 강화하고 책임감을 높인다는 점에서 중요하다. 최저임금 당사자인 노동자 국민과 함께 호흡함으로써 대의제가 갖는 대표성의 한계를 극복할 수 있다. 객관적이고 합리적인 결정은 최대한 많은 이와 의견을 나눌 때 가능하다. 운영규칙을 들이밀어봤자 소용없다. 위원회가 투명하게 운영되어야 하는 이유는 차고 넘친다.

시급 1만 원과 동결안

5차 전원회의 – 6월 18일

위원회에 변화가 찾아왔다. 회의 공개에 진전을 이루었다. 하지만 그러기까지 별별 우여곡절을 다 겪었다.

회의가 시작되자마자 사용자위원은 참관기 문제를 포함해 노동계가 애초 약속한 배석자 4명을 초과한 점을 거론했다. 배석자를 4명으로 유지하지 않으면 회의를 진행하지 않겠다고 했다. 나는 또 쫓겨날 위기에 봉착했다. 4차 전원회의와는 다르게 나 나름대로 마음의 준비를 하고 온 터라 표정 관리는 했다. 여전히 마음은 불안했다. 위원장은 배석자 수를 다시 합의하기 위해 10분 간 정회해 급히 운영위원회를 열기로 했다. 운명이 걸린 10분이었다.

결과는 나쁘지 않았다. 노동계가 요구하는 배석자 증원과 방청 허용은 논의되지 않았지만, 일단 배석자가 6명으로 늘었다. 두 번이나 쫓겨날 뻔했지만 앞으로는 쫓겨날 걱정 없이 회의에 배석할 수 있게 됐다.

그리고 위원회의 투명한 운영과 관련해 몇 가지 사안이 결정되었다. 첫째, 회의록을 좀 더 구체적으로 작성하고, 노동자 측, 사용자 측, 공익 측으로 명기해 발언 내용을 정리한다. 둘째, 회의록 보고 사항을 접수해 의결한 다음 회의 내용을 공개한다. 셋째, 회의가 끝나면 위원장이 안건과 결정 사항을 언론에 공개하며 위원의 개별적 공개 행위는 금지한다.

밀실이나 다름없는 위원회에 숨구멍이 트이기 시작했다. 이제 회의록은 구체적으로 작성하고, 회의가 끝난 지 일주일 뒤부터 홈페이

배석 | 최혜인

지에서 볼 수 있게 됐다. 적잖은 성과다. 물론 실명을 적는 속기록 수준의 내용 공개와 방청 허용 등은 장기 과제로 남았다. 만족할 만한 결과는 아닌 것이다. 여전히 위원회는 국민의 관심을 거부한 채 최저임금 심의·결정에 관한 정보를 독점하고 통제하려는 오만한 태도를 보이고 있다.

현재 최저임금 결정 단위는 시급이다. 최저임금 제도가 도입될 때부터 쭉 그래왔다. 시급은 임금 수준을 나타내는 가장 작은 단위다. 시급으로 노동시간에 따라 일급, 주급, 월급 등을 계산해 최저임금 미달 여부를 알 수 있다. 예년 같으면 노·사·공이 이견 없이 시급으로 의견을 모았을 것이다. 그런데 이번엔 달랐다. 공익위원은 시급 단위를 기본으로 하고 월급 단위를 병기하자고 제안했다.

공익위원 관행적으로 최저임금 결정 단위를 시급으로 하고 월급은 부수적으로 계산해서 활용해왔는데, 주휴수당을 포함한 월급 수준을 더 홍보할 필요가 있다. 시급과 월급 단위 표기를 병기해 최저임금 제도가 안정적으로 운영되도록 하자는 제안을 드린다.

노동자위원 유급 주휴수당이 있음에도 노동시간만큼만 임금을 받는 노동자가 많아 월급 단위와 시급 단위 사이에 간극이 있다. 시급, 월급 단위를 병기하면 이 문제를 해결할 수 있으리라고 생각한다.

사용자위원 풀타임 노동자가 아닌 경우도 있어서 사업장에서 혼란이 있을 수 있다. 근로기준법상 5인 미만 사업장은 주휴수당을 지급하지 않아도 되

열 번의 회의를 기록하다

므로 일률적으로 정하는 최저임금 결정 단위에 월급제를 쓰는 것은 무리라고 생각한다.

핑퐁이 왔다 갔다 했다. 사용자위원은 현장에 혼란이 온다는 이유로 월급제 병기를 반대했다. 결국 노동자위원은 특별위원으로 참석한 고용노동부 근로기준정책관의 입장을 들어보자고 했다. 특별위원은 위원들의 요구가 있을 때에만 발언할 수 있다. 그런데 사용자위원이 특별위원의 발언을 거부했다. 정부 입장을 듣는 건 곤란하다는 이유였다. 회의장에 피식피식 웃음소리가 들렸다. 위원장은 특별위원에게 발언을 요청했다.

특별위원 주휴를 포함하면 소정 노동시간이 209시간이 되는데, 그 경우 월급은 116만 원이다. 이 요건을 갖췄을 때 누구든지 116만 원은 받아야 한다. 기본적으로 월급 단위를 병기하는 것이 필요하다고 생각한다.

근로기준법은 일주일에 하루의 유급휴가를 규정하고 있다. 주 5일 출근한 노동자에게 주 6일의 임금을 지급해야 하는 거다. 임금은 노동력 제공에 대한 비용인 동시에 재생산을 위한 측면이 있어, 사용자가 노동자의 휴일을 유급으로 보장하도록 하고 있다. 그러나 유급 주휴가 잘 알려져 있지 않아 노동시간만큼만 임금으로 계산하는 불법적 상황이 곳곳에서 벌어지고 있다. 특히 시급제 노동자의 경우가 그렇다. 최저임금이 시급 단위라서 노동시간만 계산해 임금으로 지급하면 그만이라고 생각하기 쉽다. 공익위원은 이러한 현실을 정확히 지적해 월급제 병기를 제안했다. 하지만 사용자위원의 반대에 가로

막혀 합의에 이르지 못했다.

그런데 사용자위원이 업종별 최저임금 차등 적용안을 주장하고 나섰다. 최저임금 제도가 도입된 첫해에는 1그룹과 2그룹으로 나눠 최저임금 수준을 다르게 적용했다. 하지만 그때만 제외하고 그 뒤론 임금의 하한선을 정하는 최저임금의 취지에 따라 지금까지 일률적으로 최저임금 수준을 적용해왔다. 업종별로 최저임금 수준을 다르게 정하면 업종에 따라 임금 차별이 생기고 특정 업종에서 저임금 노동자를 양산하는 부작용을 초래할 수 있다. 이러한 심의는 위원회에서 사문화된 것이나 마찬가지였다.

사용자위원 최저임금법에도 최저임금을 업종별로 구분할 수 있고, 1988년에도 업종별로 다르게 적용한 적이 있다. 업종별로 지불 능력, 노동조건, 생산성 등에 차이가 있다. 지역별로도 그런 차이가 있지만, 현행법으로는 가능하지 않아 중장기 과제로 보고 있다. 올해부터 업종별로 최저임금을 구분하는 게 필요하다. 특히 택시 노동자는 사용자의 시야에서 벗어나기 때문에 노동시간을 정확히 관리할 수 없고, 택시 업계가 어려워 노동자가 돈을 많이 벌지 못한다. 선량한 경영자가 전과자가 되기도 하면서 어려움을 감당하고 있다. 최저임금 미만율과 영향률이 높은 도·소매업, 운수업, 숙박업, 음식업 등 5개 업종을 한 그룹으로 묶고 나머지를 또 한 그룹으로 묶어 총 두 그룹으로 임금을 달리하자는 거다.

노동자위원 최저임금은 임금의 하한선을 정해 생활 안정을 도모하도록 하려고 있는 거다. 업종별로 당연히 생산성과 경쟁력 등의 차이가 있지만, 임금에 그 차이를 반영하려면 하한선 위에서 해야 한다.

공익위원 택시의 만성적인 어려움을 얘기했는데, 운수업이 다 그렇지는 않다. 그리고 미만율과 영향률을 보면 운수업보다 숙박업과 음식업이 더 어려운 상황으로 보인다. 문제의 상황을 파악하려면 검증과 토론 절차가 있어야 하는데, 이 자료를 업종별 차등 적용의 근거로 보기는 어렵다.

노동자위원이 설명한 대로 최저임금은 임금의 하한선이다. 지방자치단체 차원에서 시행되는 생활임금은 최저임금 수준 위에서 결정되는 지역별 임금이라 할 수 있다. 업종이나 지역별로 임금 수준을 달리하더라도 법정 최저임금은 지켜져야 한다. 사용자위원이 요구하는 차등 적용안은 당위성도, 합리성도 없다. 더욱이 그들이 근거로 제시한 자료 자체가 너무 빈약했다. 노동계는 받아들일 수 없었다. 타협의 여지가 없었다. 결국 합의하지 못하고 다음 의결 사항으로 넘어갔다.

5차 전원회의의 하이라이트 순서가 왔다. 노·사가 2016년 최저임금 수준의 최초 요구안을 제출했다. 결론부터 말하면 노동계는 시급 5580원에서 1만 원으로 79.2퍼센트 인상하는 안을, 사용계는 동결안을 냈다. 요구안의 근거는 다음과 같다.

사용자위원 연평균 최저임금이 평균 8.8퍼센트씩 오른 데 반해 일반 노동자의 임금은 평균 5.5퍼센트씩 올랐다. 물가는 2.9퍼센트씩 올랐다. 급격한 최저임금 인상으로 중소 영세 기업의 부담이 가중되는 상황이다. 노동생산성도 연평균 4.8퍼센트밖에 오르지 않았다. 생산성에 비해서도 최저임금

배석 | 최혜인

인상률은 너무 높다. 유사노동자의 임금 수준과 비교해도 최저임금이 유사노동자 중위임금의 50.9퍼센트로 절반을 넘었다. 이 통계는 1인 이상 사업장의 전체 노동자를 대상으로 한 통계다. 생계비 측면에서도 최저임금 수준은 높다. 국민기초생활보장법상 올해 1인 가구 최저생계비는 61만 원이다. 최저임금이 최저생계비의 두 배에 달해 미혼 단신 노동자의 생계비는 이미 최저임금으로 충족 가능하다. 우리나라 최저임금 영향률(미만율+수혜율)은 14.6퍼센트로 전 세계에서 제일 높다. 최저임금 미만자가 200만 명 이상이다. 선진국에서는 적정 최저임금 영향률을 5퍼센트로 보고 있다. 최저임금 인상보다 동결과 안정화가 필요하다.

노동자위원 최저임금 인상률은 경제성장률에 근접해야 한다. 최저임금 제도를 도입한 후로 인상률은 9.8퍼센트, 경제성장률은 9.4퍼센트였다. 최저임금은 빠른 속도로 대폭 인상된 게 아니라 경제성장에 겨우 조응하는 수준으로 인상되어왔다. 여기에 소득분배 개선분을 반영하면 오히려 인상 폭은 대단히 작다. 116만 원으로 미혼 단신 노동자의 실태생계비를 충당할 수 없다. 2014년 생계비 충족률은 70퍼센트에 불과하다. 외환 위기 이전에는 충족률이 86퍼센트 수준이었으나, 1999년부터 2014년까지 평균 충족률은 64퍼센트로 떨어졌다. 그만큼 최저임금이 생계비 충족이라는 본연의 목적을 살리지 못한 채 악화되고 있다. 게다가 대다수 최저임금 노동자는 두세 명 넘는 가족의 생계를 책임지고 있다. 최저임금으로는 가족을 부양할 수 없다. 가계 빚 없이는 생계유지조차 불가능하다. 유사노동자의 임금과 비교해도 최저임금 수준은 낮다. 3차 전원회의에서 최저임금의 상대적 수준을 볼 때 중위값과 평균값을 모두 쓰기로 해 둘을 기준으로 비교했다. 중위값을 쓰면 최저임금이 유사노동자 임금의 50퍼센트를 넘지만, 평균값을 쓰면

열 번의 회의를 기록하다

27.8퍼센트 수준에 머문다. 통계에 따라 차이가 큰 건 그만큼 소득 격차가 심하기 때문이다. 유리한 통계만 끌어다 쓰는 게 중요한 게 아니다. 한국의 최저임금은 국제 수준과 비교해도 낮다. 최저임금 대폭 인상이 절실하다.

　최초 요구안의 근거를 찬찬히 뜯어보면 재미있는 사실을 발견할 수 있다. 노·사 모두 제시한 근거는 유사노동자의 임금 수준과 생계비, 두 가지다. 노·사는 동일한 근거를 제시하면서도 서로 다른 수치와 결론을 내고 있다. 사용자위원은 유사노동자 임금의 중위값을 사용했고, 노동자위원은 중위값과 평균값을 함께 사용해 소득 격차가 큰 현실을 드러냈기 때문이다.

　사용자위원은 국민기초생활보장 제도의 최저생계비를 근거로 최저임금 수준이 높다고 말했다. 2015년 1인 가구 최저생계비는 61만 원가량이다. 이는 식료품비, 주거비, 광열·수도, 가구·집기, 피복·신발 등 11개 항목을 포함하고, 항목별로 비율을 달리해 계산한다. 예를 들어 주거비는 전체의 17.2퍼센트로 10만 원 정도다. 10만 원짜리 저렴한 1인용 텐트로 살 집을 마련해야 하는가. 식료품비는 전체 중 37.6퍼센트로 23만 원이다. 삼시 세끼는 불가능하지만 하루에 한두 끼만 먹는다면 빠듯이 가능할지도 모르겠다. 최저생계비는 최소한의 생존을 위한 것이므로 이러한 급여 수준이 적정한지에 대한 문제 제기는 끊이질 않는다. 그렇다면 최저생계비를 근거로 최저임금 인상이 필요 없다고 할 수는 없지 않은가.

　노동자위원은 실태생계비 충족률을 근거로 제시했다. 실태생계비는 생활을 위해 실제 소비하는 내역을 합한 것으로 그 수준은 2014년 155만 3390원이다. 노·사가 생계비를 다루면서 서로 다른 지표를 사

　　　　　　　　　　　　　　배석 | 최혜인

용한다는 건 그만큼 노동자의 임금을 바라보는 시선이 다르다는 것을 말한다. 사용계는 노동과 생존을 반복하며 노동에 집중할 수 있는 '근로자'를 원하지만, 노동계는 건강하고 문화적인 생활을 하는 주체적 노동자가 되길 원한다. 두 갈림길로 나뉘는 데에는 다양한 변수가 있겠지만, 임금 수준은 단연 중요한 변수다. 이곳은 임금의 하한선을 정하는 최저임금위원회다. 그런데 최저임금을 결정할 때 심의하며 사용하는 각종 통계 자료와 실태 자료 등을 어떤 방식으로 어떻게 반영할지에 대한 구체적 틀이 없다. 객관적 통계 자료도 목적에 따라 휘둘리는 편향적 자료에 불과하게 된다.

5차 전원회의는 이렇게 낱이 났다. 공식적인 진원회의는 앞으로 두 차례밖에 남지 않았다. 법정 시한도 얼마 남지 않았다. 최저임금 인상을 위해 머리를 맞대고 마음 모아야 할 마지막 기회였다.

최저임금위원회는 막장 드라마
6차 전원회의 − 6월 23일

갈 길이 바빴다. 법정 시한인 6월 29일을 엿새 남겨둔 시점이었다. 최저임금위원회는 고용노동부장관으로부터 심의 요청을 받은 뒤 90일 이내에 다음 해 최저임금을 심의·의결해야 한다. 장관이 3월 31일 심의를 요청했기에 29일이 시한이었다.

이제는 지난번 회의에서 논의를 마치지 못한 최저임금 결정 단위, 업종별 차등 적용 문제를 매듭짓고 최저임금 수준을 결정하는 데 집중해야 할 때다. 그렇게 되리라 예상했다. 결론부터 말하면 6차 전원

열 번의 회의를 기록하다

회의는 6시간 넘게 진행됐지만 아무것도 결정하지 못했다.

사용자위원 당혹스러운 주장이다. 최저임금 미만 노동자의 87퍼센트가 영세 중소기업에 근무하고 있다. 영세 중소기업은 40시간 풀타임이 아니라 다양한 시간 형태로 일하고 있을 거다. 또 (근로시간이) 주 40시간이라고 하더라도 개별 기업의 노·사 합의에 따라 월 209시간이 안 나올 수도 있다. 그러므로 월급을 병기함으로써 규율하기는 어렵다. 그리고 지금까지 시급만 써왔기 때문에 월급을 병기했을 때 사업장에 어떤 영향을 미칠지에 대한 데이터가 없다. 갑자기 바꾸면 파급 효과가 굉장히 클 거다.

사용계의 반대 논리에 동의할 수 없었다. 단시간 노동자에게 209시간치 임금을 주자는 것도 아닌데, 그들은 엉뚱한 이야기만 되풀이했다. 아이러니하게도 사용계는 최저임금 수준 최초 요구안에서 시급과 일급을 병기했다. 전일제와 단시간 노동자가 혼재되어 있는 노동시장에 혼란을 줄 수 있다는 이유로 시급 표기만을 주장했던 것과는 대비된다. 일급은 병기하면서 월급은 절대 병기할 수 없다는 모습 속에, 그들이 우려하는 게 무엇인지 명확히 보였다. 주휴수당을 줘야 한다는 걸 모른 척하고 싶은 속내 말이다.

지난번 회의에서 사용자위원은 업종별 최저임금 차등 적용안을 피력했지만 공감할 만한 근거를 제시하지 못했다. 이번에는 6쪽짜리 근거 자료를 가져왔다.

사용자위원 자료를 보면 도·소매업, 운수업, 숙박·음식업 5개 업종은 최저임금 영향률이 높고 노동생산성이 낮고 경영지표가 나쁘다. 다른 업종에 비해 임금 수준도 낮은 저임금 업종이다. 이러한 지표는 해당 업종의 지불 능력이 떨어진다는 걸 보여준다. 그러므로 최저임금을 차등 적용해야 한다. 사용계가 구체적인 안을 제시한 이상 그 정도 수준에서 업종을 구분해야 한다.

노동자위원 영세 자영업자가 어렵고 최저임금 노동자가 어려운 건 사회적 약자가 가진 공통된 문제다. 최저임금을 두고 사회적 약자끼리 대립하는 건 옳지 않다. 최저임금 차등 적용은 있을 수 없는 일이다. 최저임금은 인간의 기본권이고, 생존권이고, 인권이다. 현장의 조합원에게 차등 적용에 대한 의견을 물어보니, 새로운 신분제가 아니냐고 했다. 부모의 직업에 따라 아이들의 먹을거리, 교육 수준이 달라지고 있다. 최저임금 당사자라는 것만으로도 박탈감이 큰데, 그마저 차등을 두는 건 국가가 해서는 안 되는 일이라고 생각한다. 약자 간에 싸움을 붙이는 건 최저임금위원회가 하지 말았으면 한다.

공익위원 산업 대분류로는 업종별로 차등 적용해야 하는 산업을 구분하기 어렵다. 운수업은 항공, 육상, 수상 등 다양한 업종이 있다. 숙박 · 음식업에도 대형 프렌차이즈와 영세 사업장이 있다. 업종별로 구분하는 것 자체가 굉장히 어렵다.

노동계는 근거가 빈약한 사용계의 차등 적용안을 받아들일 수 없었다. 그래도 나름대로 진지한 논의가 오갔다. 그러다가 분위기가 반전되는 상황이 벌어졌다. 한 사용자위원이 노동자를 폄하하는 발언을 한 것이다.

노·사가 생계비를 다루면서 서로 다른 지표를
사용한다는 건 그만큼 노동자의 임금을 바라
보는 시선이 다르다는 것을 말한다.

발언의 요지는 이랬다. 택시노동자의 경우 택시를 끌고 나가더라도 사용자 입장에서는 실제로 일을 하는지, 노는지 점검할 수 없기 때문에 노동시간을 측정할 수 없다는 거였다. 노동자위원이 노동자를 폄하하는 식의 발언에 대해 따졌지만 사용자위원은 사과를 거부했다. 사과를 요구하고, 거부하는 발언이 오가며 언성이 높아졌고 사용자위원은 노동자위원에게 욕설을 하기도 했다. 하지만 끝내 사과하지 않았다.

막장이었다. 대한민국 사용자 중 한 사람으로서 대표성을 인정받아 최저임금위원회에 사용자위원으로 위촉된 이가 서슴없이 노동자를 폄하하고, 이에 문제 제기하는 노농자위원에게 반말과 욕설까지 했다. 회의가 생중계 되거나 속기록으로 작성되어 공개된다면 막장 발언은 애초에 불가능했을 것이다. 회의 공개 문제를 차치하고라도 노동자 폄하 발언과 욕설은 위원 자신의 품위와 위원회의 위상을 무너뜨리는 짓이다. 위원회를 바라보는 400만 최저임금 노동자와 중소 영세 사용자에 대한 모욕이기도 하다.

공익위원은 더 이상의 논의가 불가능하다고 판단했는지 표결을 제안했다. 지난번 회의에서도 두 안건을 많은 시간 논의했기에 노동계도 표결이 불가피하다는 데 동의했다. 사용계는 반대했다.

운영위원회를 열어 안건을 어떻게 처리할지 논의했다. 여기에서 최저임금 결정 단위는 시급으로만 하고 업종별 차등 적용은 하지 않는 걸로 마무리하자는 제안이 나왔다. 그렇지만 합리적 근거도 없이 노·사가 하나씩 양보하는 거래의 형태로 안건을 마무리할 수는 없었다. 노동계는 '거래'를 받아들일 수 없다는 입장을 분명히 밝혔다.

노동자위원 장시간 안건을 논의했지만 합의가 어렵고 처리 방법도 난망한 상황에서 공익위원이 표결 처리를 요청했다. 표결만 남겨둔 상황이었다. 그리고 오늘 안건을 어떻게 처리할지 논의하려고 정회를 요청한 건데, 표결할 준비가 되지 않았다는 이유로 표결이 어렵다며 '거래'를 제안한 건 유감이다. 합의도 어렵고, 표결도 어렵다면 회의를 어떻게 끌고 가야 하는 거냐. 방법이 없는 거 아닌가. 수년 동안 끌어온 제도 개선 과제를 많은 시간 논의했지만 제대로 해결하지 못하고 계속 넘겨왔다. 이제는 그렇게 하지 말자며 장시간 논의했고 가닥이 잡혀가는 과정이었다. 그런데 이렇게 되면 앞으로 회의를 어떻게 진행하겠는가.

제일 중요한 최저임금 수준은 논의해보지도 못하고 회의를 마쳤다. 물론 폄하 발언과 욕설을 한 사용자위원은 사과를 거부했다. 사용계 간사가 재발 방지를 약속하는 걸로 일단락되었다. 공적 회의 자리에서 노동자를 폄하하는 식의 발언을 하고, 이를 지적하는 노동자위원에게 욕설을 한 건 가볍게 넘어갈 문제가 아니었다. 그런 점에서 위원장의 회의 진행 방식도 문제가 있었다. 원만한 진행을 하려면 문제 발언을 제지함으로써 갈등을 피했어야 하는데도 이를 방관했다. 잘못한 행위를 사과하는 건 초등학생도 아는 상식이다. 위원장은 회의 진행을 위해 사용자위원에게 사과를 요청했어야 하지만, 자율적으로 해야 한다며 문제 해결을 회피했다.

위원회는 타성에 젖어 있었다. 안건을 두고 노·사 간 거래를 유도하고, 회의 진행을 방해하는 행위를 방치한다. 안건을 형식적으로 처리하고 문제가 생기면 상황을 유야무야하는 건 바람직하지 않다. 최저임금 수준을 결정하는 것만큼이나 최저임금 제도를 잘 운영하는

배석 | 최혜인

것도 중요하다. '민주적 의사 결정'과 '예절'에 대한 특강이 필요해 보였다.

사용자위원 집단 퇴장

7차 전원회의 – 6월 25일

7차 전원회의가 열릴 때쯤 언론에서는 위원회가 법정 의결 시한을 넘기리라는 보도가 이어졌다. 법정 시한인 6월 29일에도 전원회의 일정이 잡혔으나 그날도 최저임금 결정이 쉽지 않아 보였다.

최저임금 결정 단위를 두고 의견 대립이 팽팽한 상태에서 대화를 통한 합의는 어려웠다. 사용계는 표결마저 거부했다. 진척이 없자 노동계는 중재안을 냈다. '시급을 결정 기준으로 하되, 고용노동부장관에게 최저임금액을 고시할 때 월급 단위를 병기할 것을 요청한다는 보충 문구를 추가하는 것'으로 하자며 한 발짝 물러났다. 그럼에도 사용계는 '시급만'을 고집했다. 한 사용자위원은 공익위원에게 중재하라고 요청했으나, 시급·월급 병기안은 애초에 공익위원이 낸 안이었다. 중재안을 낸 쪽은 노동계였다.

'시급만'을 관철하려던 사용계는 궁지에 몰렸던 것 같다. 표결하지 않을 명분도, 이견을 좁힐 만한 대안도 없었다. 그래서인지 다소 뜬금없이 회의장을 박차고 나갔다.

사용자위원 시급과 월급을 병행하면 어떻게 되냐면, 파트타임, 일용직, 비정규직, 청소년이 서너 시간 일해놓고 월급을 달라고 하고, 근로감독관은 무조건 노동자 편을 들며 주라고 한다.

우리나라에서 가장 큰 적폐가 규제 개혁이다. 시급과 월급을 병기하는 건 또 다른 규제고 악법을 만드는 거다. 제가 토론회에 나가서 노동시간을 68시간에서 52시간으로 줄이는 걸 반대했다. 이는 기업주를 전과자로 만드는 거고, 재무지표를 악화시키고, 외국인 노동자만 수혜를 받는 일이다. 국고 유출이고 손실이다. 그런데 지금 노동시간이 단축됨으로써 1.5배인 수당이 2배가 되고, 사용자가 범법을 하게 되고, 경비직에게도 최저임금의 100퍼센트를 지급하게 됐다. 시급과 월급을 병행하는 건 분쟁의 소지가 있는 악법이다. 그렇잖아도 어려운데 또 다른 악법을 만들지 말길 바란다.

사용자위원은 월급 단위 병기의 필요성과 정책적 효과를 제대로 이해하지 못했다. 단시간 노동자가 월급을 달라 하면 어떻게 하느냐고 했다. 심지어 외국인 노동자, 경비 노동자에 대한 차별 발언도 서슴지 않았다. 최저임금과 연장 노동을 둘러싼 사용자의 범법 행위를 노동자 탓으로 돌렸다. 다시 한 번 말하지만, 월급 단위를 병기해야 할 이유는 유급 주휴수당이 지급되지 않는 현장의 문제를 해결하기 위해서다. 2015년 최저임금으로 월급을 받으면 116만 원가량 된다. 주휴수당을 빼면 98만 원가량 된다. 주휴수당 유무에 따라 18만 원의 차액이 발생한다. 노동자가 모르는 사이에 큰 금액이 체불되고 있다.

나는 대학에 입학하면서 용돈을 벌려고 수시로 아르바이트를 했었다. 지금도 마찬가지이지만 대학생이 할 수 있는 일이라곤 대부분 최저임금 수준의 일이었다. 프렌차이즈 카페, 대형 영화관, 학원 등 10곳 이상에서 아르바이트를 했지만 단 한 번도 주휴수당을 받아본 적이 없다. 최저임금이 얼마인지는 알았지만 주휴수당이란 게 존재

배석 | 최혜인

하는지는 알 길이 없었다. 아무도 내게 주휴수당을 알려주지 않은 걸 보면 다들 몰랐던 것 같다. 근로기준법상 유급 휴일 규정은 있으나 마나 한 상태다. 이를 극복하기 위한 논의가 최저임금위원회에서 이뤄지고 있다는 건 큰 진보였다. 시급·월급 병기안이 가결되어 주휴수당이 적극 알려지는 계기가 되길 내심 바랐다.

사용계는 마치 판도라의 상자가 열린 듯 격한 반응을 보였다. 사용자위원의 집단 퇴장으로 안타깝게도 회의는 파행으로 끝났다. 그들은 사용계가 주휴수당을 주지 않으려고 꼼수 부린다고 말하는데 그것이야말로 살인적인 언어폭력이라고 했다. 그런데 최저임금 노동자의 주휴수당까지 빼앗는 것이야말로 폭력이고 착취 아닌가.

최저임금은 노·사가 대립만 해야 하는 사안이 아니다. 우리가 발 딛고 있는 세상은 밖에서 주어진 결과물이 아니다. 노동자와 사용자는 경제주체로서 세상을 함께 만들어나가는 존재다. 유리되어 있는 관계라 해서 고집을 부리는 태도는 서로에게 유익하지 않다. 위원회에서 이성적이고 합리적인 대화가 오가는 걸 보고 싶었다. 진심으로.

최저임금 법정 의결 시한
8차 전원회의 – 6월 29일

일이 생각보다 심각했다. 8차 전원회의를 위해 세종시에 도착해서야 사용자위원이 전원회의 '보이콧' 선언을 했다는 기사를 봤다. 보이콧이란 부당한 일에 저항하기 위한 집단 거부 행동을 말한다. 그들은 보이콧을 말할 자격이 없다. 현행법을 올바르게 정착시키려는 진일보한 안건이었고, 회의 진행 방식 또한 민주적이었다. 합의를 위해 노동계는 중재안도 제시했다. 사용자위원이 집단 퇴장할 어떠한 명분도, 대안도 없는 상태였다. 그럼에도 8차 회의까지 불참해버렸다.

사용자위원이 2회 이상 회의 출석 요구를 받고도 불참했으므로 의결정족수와 관계없이 의결이 가능했다. 최저임금법 17조 4항에 따르면, 위원회가 의결을 하려면 노동자위원과 사용자위원 각각 3분의 1(3명) 이상이 출석해야 하는데, 다만 노동자위원이나 사용자위원이 2회 이상 출석 요구를 받고도 정당한 이유 없이 출석하지 않는 경우는 해당하지 않는다. 그때는 의결정족수를 충족한 것으로 본다.(최저임금위원회 운영규칙 18조 2항)

법정 시한 마지막 날이었다. 하지만 노동계는 사용자위원을 다시 한 번 기다려보기로 했다. 노사정 삼자가 모두 출석해 의결하는 게 위원회의 취지에 맞기 때문이다.

노동자위원 오늘 의결할 수 있는데, 그럼에도 불구하고 의결할 생각은 없다. 그래도 안건 1, 2, 3의 방향은 정리돼야 한다. 그러지 않으면 임금 수준으로 넘어가지 못할 것 같다. 9차 전원회의 심의 안건을 어떻게 할지 정확히 해야 한다.

노동자위원과 공익위원은 어떻게 상황을 정리하고 회의를 진행할지 의견을 모으는 시간을 가졌다. 그동안 공익위원은 노·사 의견을 존중하는 차원에서 발언을 자제해왔는데, 이번 기회에 그들의 의견을 들어보는 것은 특히 의미 있었다.

공익위원은 대체로 노동계의 합리적 제도 개선 요구에 동의하고 있었다. 당연한 이야기이지만 다행스러웠다. 사용자위원이 최저임금 동결을 주장하며 제도의 '안정화'가 필요하다고 했지만, 최저임금 제도를 홍보하고 올바르게 정착시키려면 체불하기 쉬운 주휴수당을 알려 의무 이행을 유도하는 것이 급선무다. 그것이 진정한 '안정화'다.

너무나 어이없는 이유로 두 번이나 회의에 불참한 사용자위원을 보며 안타까운 마음이 들었다. 한 영세 기업 사용자는 이렇게 말했다. "최저임금이 많이 오르는 것도 부담스럽지만, 직원 5명 중 딱 최저임금만 주는 직원은 어차피 1명뿐이다. 대기업을 운영하는 사람이 사용자위원으로 들어갔다면, 최저임금 인상은 적절히 하고, 자재비 갑자기 올리고, 납품 단가 깎고, 대금 처리 미루는 거나 안 했으면 좋겠다." 사용자위원이 해야 할 일은 따로 있다.

1차 수정안
9차 전원회의 – 7월 3일

사용계는 30원, 노동계는 1600원. 최저임금 수준에 대한 최초 요구안과 1차 수정안의 차액이다. 9차 전원회의에서는 양측이 수정안을 제시했다.

위원장 사용계 수정안을 말씀드린다. 5580원 대비 0.5퍼센트 인상, 즉 30원 인상한 5610원으로 수정안을 제출했다. 노동계 수정안은 1만 원 대비 16퍼센트 인하, 즉 1600원 인하한 8400원이다.

최초 요구안 1만 원과 5580원은 4420원 만큼의 간격이 있었다. 다시 노동계가 1600걸음 성큼 다가설 때 사용계는 더 가쁜 숨을 내쉬면서 고작 30걸음 걸어왔다. 동결로도 충분하고 앞으로 나아가야 할 이유가 전혀 없다는 생각이었다. 탄식이 흘렀다.

사용계의 마음 씀씀이가 너무 야멸찼다. 자본주의 사회에서 필연적으로 약자일 수밖에 없는 노동계가 접점을 찾으려고 큰 걸음을 한 반면, 강자인 사용계는 '갑질'을 한 셈이다. '30원 올려줄 테니 받든가 말든가. 아, 몰랑~.'

30원 인상한 5610원. 주휴 노동시간을 합친 월 209시간을 기준으로 치면 6270원. 한 달 일해도 1만 원도 안 되는 인상액이다. 상황이 이러하니 최저임금을 밥 한 끼나 팥빙수 따위에 비유한다. 한 달에 밥 한 끼, 팥빙수 한 그릇도 못 사먹을 인상액이라고. 하지만 밥 한 끼 사먹자고 최저임금 받으면서 일하는 건 아니다. 최저임금은 노동자의 생존이자 마지노선의 삶이다. 최저임금의 막중한 성격에 비하면 이런 비유가 남사스럽지만, 기가 막힌 최저임금 수준과 인상액 앞에 서면 부끄러워해야 할 것이 무엇인지 헷갈린다. 노·사의 수정안이 간극을 좁히기 위한 기회인 줄 알았으나, 좀처럼 가까워질 수 없는 거리만 확인한 채로 마무리됐다.

사용자위원이 7차와 8차 전원회의에서 시급·월급 병기안에 반대하며 회의장을 박차고 나갔으나, 9차 전원회의에서는 노동계가 제시한 중재안이 만장일치로 가결됐다. 가구 생계비 연구 용역 건도 합의되었다. 임금 불평등과 제도적 차별을 가져올 수 있는, 최저임금 업종별 차등 적용안은 모든 업종에 동일한 최저임금을 적용하는 것으로 결정됐다. 세 안건이 결정된 직후, 두 번째 안건인 업종별 차등 적용 문제에 대한 '조건부', '부대 사항'이 갑자기 툭 튀어나왔다. 정식 안건으로 상정되지도 않았는데 말이다.

위원장 최저임금은 시급 단위로 정한다. 그리고 월 환산액을 병기해 고시하도록 요청한다. 의결 주문을 이렇게 정리해, 최저임금 결정 단위 안건에 대해 가결을 선포한다. 두 번째 안건인 최저임금 업종별 차등 적용에 대한 것은 모든 업종에 동일한 금액을 적용하는 것으로 의결하고자 한다.

사용자위원 네 번째 안건(?)인 업종별 구분에 대한 연구 용역과 연결해 두 번째 안건을 언급해야 한다.

다시 말하지만 네 번째 안건이란 건 없다. 정식 안건으로 상정되지 않은 상태였다. 이건 '갑툭튀'(갑자기 툭 튀어나오다)다. 사용자위원은 사용계가 제시한 업종별 차등 적용안의 근거가 부족해서 위원회 차원에서 연구하기로 했다는, 없는 사실을 주장했다. 위원장은 이에 조응해 연구 용역 문제를 10분 간 논의한 뒤 바로 표결에 들어가자고 했다. 그리고 업종별 차등 적용을 하지 않기로 의결했지만 그 부대조건이 연구 용역이라고 했다. 이미 의결된 안건에 갑자기 부대조건을 다는 건 말이 안 됐다. 맥주를 사면 땅콩 몇 알을 끼워주는 편의점식 영업 방식도 아니고 말이다.

대한민국 임금 하한선을 정하는 최저임금위원회의 회의 방식이 주먹구구식이었다. 위원장은 절차를 무시한 채 편향적인 태도로 회의를 끌어갔다. 회의 때마다 내용을 투명하게 공개할 필요성을 절감하게 된다.

노동자위원 이 부분을 어떻게든 결정해야 한다는 건 알겠다. 다만 그게 왜 두 번째 안건에 결합되는지 모르겠다. 위원장은 지금 부대 사항으로 한다는 뜻이라고 얘기하고 있다. 아니라면 분명히 해야 한다. 이건 기타 의결 사항이다. 안건 자체가 전혀 다르다. 하나는 2016년 최저임금 심의 안건이고, 나머지 하나는 기타로 해서 업종별 차등 적용 관련 연구 용역 발주 건이다. 회의 절차에 맞게 해야 한다.

사용자위원은 이미 합의한 안건을 트집 잡으며 자신들의 주장을 관철시키려 했다. 하나를 줬으니 다른 하나는 양보하라는 식이었다. 노동자위원은 안건 상정 절차가 잘못된 것 같으니 운영규칙 등의 근거를 확인해달라고 위원장에게 요청했으나 받아들여지지 않았다.

운영위원회와 정회를 반복한 끝에 후퇴한 결론이 나왔다. 만장일치로 합의한 가구 생계비 연구 용역 건을 원점으로 돌리고 각종 연구 용역을 제도 개선 과제로 묶어 넘기기로 했다. 사용계의 주고받는 일괄 거래 방식이 먹혀든 결과다.

노동자위원 이렇게 패키지 딜 하는 방식은 심각한 문제가 있다. 사용계가 불참했을 때 의결하지 않고 같이 얘기하겠다고 한 건데, 오히려 그게 화근이 돼 가구 생계비 연구 용역까지 발목 잡힌 상황이 됐다. 결국 사용계가 작전을 잘 짰다는 생각이 든다. 최저임금 결정 단위에 대한 공익위원의 바람직한 안을 매개로 자신들의 전략적 목표를 이룬 것이 대단히 불쾌하다. 차등 적용을 주장하면서 자료도 준비하지 않은 것을 보니 다른 의도를 가

배석 | 최혜인

진 쟁점화였다는 생각이 든다. 위원장의 책임도 크다. 사용계의 작전에 말려서 노동계의 합리적 양보가 화근이 되어버렸는데, 위원장이 이에 일조한 셈이다.

가구 생계비를 조사해 최저임금 심의의 참고 자료로 삼는 것은 최저임금 현실화를 위한 제도적 진전이었던 반면, 업종별 차등 적용은 임금 하한선마저 차별함으로써 사회 분열을 초래할 위험한 발상이었다. 경중도 다르고 파장도 다른 둘을 일괄로 묶어 거래하는 사용계의 협상 방식이 참 후져 보였다.

사용계가 애당초 최저임금의 업종별 차등 적용안을 관철시킬 의도였다면 설득력 있는 근거를 제시했어야 했다. 하지만 누가 봐도 곤란하다 할 정도로 그들이 준비한 차등 적용안의 근거는 부실했다. 몇 년 동안 주장해놓고 이제 와서 그렇게 준비가 미흡하다는 건, 관철시킬 의도 없이 거래의 무기로 사용할 요량이었다는 의미다.

업종별 차등 적용안은 노동계로선 도저히 받아들일 수 없는 원자폭탄 수준의 노동시장 분열 정책이다. 사용계의 기습에 당해 올해는 가구 생계비 연구 용역을 포기해야 했지만, 내년, 내후년에는 어떤 중요한 걸 포기해야 할지 모른다. 사용계의 물타기 공격을 막고 방어할 힘이 절실하다.

노·사의 수정안을 확인하고 회의를 마쳤다. 장장 8시간에 걸친 긴 회의였다. 법정 의결 시한도 지난 시점이었다. 공정한 절차에 따라 합당한 최저임금이 결정될 수 있도록 회의장 밖의 응원이 절실했다.

열 번의 회의를 기록하다

30원 인상안

10차 전원회의 - 7월 6일

7월 6일부터 사흘 연속으로 10차, 11차, 12차 전원회의 일정이 잡혔다. 법정 시한이 지난 만큼 최저임금 수준을 결정하는 데 집중하기 위해서였다. 서울에서 세종 정부청사로 가는 길이 익숙해지면서 지치기 시작했지만, 회의가 세 번밖에 남지 않았다는 게 섭섭하기도 했다. 머지않아 최저임금이 대폭 오르고 그 기쁜 순간을 직접 마주하게 되리라 생각하면 불끈 힘이 났다. 그러나 희망은 오래가지 않았다.

10차 전원회의는 예상보다 일찍 끝났다. 지난번 회의에서 제출한 1차 수정안에 대한 설명과 토론으로 회의가 진행됐다. 사용계의 30원 인상안을 두고 노동계는 최저임금 위원으로서 책임을 다하지 않고 노동을 과소평가하고 있다고 따졌다.

노동자위원 오늘 인상 수준을 논의하려면 사용계가 30원 인상안에 대해 전향적인 변화를 보여야 논의에 진전이 있을 것 같다. 이것이 노동자가 열심히 일하지 않고 아까운 월급만 받아간다는 인식에서 나오는 것이라서 마음이 불편하다. 노동의 가치를 얼마나 폄하하고 있는지 10원짜리 3개로 드러낸 거다. 땀 흘려 일하는 노동을 단 한 번이라도 생각해봤다면 10원짜리 3개를 올려놓지는 못했을 것이다. 최저임금으로 저임금 노동자의 생활 안정을 도모한다는 기본 취지에 사용계가 공감했다면 30원 인상안은 있을 수 없었다. 허리 한 번 꼿꼿이 펴지 못하는 노동자가 100만 원 남짓 받으며 일하는 건 자신의 노동이 가족의 생계로 직결되기 때문이다. 노동자들이 30원을 봤을 때 어떤 절망감을 느꼈을지 생각하며 책임감 있게 논의했으면 한다.

사용계는 즉각 항변했다. 30원 인상안이 어쩔 수 없다는 거였다. 그리고 자신들이 수정안으로 얼마를 제시하든 그에 대한 얘기는 하지 말자고 했다. 수정안에 대해 토론하는 자리인데, 30원 인상안을 얘기하지 않으면 무슨 말을 하라는 건가.

사용자위원 최저임금이 인상되면 지불 능력이 없는 소상공인은 직원을 해고를 하거나 가족 경영으로 대체한다. 지불 능력이 있으면 대체 인력으로 바꿀 것 같다. 같은 돈이면 다홍치마라고. 노동자 쏠림 현상이 올 거다. 최저임금 노동자는 그런 능력이 안 되는 사람이 대부분이다. 저숙련, 저학력이고, 시간 활용 문제 때문에 좋은 직장 구하고 싶어도 안 되는 분이 몰려있다. 최저임금이 급격히 인상되면 해고가 많이 일어날 거다.

노동계가 1차 수정안으로 제시한 8400원은 매년 중소기업중앙회가 발표하고 정부가 활용하는 2015년 시중 노임 단가 8019원에 임금 인상 전망치 4.5퍼센트를 반영한 수치다. 월급으로 치면 175만 원 남짓 된다. 그 정도 금액이면 2014년 미혼 단신 노동자의 실태생계비 155만 원을 충당할 수 있을 것 같다. 하지만 수정안은 최초 요구안인 1만 원에 비해 한 번에 너무 큰 폭으로 인하한 것이라 발표하고 나서 욕도 먹었다. 인터넷 포털 다음의 아고라에는 "자기 월급 아니라고 막 깎냐"라며 노동자위원을 교체해야 한다는 청원도 올라왔다. 위원회 내부에서는 공공연히 1만 원은커녕 8400원으로도 타결되기 어렵다고 보고 있지만, 현실은 달랐다. 노동계의 최초 요구안은 한 달 수입이 200만 원은 돼야 하지 않느냐는 노동자의 실감을 반영한 것이다. 이는 더 이상 물러설 수 없는 최종 요구안이나 다름없었다.

정부청사 구내식당에서 저녁식사를 하고 밖에 나와 바람을 쐬고 있었다. 한 사용자위원이 다가와 말을 건넸다. 회의를 너무 길게 하지 말고 빨리 끝내자고. 최저임금 당사자가 그 말을 들었다면 얼마나 화가 났을까.

위원 위촉과 관련된 사항은 최저임금법 시행령에서 규정하고 있다. 사용자위원의 경우 사용자 단체가 추천한 사람 중에 고용노동부 장관이 제청해 대통령이 임명하도록 돼 있다. 중대한 결격사유가 없는 한 추천받은 자는 위원으로 임명된다. 위원이 갖춰야 할 공익적 책임감과 전문성 등에 비해 위촉 과정은 단출하다. 그렇다고 막말이나 무책임한 발언 등 문제를 일으키고 있는 위원이 계속 활동하게 하는 것 또한 공익을 해하는 일이다.

10원짜리 인상안 더 이상 못 참아!
11차 전원회의 - 7월 7일

다음날 11차 전원회의가 열렸다. 이전과 다른 긴장감이 감돌았다. 밤샘 회의가 될 거라는 예고에 걸맞게 전투복(편안한 복장)과 무기(칫솔 등)를 챙겨왔다. 되도록 이번 회의에서 2016년 최저임금을 결정하자는 게 위원회의 기조였다. 최저임금 수준만 남겨놓은 상태라서 노·사 내부 토론으로 상대를 설득할 논리와 접점을 찾으면서 수정안 제출 가능성 등을 논의하는 시간을 길게 가졌다.

저녁식사 전까지 2차 수정안을 제출하기로 했다. 노·사는 작전 회의를 위해 정회 시간을 가졌다. 정회 30분 후 회의를 속개하자마자 노·사는 수정안을 제출했고, 수정안을 듣고 저녁식사를 하기로 했다.

위원장 사용계 전 차수 5610원 대비 35원 인상, 시급 5645원.

1차 수정안 30원 인상, 2차 수정안 35원 인상. 사용계의 잇따른 10원 단위 수정안에 노동계는 협상 태도를 문제 삼았다. 협상 의지를 갖고 접점을 찾으려고 노력했다면 10원짜리 수정안을 내놓았겠는가. 노동계는 장난하는 거냐며 항의했다. 그리고 노동자위원 6명이 회의장을 나갔다. 퇴장하는 그들을 물끄러미 바라보던 위원장은 정회를 선언했다. 말리거나 설득하려는 일말의 노력도 없었다. 노동계의 항의를 들어보려고도 하지 않았다. 노동계의 얘기는 들을 필요도 없다는 건가. 당혹스러웠다.

남은 노동자위원들이 회의장을 박차고 나간 이들을 설득해 9명 모두 회의장에 복귀했다. 회의가 속개됐다. 노·사는 2차 수정안을 설명했다.

사용자위원 사용계가 제시한 2차 수정안 5645원은 인상률이 1.2퍼센트가 된다. 최저임금 산정 기준 중 하나인 노동생산성을 근거로 했다. 5년간 연평균 시간당 노동생산성 증가율이 1.2퍼센트이기 때문에 이걸 적용하면 5645원이 된다.

열 번의 회의를 기록하다

노동자위원 나는 그동안 참 부자처럼 살았구나 싶었다. 최저임금위원회에 노동자 대표로 와서 앉아 있는 게 부끄러울 정도로. 옆에 앉아 있는 노동자위원과 이번에 많은 대화를 했다. 내 딸과 동갑이다. 수조 원 매출을 올리면서도 사원에게 최저임금을 주는 곳에서 일하고 있다. 114만 원으로 생활한다고 한다. 그런데 시어머니를 모시고 있다고 한다. 그래서 출산을 못 한다고 한다. 나는 대한민국이 출산도 하며 생활할 수 있는 그런 날이 왔으면 한다.

사용계는 노동생산성을 근거로 35원 인상한 수정안을 제출했다고 한다. 그들의 설명처럼 최저임금법에는 최저임금을 결정할 때 노동생산성을 고려하도록 돼 있다. 그런데 올해처럼 저임금 노동자의 소득 향상과 양극화 해소가 시급한 마당에, 노동생산성이 우선 고려되어야 할 지표는 아닌 것 같다. 노동생산성이란 생산 과정에 투입된 노동량에 비해 얼마나 많이 생산됐는지를 의미한다. 쉽게 말하면 노동의 능률, 성과를 말한다. 임금 산정에 생산성을 고려하는 것도 필요하지만 여기는 최저임금위원회다. 임금의 절대적 기준으로서 최소한 이 정도는 줘야 한다는 게 최저임금의 취지인 이상 생산성을 고려하는 건 맞지 않다. 과연 노동생산성을 최저임금 산정의 주요 기준으로 삼아야 할지 다시 검토할 필요가 있다.

노동계는 8200원이라는 2차 수정안을 냈다. 하지만 그에 대한 논리적 근거를 언급하지 않았다. 물가상승률, 생산성, 임금인상률 등 각종 수치가 때로는 현실을 왜곡하는 합리적 방어 수단이 되기 때문이다. 그런 숫자를 차치하고서 최저임금 인상이 필요한 절박한 노동자의 심정으로 2차 수정안에 대한 설명을 갈음했다. 마음이 착잡했다.

배석 | 최혜인

또다시 긴 정회 시간에 들어갔다. 2차 수정안을 제시하고도 노·사 간 격차를 좁힐 수 없었다. 한 푼도 올릴 수 없다는 사용계와 대폭 올려야 한다는 노동계가 접점을 찾는 건 애초부터 불가능했을지 모른다.

최저임금을 결정하는 데 공익위원이 가지는 영향력은 대단했다. 최저임금 수준을 논의하기 전까지 공익위원은 노·사의 의견을 존중해 말을 아꼈다. 노·사가 의견을 조율해 최저임금 수준을 결정하기는 정말 어렵다. 그것이 확실해지는 순간 공익위원의 중재가 절실했다. 공익위원은 노동계의 작전 회의실에 들어와 전향적으로 3차 수정안을 제출해달라고 독려했다.

보통 노·사는 각자의 이해관계에 얽혀 날카롭게 대립하기 마련이라 공익위원은 양측이 요구하는 최저임금 수준 사이에서 심의 촉진 구간을 발표해왔다. 구간 안에서 노·사 간 논의를 진작하다 결정적으로 최저임금 수준을 발표하고 표결을 거쳐 결정한다.

어느덧 자정을 넘겼다. 이후 회의를 어떻게 끌고 가야 할지, 최저임금 인상이 왜 필요한지, 왜 인상하면 안 되는지 지난한 논의가 계속됐다. 더 이상 시간을 늦출 수 없다는 위원장의 판단으로 노·사는 3차 수정안을 제출하고, 공익위원은 심의 촉진 구간을 발표하기로 했다.

3차 수정안은 이렇다. 노동계는 5인 이상 사업장의 상용직 임금 평균의 50퍼센트인 8100원을 제출했다. 사용계는 국민경제생산성 지표를 활용해 2차 수정안에서 70원 인상한 5715원을 냈다. 이제 공익위원의 심의 촉진 구간이 남았다. 떨렸다. 그동안 노동계가 최저임금 인상을 촉구하기 위해 진행한 집회와 기자회견, 서명, 인증샷 찍기, 캠페인, 문화제 등이 떠올랐다. 세상을 바꿀 만한 움직임은 아니더라도 적어도 최저임금 1만 원과 함께 소박한 꿈을 꿀 수 있어 개인적으로 참 행복했고 따뜻한 시간이었다. 그래서 떨렸고 그 떨림은 더 나은 세상을 맞이하는 설렘에 가까웠다.

공익위원 심의 촉진 구간을 말씀드린다. 하한과 상한을 제안하겠다. 인상의 하한은 (2015년 최저임금 5580원에서) 6.5퍼센트 인상한 5940원, 상한은 9.7퍼센트 인상한 6120원이다. 산출 근거는 2015년 임금 인상 전망치, 소득분배 개선분 등이다.

더 이상 그 자리에 앉아 있을 이유가 없었다. 노동계를 독려하며 실망시키지 않겠다던 공익위원의 말을 철석같이 믿었다. 최저임금에 대한 국민의 기대와 절실함에 공익위원도 공감하는 줄 알았다. 순진했다. 청년과 여성, 비정규직 노동자의 당사자가 최저임금 위원으로 위원회에 들어가 치열하게 논쟁하고 절절하게 설득했지만, 정작 중요한 순간 이전과 다를 바가 없었다. 노동계는 회의장을 박차고 나왔다. 최저임금에 대한 열망에 눈곱만큼도 부응하지 못한 공익위원의 심의 촉진 구간은 탁상공론에서 나온 한심한 결과다. 최저임금 당사자의 소득을 올리고 양극화를 해소하겠다는 진정성은 찾아볼 수 없었다. 노·사 간 격차가 큰 상태에서 구체적인 구간을 발표한 것 또한 이례적이었다.

11차 전원회의는 노동계의 집단 퇴장과 의결정족수 미달로 끝이 났다. 새벽 5시 30분을 넘겼다. 14시간 동안의 밤샘 회의로 피곤하고 속이 쓰렸지만 오히려 정신은 또렷했다. 노동계는 12차 전원회의도

보이콧하기로 했다. 심의 촉진 구간을 다시 제시한다면 회의에 출석
하겠다는 여지를 남겼으나 이 또한 순진한 생각이었다.

최저임금 6030원, 새로운 시작점
12차 전원회의 – 7월 8일

최저임금이 결정된 2015년 7월 8일 12차 전원회의에 노동자는 한
명도 없었다. 지금껏 공들여 싸워온 건 그 순간을 맞이하기 위해서였
는데 노동계는 스스로 자리를 떠나야 했다. 속상하고 분한 선택이었
지만 다른 방법이 없었다.

나는 끝까지 자리에 남아 한 푼이라도 더 올려야 한다고 생각했다.
과거 최저임금위원회나 노사정위원회에서 노동계가 출구 전략도 없
이 퇴장하는 모습을 보면서, 노동자를 대변하는 사람이 제 역할을 다
하지 못한다며 무책임한 행동이라 비난했었다. 노사정 합의로 도출
되는 각종 악법의 피해 당사자가 아니기 때문에 가능한 행동이라며
조소하기도 했다.

그런데 막상 비슷한 상황에 직면해보니 다른 선택을 할 기회도, 협
상의 여지도 없다는 걸 절감했다. 그렇게 노동계는 전원회의를 박차
고 나왔다. 쉽지 않은 선택이었다. 해야 할 임무를 다하지 못하고 회
의장을 나와야 했던 그 순간이 참 슬펐다.

개탄스럽게도 회의장 밖에서 남의 일인 양 최저임금위원회의 활동
을 인터넷으로 검색하는 꼴이 됐다. 회의가 시작됐다는 소식만을 알
리는 기사가 올라온 뒤 몇 시간 지나, 최저임금이 시급 6030원, 월급

노 · 사 요구안

(단위: 원, 퍼센트)

회의 (일자)	안 제시	노동자		사용자	
		시급	인상률	시급	인상률
1차 전원회의 (4.9)	안 제시				
5차 전원회의 (6.18)	최초 요구안	1만	79.2	5580	0.0
9차 전원회의 * (7.3)	1차 수정안	8400	50.5	5610	0.5
11차 전원회의 (7.7)	2차 수정안	8200	47.0	5645	1.2
11차 전원회의 (7.8)	3차 수정안	8100	45.2	5715	2.4
11차 전원회의 (7.8)	공익위원 심의촉진구간	5940~6120 (6.5~9.7)			
12차 전원회의 ** (7.8)	공익위원 최종안	6030 (8.1)			

* **결정 단위:** 최저임금은 시급으로 정하고 월 환산액을 병기하여 고시하도록 요청
업종별 구분: 모든 업종에 동일하게 적용

** **표결:** 출석 16명, 찬성 15명, 반대 1명

126만 원으로 정해졌다는 기사가 보였다. 회의가 시작된 지 6시간 후인 다음날 새벽 1시쯤이었다. 최저임금이 결정되기 전부터 떠돌던 한새누리당 의원의 말과 각종 언론의 예상 수치와 거의 일치했다. 짜고 치는 고스톱의 들러리 같았다.

최저임금 심의는 그렇게 끝이 났다. 내가 일하는 한국비정규노동센터에서는 다음 아고라에 적어도 최저임금이 10퍼센트는 인상되어야 한다는 요지로 이슈 청원을 했다. 최저임금이 아직 끝나지 않았음을 분명히 해두고 싶었다. 10퍼센트는 결코 큰 인상률이 아니다. 최저임금 평균 인상률은 9.8퍼센트다. 더도 말고 덜도 말고 평균치만큼은 올려야 한다는 소박한 요구를 내걸었다.

노동자위원은 이의 제기를 한다고 한다. 최저임금 제도가 도입된 첫해부터 지금까지 이의 제기가 받아들여져 고용노동부장관이 재심의를 요청한 적은 단 한 차례도 없었다.

반복의 필요성
최저임금 고시 - 8월 5일

7월 16일 노동자위원이 다시 세종시 정부청사에 모였다. 최저임금 수준 결정에 대한 이의 신청을 제기하기 위해서다. 여느 때처럼 이남신 소장과 서울역에서 만났고, 단골 코스인 아이스크림 가게에 들러 각자 좋아하는 맛을 골라 사서 기차에 올랐다. 오송역에 도착해 조금만 두리번거리면 쉽게 노동자위원을 찾을 수 있는 것도 이전과 다르지 않았다. 딱 일주일 만에 보는 얼굴인데 새삼스럽게 반가웠다.

열 번의 회의를 기록하다

이의제기서를 내기에 앞서 최저임금 재심의를 요청하는 기자회견을 했다. 위원회가 의결한 2016년 최저임금 6030원은 '노동자의 생계비, 유사노동자의 임금, 노동생산성 및 소득분배율을 고려하여 정한다'는 최저임금법 4조를 제대로 반영하지 못했다. 또 최저임금에 관한 국민 여론조사의 결과를 발표해 6030원이 얼마나 정당성이 없는 수준인지 강조했다. 여론조사에 따르면, 최저임금을 결정하는 데 기업가의 입장이 제일 많이 반영됐다고 응답한 비율이 가장 높았다. 그만큼 최저임금 인상 수준이 낮다는 말이다. 최저임금을 결정하는 데 가장 먼저 고려해야 할 기준으로는 생계비가 단연 1순위였다. 생계비를 반영한 최저임금 심의가 이뤄져야 한다는 노동계의 주장대로였다. 기자회견을 마치고 노동자위원은 고용노동부를 방문해 근로기준정책관을 만나서 이의제기서를 전달했다.

며칠 후 소상공인연합회도 이의제기서를 냈다는 소식을 접했다. 최저임금이 너무 높다는 이유였다. 자영업자가 유난히 많은 한국에서 소상공인이 겪을 고통이 이해는 되지만, 그 원인을 최저임금으로 돌리는 건 옳잖은 소리다. 예를 들어 보자. PC방의 경우 평일, 주말, 주간, 야간으로 구분하면 대강 서너 명 아르바이트 노동자를 고용하게 된다. 아르바이트 구인 구직 사이트에서 확인할 수 있는 것처럼 대부분 PC방은 최저임금을 지급한다. 그러면 최저임금 인상액에 맞춰 2016년에 사장이 추가로 부담해야 할 인건비는 월 10~30만 원이다. 물론 적지 않은 금액이다. 하지만 게임 대기업에 지불하는 게임 사용료, PC방 제휴 서비스 제공 비용, 프랜차이즈 수수료 등에 비하면 최저임금 인상분은 하찮은 수준이다. 자기 사업을 위해 일하는 노동자

배석 | 최혜인

의 임금 몫과 얼굴 없는 거대 기업에 헌납하는 각종 비용은 질적으로도 다르다. 소상공인의 어려움은 결코 최저임금의 문제가 아니다. 재벌 대기업의 경제적 횡포와 이를 방관하며 유착한 정부 탓이다.

한국비정규노동센터가 다음 아고라에 올린, 최저임금 10퍼센트 인상 이슈 청원은 목표 인원을 채우지 못하고 마감했다. 최저임금 고시 전까지 여론을 모아 재심의에 힘을 싣고 싶었는데, 화르르 불타올랐던 시민의 관심, 노동조합과 시민사회단체의 이슈 파이팅은 빠르게 꺼져갔다. 제도 개선을 위해 월 1회 전원회의를 개최하기로 했는데, 썰렁한 분위기에선 성과를 내기가 쉽지 않다. 최저임금 수준에 직간접적으로 기여하는 최저임금 제도가 현실에 적합한 모델로 변화할 수 있도록 위원회 안팎의 끊임없는 관심과 목소리가 필요하다.

그렇게 조용한 분위기 속에서 고용노동부장관은 8월 5일 2016년 최저임금 수준을 시급 6030원, 월 환산액 126만 270원으로 결정·고시했다. 노동계와 사용계가 모두 이의 제기했지만 재심의 요청은 받아들여지지 않았다. 예상은 했지만 속상한 건 어쩔 수 없다.

그동안 최저임금위원회에 배석하며 속기록과 참관기, 각종 성명서 등 많은 글을 작성했다. 익명으로 처리한 속기록을 보면 어떤 위원이 한 발언인지, 그 말투와 목소리까지 들릴 정도다. 결코 긴 시간은 아니지만 강력한 기억으로 남았다.

최저임금 6030원에 좌절했지만 그 또한 과정이라 생각한다. 밟히면 더 튼튼하게 자라는 잡초처럼 상처받고 실망해도 끊임없이 일어나 저항하는 게 민중 아닌가. 좋은 세상이란 함께 사는 세상이다. 함

업종　　　　　　　　결정단위	시간급
모든 산업	6030원

※**월 환산액 126만 270원:** 주 소정 근로 40시간을 근무할 경우, 월 환산 기준시간 209시간 (주당 유급주휴 8시간 포함) 기준

께 사는 세상은 함께 가야 비로소 의미가 있다. 눈 마주치고 손 맞잡
는다면 포기란 있을 수 없다. 노동계 없이 최저임금을 결정해버린 부
당한 상황에 함께 목소리를 낸다면 우리 가까이에 변화가 오리라고
확신한다.

　마치 긴 꿈에서 깨어난 것 같다. 미뤄둔 업무에 복귀했고 여름휴가
도 다녀왔다. 최저임금 때문에 화나고 분한 마음은 여전하지만 괜찮
다. 최저임금 시급 1만 원, 월급 200만 원, 어렵지 않다. 다시 일어나
기만 한다면. 까짓것 또 해보면 되지 않겠는가. 최저임금 활동은 계속
된다.

|배석|

정준영

왜 청년은 최저임금에 주목했는가

포털 사이트 검색창에 '최저임금'을 입력한 뒤 새로고침(F5) 키를 계속 눌렀다. 35일 동안 노동자위원 소속 단체의 공식 실무자로 회의에 참석했으나, 마지막 순간에 할 수 있는 일이라곤 앉아서 언론 속보를 기다리는 것뿐이었다. 노동계는 공익위원이 제시한 한 자릿수 심의 촉진 구간에 반대해 회의 참석을 거부했다. 12차 전원회의가 소집된 7월 8일 늦은 밤, 표결이 예상되었다. 사용자위원과 공익위원, 그들이 결정해버렸을 '금액'을 기다리며, 원통했다.

최저임금 심의를 시작한 3차 전원회의부터 11차 회의까지 나는 노동자위원 측의 공식 배석자로 최저임금위원회에 참여했다. 노동자위원으로 위촉된 김민수 청년유니온 위원장(일명 사장님)과 동행했다. 회의장 안의 상황을 현장에서 실시간으로, 가장 빠르게 정리해 전국 각지에서 기다리고 있는 활동가, 조합원들에게 전하고 소통하는 역할을 맡았다. 정보를 다루고 회의장 안팎을 연결하는 일, 그것이 배석자에게 주어진 소임이자 권한이었고 자부심이었다.

왜 청년은 최저임금에 주목했는가

그런데 정작 2016년에 적용될 최저임금을 결정하는 순간 서울 사무실에 있었다. 자정을 넘기자 언제 끝날지 모르는 기다림에 지쳐 주섬주섬 퇴근 준비를 했다. 표결이 하루 미뤄질 거라는 말도 있었다. 이미 법으로 정한 의결 기한을 일주일 이상 넘긴 터였다.

최저임금이 5000원대에서 주저앉는 최악의 결과까지 염두에 두고 있었다. 사용자위원이 6000원대 진입을 막으려고 필사적이라는 사실을 잘 알고 있었다. 수개월에 걸친 싸움이 그렇게 마무리되는구나 싶어 마음이 요동쳤다. 이동식 책상과 이젤을 펼치고 캠페인을 준비하는 장면, 활동가의 발언, 서명 운동에 참여하는 시민, 엉성했던 최저임금 댄스, 조합원의 응원 메시지, 회의장 안에서 오간 수많은 말이 스쳐갔다. 일개 배석자의 마음이 이러한데, 누구보다 큰 중압감을 견디며 회의에 임했을 위원이야 오죽했을까. (최저임금 안 오르면 다 김민수 위원장 책임이라는 농담을 한 것을 후회했다.)

6030원. 속보가 떴다. 짧은 상의 끝에 조합원들에게 곧바로 문자를 보냈다. 서둘러 자리를 떴다. 오랜만에 소주를 한잔했는데, 맛이 썼다. ('맛있었다'가 아니다.)

학생운동에서 청년운동으로

나는 2000년대 중반 대학에 입학해 (선배를 잘못 만나는 바람에) 새내기 때부터 학생운동을 경험했다. 1990년대부터 이어지던 전통적인 학생운동의 흐름이 끝나가던 시점, 그래도 봄마다 신입생을 조직해 등록금 투쟁을 하고, 본관을 점거하고, 대학 내 민주주의를 고민하던 때였다.

2008년 무렵이었을 것이다. 대학 본부가 용역 업체를 통해 간접 고용한 시설 관리직 노동자들이 학생 활동가와 연대하면서 학내에 비정규직 노동조합이 활발히 생겨나기 시작한다. 고령의 청소 노동자는 노동조합을 통해 스스로 단결해 싸웠다. 그들은 아무도 없는 캄캄한 새벽에 출근해 교정 구석구석을 쓸고 닦으면서 드러나 보이지 않는 삶을 살아왔다. 유령 같은 존재였다. 쉴 만한 공간이 따로 없어 화장실 내부 청소 도구를 두는 칸에서, 계단 밑이나 창고 같은 곳에서 지친 몸을 뉘일 수밖에 없었다. 그런 이들이 비로소 최소한의 '인간다운 노동'을 위한 권리를 당당히 주장한 것이다. 최저가 입찰로 계약한 업체에서 최저임금 말고는 받아본 적 없던 이들이었지만 정당한 노동의 대가를 요구하며 임금인상 투쟁에 나섰다. 감동은 대단했다.

2011년 홍익대를 중심으로 대학 내 비정규 노동 문제가 언론에 크게 알려지고, 청소 노동자는 빗자루를 놓고 파업 투쟁을 진행하기에 이른다. 아니, 빗자루를 내려놓은 것이 아니라 세상의 진짜 더러움을 쓸어내기 위한 새 빗자루를 들었다.

당시 많은 학생이 한국 사회에서 가장 약한 존재인 청소·경비 노동자의 싸움을 지지했다. 학생 활동가도 등록금 문제 같은, 교육받는 자의 정당한 권리를 이야기하는 한편, 작은 공동체일 수 있는 대학 사회 안에서 비정규직 노동자와 연대했다. 그것은 '노동자·학생 연대'의 정신을 이어가는 것이기도 했다. 우리는 '노동자의 오늘은 청년 학생의 내일' '노동자·학생이 연대하여 비정규직 철폐하자'라는 구호를 함께 외쳤다.

최저임금 투쟁 또한 마찬가지였다. 당시에도 6월이 되면 최저임금 인상을 요구하는 집중 집회가 열렸는데 학생도 참석했다. 자연스러운 일이지만, 학생 신분인 내게 최저임금 투쟁이란 어머니나 할머니 세대와 비슷한 고령의 여성 청소 노동자들이 하는 싸움으로 다가왔다. 최저임금 당사자의 전형적인 모습은 그들이었고, 최저임금은 그들의 임금을 결정하는 기준이었다. 나는 그저 노동자의 싸움에 지지와 연대의 목소리를 보태는 입장이었다.

그리고 2013년 학생운동 활동을 마치고 청년유니온에서 상근자로 일하며 나는 어느새 노동조합 간부가 되었다. 어색한 직업을 얻고 나서 처음 맡은 사업이 바로 최저임금 투쟁이었다. 그때부터 '최저임금'과의 질긴 인연이 시작되었다. 당장 사업계획서를 써야 했는데 그것은 최저임금을 내 싸움, 우리의 싸움을 기획하는 주제로 삼는 일이었다. 그렇게 나는 학생운동에서 청년운동으로 옮겨가면서 '청년 노동자 스스로의 싸움'을 만드는 활동을 하게 됐다. 그것이야말로 청년유니온에게 주어진 사회적 과제다.

학생운동 시절을 돌이켜봤지만, 사실 지금의 대학생은 더 이상 '예비 노동자'가 아니다. 그들은 지금 이 순간에도 바쁘게 일하고 있다. 학생이라는 신분을 가진 노동자는 생활비와 학자금을 조금이라도 벌려고 학업과 아르바이트 노동을 병행하고 있다. 그 노동의 값어치를 결정하는 것이 바로 최저임금이다. 이제 청소 노동자와 학생이 한목소리를 낸다면, 그것은 더 이상 노동자·학생 연대가 아니라 가장 약한 노동자들 사이의 연대인 것이다.

그후로 3년이 지나는 동안 나를 끈질기게 괴롭힌 질문은 이런 것이다. 어떻게 하면 더 잘 싸울 수 있을까. 최저임금 투쟁을 명실상부

배석 | 정준영

청년의 '사회적 임금 인상 협상 투쟁'으로 만들려면 무엇이 필요한가.

2015년 대한민국, 청년의 삶

한국 최초의 세대별 노동조합 청년유니온은 2010년 3월 창립됐다. 청년유니온의 태동은 21세기, 밀레니엄(!)을 맞이한 우리가 '첫 번째 10년'을 보내면서 나온 결과물이다. 괜찮은 일자리는 줄고 노동시장 주변부가 확대되면서 생애 첫 일자리를 얻는 청년이 곤경에 처했지만, 한국 사회는 이에 대처하는 데에 실패했다. 시스템은 적절히 작동하지 않았고, 노동운동이나 정당정치도, 시민사회도 무력했다. 청년은 스스로를 지켜낼 조직이 필요했다. '일하고 꿈꾸고 저항하는 청년의 노동조합'은 그렇게 출발한다.

한국 사회에도 노동생산성이 커지는 만큼, 그러니까 한 명의 노동자가 더 많은 부가가치를 창출해 경제가 양적으로 성장하는 만큼 양질의 일자리가 생기고 임금이 오르던 시대가 있었다. 1997년까지 이어지던 '고속 성장'의 시기다. 고용과 성장은 선순환하는 것처럼 보였고 누구든 노력하면 중산층을 꿈꿀 수 있던 때다. 지금의 기성세대가 20대일 때, 즉 대학만 나오면 입사 서류를 여럿 쥐어들고 기업을 선택할 수 있었노라 회상하는 그때다.

모든 것이 1997년 바뀌었다. 김영삼정부는 이미 1994년부터 노동 유연화 정책을 도입하기 시작했고, 외환 위기는 한국 사회 전체에 이른바 '신자유주의적' 경제 운영 원리가 빠른 속도로 퍼지는 계기가 되

왜 청년은 최저임금에 주목했는가

었다. 기업을 살린다는 지상 목표하에 대규모 정리 해고가 자행되고, 퇴직 노동자는 쌈짓돈으로 자영업자 대열에 합류했다. ('기승전-치킨집'의 테크트리tech tree는 그때 생겨났다.) 비정규직, 말 그대로 정규직이 아닌 모든 것이라는 유연한 고용 형태가 등장했고, 기업은 비용을 절감하기 위해 언제든 노동자를 손쉽게 해고할 수 있게 되었다. 중산층은 무너지고 일자리의 양극화는 점점 더 심해졌다.

2000년대에 이르러 비로소 '청년'은 사회경제적 약자로 등장한다. 기업은 고용만 줄이는 게 아니라 신입 사원 재교육 비용까지 절감하기에 이르렀다. 괜찮은 일자리가 줄어들어 빈 곳은 불안정한 일자리로 채워졌으며, 기업은 바로 가져다 쓰고 버릴 수 있는 '비정규 경력직'을 선호하기 시작한다. 대기업이 생산을 외주화하면서 원·하청 구조가 확대되는데, 이윤을 독식하는 최상위 대기업이 아래로 비용을 전가하는 동안 중소기업의 일자리는 더욱 나빠졌다. 청년 실업이 사회문제로 대두했고, 취업 애로 계층으로서 '청년'은 2003년 '청년실업해소 특별법' 제정을 기점으로 고용 정책의 '대상'이 된다.

그리고 12년이 흘렀지만 청년의 삶은 전혀 나아지지 않았다. 경제위기의 부정적 폐해는 일자리를 최초로 구하는 청년층에게 좀 더 집중적으로 나타났다. 계속 줄어드는 괜찮은 일자리를 두고, 경쟁에 나설 최소한의 자격이라도 얻으려고 청년은 다른 선택지 없이 대학에 진학했다. 학자금 대출을 받고 높은 월세 비용을 감당하느라 주거 빈곤층으로 전락했으며, 토익 성적과 어학연수가 포함된 이력서 한 장을 만들기 위해 막대한 시간과 돈을 들이게 됐다. 그렇게 극소수의 승리자 외에는 대다수를 패배자로 만드는 경쟁이 본격화됐다.

배석 | 정준영

기업은 청년에게 더 많은 것을 요구하기 시작한다. 그들은 청년 실업의 원인을 청년이 눈높이만 높고 능력이 부족한 것에서 찾았다. 착하디착해 자기 탓밖에 할 줄 모르는 청년은 더 노력했다. 하지만 모든 노력을 다한 청년층에게 허락된 것은 2년짜리 계약직 일자리, 정규직 희망 고문, 그것도 아니면 열정 페이 인턴이었다. 인턴도 감지덕지, 뽑히기 위한 경쟁을 해야 하는 지경이다. 청년은 착취해도 좋으니 일자리를 달라 애걸하는 처지가 됐다. 끊임없이 공급되는 노동력에 힘입어 '싫음 말고' 식으로 마음껏 골라 쓸 수 있는 기업만 신이 났다.

2015년 통계청 기준에 따르면 청년층(만 15~29세)의 실업률은 11퍼센트, 실질실업률은 31퍼센트에 이르렀다. 사회와 연결이 약해진 청년 니트(NEET: not in education, employment or training)는 163만 명에 이른다. 첫 번째 일자리가 1년 미만의 초단기 계약직인 대졸자의 비율이 20퍼센트를 돌파해 2008년에 비해 두 배나 늘어났다. 만 29세 이하 비정규직 노동자의 월급은 2009년 94만 9000원, 2013년 101만 6000원으로 100만 원 수준에서 제자리걸음하고 있다.

이른바 고학력 실업자가 양산되고 일자리의 질이 악화되는 사이, 대학에 진학하지 않은 비진학 고졸 구직자의 상황은 더욱 나빠졌다. 청년은 경제적 사정 때문에 '묻지 마 취업'에 나서며 이곳저곳 전전하지만 경력이 쌓이기는커녕 비정규직이라는 낙인이 찍혀 노동시장 주변부를 맴돌고 있다. 장기 실업에 지친 누군가는 아예 구직 활동 자체를 포기하기도 한다. 금수저를 물고 태어나지 않는 이상, 이제 보통의 청년은 더 이상 '미래를 열어갈 새 세대'가 아니라 시급한 사회적 조치를 필요로 하는 '노동 약자'다.

왜 청년은 최저임금에 주목했는가

2015년 대한민국, 청년의 삶은 절벽 끝에 서 있다. 기성세대에게 허락된 삶의 방식이 산산이 파괴된 뒤 새로운 대안은 나타나지 않았다. 사회의 출발선에 선 청년은 노동과 주거, 삶을 영위하기 위한 가장 기본적인 문제에서부터 큰 어려움을 겪고 있다. 불안정 저임금 노동을 하면서 학자금 대출을 상환하고, 주거비를 비롯한 생계 비용을 마련하다 보면 저축은 고사하고 매달 더 큰 빚을 질 수밖에 없는 것이 현실이다. 그렇게 쌓이는 부채를 제때 해결하지 못하면 시시때때로 신용유의자가 될 위험에 빠진다.

아무리 열심히 일해도, 아무리 열심히 노력해도 미래를 계획하거나 내일을 기대할 수 없는 삶. 평생에 걸쳐 조금씩 나아지리라는 희망조차 가질 수 없는 삶. 사회적 관계마저 해체되어 공동체와의 유대와 연대를 경험하지 못한 채 배제되고 고립된 삶. 연애와 결혼도, 출산도 개인이 선택할 문제가 아니라 포기하기를 강요받는 삶. 더 이상 빼앗길 것이 없지만 지금의 현실에 달관하기를 종용받는 삶. 청년의 삶은 그렇게 무너지고 있다.

결국 청년이 겪고 있는 사회경제적 문제는 청년 개인의 책임이 아니라 사회 시스템의 구조적 모순에 의한 것이며, 그러한 시스템의 한계점에서 발생한 것이다. 즉 청년 문제라는 것은 우리 사회가 수십 년간 키워온, 그러나 한 번도 제대로 해결하지 못한 오래된 문제, '불평등'이 낳은 현상이다.

그 불평등의 핵심에는 노동에 의한 소득, 임금의 문제가 있다.

배석 | 정준영

최저임금은 청년임금이다

"바보야, 문제는 임금이야!"

그렇다. 문제는 임금이다. 그렇다면 청년의 임금을 높이는 방법은 무엇일까.

원칙적인 정답은 노동조합을 통해 스스로 단결함으로써 기업 단위 혹은 초기업 단위의 임금 단체 협상에 나서는 것에 있다. 그런데 우리나라의 노동조합 조직률은 10퍼센트 수준에 불과하다. 비정규직의 경우에는 단 1퍼센트만이 집단적 노사관계를 형성하고 있다. 그마저도 사용자의 노조 파괴 탄압에 의해 노동 기본권이 심각하게 침해받고 있다. 앞선 세대에 비해 더 불안정한 일자리에 진입하는 청년에게는 '노동조합이 없다.'

"바보야, 문제는 최저임금이야!"

그렇다. 청년의 입장에서 문제는 최저임금이다. 청년유니온은 활동을 시작하면서부터 최저임금에 주목했다. 청년유니온이 진행한 최저임금 운동은 다음 문장 하나로 압축된다. '최저임금은 청년임금이다.' 자신의 생계를 책임지기 위해 열악하고 취약한 조건에서 노동하는 청년이야말로 최저임금 당사자다.

그리고 최저임금은 '○○임금'이다. '청년'이란 노동시장 주변부를 배회하는 노동자의 다른 이름이기도 하다. 그들은 알바 노동자이자 여성 노동자이고, 고령 노동자, 이주 노동자, 시간제 노동자, 하청 노동자, 파견 노동자, 450만 명에 이르는 저임금 노동자다. 최저임금은 이들 모두의 임금이며, 최저임금 결정 과정은 노동조합을 가지지 못한 모든 노동자의 임금 단체 협상이다.

왜 청년은 최저임금에 주목했는가

그렇다면 최저임금이 '대폭' 인상되어야 할 이유에는 무엇이 있을까.

첫째, 최저임금이 인상되면 청년을 비롯한 최저임금의 직접적인 당사자에게 혜택이 돌아간다. 임금소득이 늘어나는 만큼 생활수준이 개선된다. 최저임금 인상은 다른 무엇보다 불안정 저임금 노동자의 삶을 실질적으로 개선하는 데 우선적인 목표가 있다.

둘째, 최저임금이 인상되면 청년이 선택할 수 있는 괜찮은 일자리가 늘어난다. 최저임금 인상은 노동시장의 하단에서부터 일자리 수준을 향상시키는 가장 효과적인 방법이다. 누구나 기본적인 삶을 영위할 만한 수준의 일자리가 생겨나야 청년이 무한 경쟁의 늪에서 빠져나와 노동을 적극적으로 선택하게 된다. 청년에게 다짜고짜 눈높이를 낮추라고 권하기 전에 세상에 널린 저질의 일자리를 괜찮은 일자리로 바꿔나가는 일부터 해야 한다. 그것이 흔히 '구인 구직 미스매치'라 부르는 현상을 해소하는 방법이다.

셋째, 노동시장에 적용되는 임금 기준이 높아짐으로써 모든 노동자의 임금이 함께 인상된다. 최저임금은 임금 협상의 기준으로 기능한다. 한편 노동시장에서 저임금 노동자가 늘어나면서 임금 수준이 최저임금의 결정에 따라 더 밀접하게 변동하는 노동자의 규모도 커졌다. 그때 최저임금은 임금 결정의 준거로서 역할을 수행한다. 최저임금에 의해 단순히 임금 구조의 하단이 잘려나가는 것이 아니라, 모든 노동자의 임금이 영향을 받는 것이다.(이정아, '최저임금과 임금', 《사회경제평론》46호, 2015, 참조)

넷째, 최저임금이 인상되면 저임금 노동자의 구매력이 향상되어 내수 소비가 늘고 전체 경제가 활성화된다. 노동자는 생산자인 동시

배석 | 정준영

최저임금이 인상되면 청년을 비롯한 최저임금의 직접적인 당사자에게
혜택이 돌아간다. 임금소득이 늘어나는 만큼 생활수준이 개선된다.

에 시장에서의 소비자다. 아무리 많은 상품이 생산되어도 소비할 사람이 없으면, 즉 소비자의 가처분소득이 낮으면 내수는 진작되지 않는다. 임금소득이 큰 비중을 차지하는 가계의 소득으로부터 경제 활성화를 모색해야 한다. 가계 부채가 1100조를 넘어선 현실에서 '부채주도의 수출 중심' 경제로는 더 이상 경제를 가동할 수 없는 지경에 이르렀다. '소득 주도의 내수 중심' 경제가 한국 경제의 새로운 해법이다.

그리고 우리는 2015년 최저임금 운동을 시작하며 노동계, 시민사회와 한목소리로 '최저임금 1만원'을 요구했다.

최근 통계에 따르면, 2014년 기준 만 34세 이하 청년 노동자(미혼 1인 가구)의 한 달 평균 생계비는 186만 5000원가량 된다. 2015년 최저임금을 월급으로 환산하면 116만 6220원이다. 한 달 꽉 채워 아무리 열심히 일해도 최저임금으로는 기본적인 생활조차 불가능한 현실이다. 매달 70만 원의 적자가 발생한다.

최저 시급 5580원을 받으며 영어 학원 수강료 34만 원을 내려면 60.9시간(7.6일) 숨만 쉬고 일해야 한다. 1년치 대학 등록금 734만 원을 준비하려면 1315시간(164.4일), 7평짜리 원룸 월세 50만 원을 납부하려면 89.6시간(11.2일), 평균 전세 가격 2억 8000만 원을 마련하려면 5만 179시간(6272.4일, 17.18년) 꼬박 일해야 한다.

보다시피 최저임금 시급 1만 원, 월급 209만 원이란 더 이상 빚지지 않고 살면서 내일을 계획할 수 있는 삶의 가능성이다. 최저임금 대폭 인상은 청년 문제 해결의 출발선이자 우리 삶의 새로운 가능성이다.

왜 청년은 최저임금에 주목했는가

최저임금 인상은 청년 세대의 사회경제적 문제를 해결하기 위한 첫 번째 공동 과제다. 최저임금 인상을 위한 활동은 '청년의 사회적 운동'이 되어야 한다. 그것은 청년 세대가 집합적 주체가 되어 세대 공동의 사회경제적 문제를 해결하는 출발점으로서 최저임금의 대폭 인상이라는 합의의 산물을 위해 사회 전체를 상대로 벌이는 싸움이다.

최저임금위원회 청년 위원의 탄생

최저임금 운동을 이어오면서 내겐 야심 가득한 작은 꿈이 하나 있었다. 최저임금위원회에 청년을 대변하는 노동자위원이 참석하게 되는 것, 정말 꿈같은 일이라 생각했다. 우리는 꾸준히 최저임금 결정 과정에 청년이 참여해야 한다고 요구해왔다. 그러던 와중 2014년에 처음으로 최저임금위원회의 높은 문턱을 넘었다. 김민수 위원장이 회의장에 들어가 최저임금 당사자의 삶을 진술할 기회를 얻었다. 10분이 허용됐다.

그리고 2015년 4월 30일, 위원회는 2015년부터 3년 동안 최저임금을 심의하는 중대한 역할을 맡게 될 위원 27명을 새로 위촉했다. 1987년 발족한 이래 열 번째 위원회가 출범한 것이다. 10대 최저임금위원회는 지금까지와는 달랐다. 결정적 차이는 청년 세대 노동조합의 대표가 노동자위원 9명에 포함됐다는 점이다. 김민수 위원장이 최저임금 위원으로 위촉됐다. 30년 만의 일이었다. 청년 노동자가 제도의 경기장 안에서 스스로를 직접 대변할 수 있게 된 것이다.

이제 최저임금 당사자인 청년은 10분 남짓한 진술만이 허용된 참

배석 | 정준영

고인이 아니라 동등한 권한을 가진 위원으로서 교섭의 장에 나서게 됐다. 그로써 제도 내부에 '세대 대표성'을 확대해야 할 필요성이 인정되고 노동의 사회적 대표성을 구성하는 새로운 원리가 받아들여졌다. 지난 20년간 노동시장이 급격히 분화하는 과정에서 '세대'라는 구분이 노동문제를 다루는 중요한 범주가 됐고, '청년 노동'은 하나의 고유한 영역으로 등장하기 시작했다. 한국 최초 세대별 노동조합인 청년유니온은 5년의 자기 이야기를 써왔다.

그렇다면 실제로는 5년 사이에 이뤄진 변화였다. 최저임금은 노동시장에 대한 가장 강력하고 직접적인 규제인데 이를 결정하는 전국적 수준의 교섭에 청년이 참여하게 됐다. 우리는 이것에서 이 시대의 노동이 어떤 방식으로 대표되어야 하는가에 대한 해답을 찾을 수 있다. 추천권을 가진 총연합 단체 민주노총의 결단이 주효했다.

우리는 이를 더없이 환영함과 동시에 한없이 무겁게 받아들였다. 권한에는 책임이 따른다. 회의장이라는 링에서 어떻게 제대로 싸울 것인가. 노동시장의 밑바닥에서 고통받는 청년 노동자를 대변해야 할 텐데 우리에게 그럴 만한 진짜 실력이 있을까. 피해 갈 수 없는 질문에 직면했다. 기쁨도 잠시, 고통이 시작되었다.

회의장 안의 싸움 또한 결국 회의장 바깥의 운동이 결정한다. 위원회에 모여 앉은 노사정의 논의란 사회적 힘 관계의 표현이기 때문이다. 그런 점에서 1800만 노동자를 대표하는 노동자위원 9명의 무기는 화려한 언변이나 통계, 논리 같은 기술적 영역에 있는 것이 아니다. 최저임금위원회는 합리적 이성이 아니라 충돌하는 이해관계를 두고 첨예하게 다투는 투쟁의 현장이다.

왜 청년은 최저임금에 주목했는가

우리는 그렇게 최저임금을 결정하는 과정에 참여하게 됐고 다시 한 번 새로운 싸움을 시작했다.

35일의 기억

2015년 6월 4일 3차 전원회의, 내심 끌려나오길 기대했었다. 작은 공명심이 동했다. 회의장에서 사지를 붙들려 쫓겨난다면, 그 과정에서 '최저임금위원회를 공개하라'고 외칠 수 있다면 '그림'이 나온다. 공식 참석 단체의 실무자조차 배석을 가로막는 폐쇄적인 최저임금위원회, 사회와 분리된 '밀실 협의'를 규탄할 좋은 기회였다.

'네가 4시에 온다면, 난 3시부터 행복해지기 시작한다'고 했던가. 예정된 회의 시작 시간은 오후 3시였는데, 30분 일찍 회의장에 도착해 자리를 잡고 숨죽였다. 그런데 아무 일도 일어나지 않았다. 대수롭지 않았을 것이다. 첫 번째 배석은 그렇게 끝났다. 몇 차례 회의가 이어지는 과정에서 퇴장을 요구받기도 했지만, 약간의 실랑이 끝에 결국 공식 배석자로 지정되어 생존하게 되었다.

말뜻에 민감하고 엄밀한 단어 사용을 추구하는 내겐 한자어의 사전적 의미를 검색해보는 취미가 있다. 이제와 뒤늦게 찾아보니 '배석陪席'은 '웃어른 또는 상급자를 따라 어떤 자리에 함께 참석한다'는 뜻을 가진다. 한자 '배陪'는 '수행하다, 보좌하다, 보태다'를 의미한다.

풀이를 하고 보니 명확해졌다. 진작 찾아봤으면 동기 부여에 더 도움이 되었을까. 아무튼 배석은 단순한 참석이나 자리 채우기가 아니다. 노동자를 대표하는 위원으로 심의에 참석하는 청년유니온 위원장을 제대로 돕는 것, 그것이 내게 주어진 무거운 역할이었다. 회의장 안에서 우리는 한 팀이 되어 움직였다.

그래서 발언 권한도 없이 자리를 지키고 있는 것처럼 보이는 배석 자임에도 나 나름대로 포부와 자부심이 있었던 것이다. 김민수 위원과는 온라인 메시지와 눈 맞춤으로 실시간 소통했다. 논의의 흐름에 따라 상대방의 빈틈을 찾고 우리의 공격 포인트를 함께 구상했다. 분위기의 경중에 따라 호흡을 조절하기도 했다. 준비한 내용이 효과가 있을 때 기뻤다. 회의가 진행되는 동안에는 한마디 한마디가 최저임금을 둘러싼 예리한 공방의 연속이었다.

김민수 위원이 청년을 대표해야 한다는 책임으로 스스로를 너무 괴롭히며 애 쓰는 모습을 볼 때는 그것마저 잘 기록해둬야 한다는 사실이 야속하기도 했다. 심의가 막바지에 이를 무렵 노·사·공의 논의가 끊임없이 공회전하는 가운데 그가 어렵게 토해낸 가족 이야기는 나도 처음 듣는 것이 많았다.

주로 기록하는 역할을 하며 지켜본 전원회의는 예상보다 훨씬 치열하고 흥미진진했다. 노동자위원의 전략은 치밀했고, 시간이 흐를수록 팀워크는 빛났다. 전국적 수준의 교섭 경험이 많은 총연합 단체로부터 많은 것을 배웠다. 정회와 속개 사이의 시간이야말로 최저임금위원회의 진수(?)였다. 조금이라도 더 유리한 논의 지형을 만들기 위해 아주 작은 사안도 놓치지 않고 토론했다.

장시간 회의는 지치는 일이었지만 지겨울 틈도 없었다. 친애하는 사용자위원이 쉴 틈 없이 웃음을 유발하는 언행을 일삼았기 때문이다. 캐릭터 분명한 사용자위원 몇은 품격은 바랄 것도 없고 최소한의 예의조차 찾아볼 수 없는 인물이었다. 특별히 모셨으리라. 차라리 매년 습관적으로 동결안을 내놓는 것은 자본가계급 나름의 절박함이라 이해될 정도였다.

시종일관 노동자를 폄훼하다 노동계 측으로부터 따끔한 꾸중을 듣게 된 사용자위원 한 분은 한 노동자위원에게 기어코 '나이도 어린 놈이'를 시전했다. 유명한 일화다. 막말보다 더 문제인 것은 택시 노동자가 차를 끌고 나가서는 잠자는지, 당구 치는지, 놀러 가는지 알 수 없다던 그의 인식이다.

경제부총리까지 나서 최저임금 인상을 말하는 통에 궁지에 몰려 악다구니가 나왔는지, 사용자위원은 마지막 순간까지 최저임금 제도의 취지를 훼손하는 말을 늘어놓았다.

"자격이 필요 없는 직종, 예를 들면 주유소의 주유원, 편의점의 알바생, 패스트푸드점에서 배달하는 사람, 이런 사람에게 최저임금을 똑같이 주자는 것은 말이 안 된다. 결혼해서 처자식을 부양해야 하는 사람과 나이 어린 사람에게 최저임금을 똑같이 주자는 것도 말이 안 된다. 방학에 한두 달 일하는 학생은 생계가 목적이 아니다. 핸드폰을 바꾸거나 여행 가고 싶어서 일하는 것인데, 부가적 용돈 벌이 초단기간 노동자에게까지 최저임금이 똑같이 적용되니 유연하게 결정하기 어렵다. 획일적인 전국 단일 최저임금이 문제다. 그리고 노동시간을 규제하지 말고 더 오래 일할 수 있게 해야 한다. 최저임금이 오르면 평균수명 100세 시대에 어르신의 일자리가 사라진다. 기업이 그분들을 쓰겠는가. 그들의 일자리를 지켜달라. (눈물)"

배석 | 정준영

김민수 위원이 청년을 대표해야 한다는 책임으로 스
스로를 너무 괴롭히며 애 쓰는 모습을 볼 때는 그것
마저 잘 기록해둬야 한다는 사실이 야속하기도 했다.

올해의 논의 중 최대 쟁점은 '업종별 차등 적용' 문제였다. 사용자들은 작정한 것처럼 느껴졌다. 하지만 최저임금은 업체 규모, 산업 특성, 지역, 경력(근속), 숙련(기술 수준), 세대(연령), 계층, 성별, 노동동기 등 그 어떤 차이와도 무관하게, '모든 노동'에 특정 수준 이상의 임금을 보장하자는 사회적 합의의 결과이고, 그것을 법으로써 시장에 강제하는 것이다. '네 노동의 값어치가 얼마이니 그만큼 가격을 쳐줄게'라는 경제적 기준을 따르는 것이 아니다. 누구나 기본적인 생활을 보장받아야 한다는 '인간의 권리'에 의한 것이다.

작은 승리도 많았다. 예년에는 쟁점이 되지도 않았던 지점에서 노동자위원이 공세를 펼친 결과다. 회의 공개와 관련해 의미 있는 진전이 있었고, 월급 환산액을 병기해 고시하기로 합의했다. 심의에 활용되는 소득 분배 지표에 '평균임금 대비 최저임금' 항목을 추가했다. 중위임금만을 기준으로 했을 때 발생하는 착시를 보정한 것이다. 합리적인 근거를 바탕으로 끈질기게 논의를 이어갔기에 가능한 성과였고, 노동자위원으로 새롭게 합류한 '당사자 위원'들이 혁신의 큰 동력이 되었을 것이다. 무엇이든 잘 순환해야 생명력이 있는 법이다.

이런저런 어려움 끝에 2016년에 적용되는 법정 최저임금은 시급 6030원으로 결정됐다. 청년의 삶, 저임금 노동자의 삶을 바꾸기에는 부족한 금액이다. 인상률 또한 한 자릿수에 그쳤다. 이 결과를 어떻게 받아들여야 할까. 아쉬움이 많이 남는다. 무엇을 더 해야 했을까 하는 생각과 함께. 작년까지는 최저임금 심의 결과가 나오자마자 강한 말을 동원해 규탄 성명을 손쉽게 써내곤 했다. 올해는 그러지 못했다.

이 결과를 두고 또 다시 최저임금위원회 자체를 '비토'하는 의견이 많다. 맞다. 직접 들어가서 보니 최저임금위원회는 문제가 많다. 개선해야 할 점이 한둘이 아니다. 마지막 표결을 거부한 뒤 통신사 속보를 '새로고침하며' 버티던 새벽은 정말이지 참담했다. 한계가 분명한 논의 방식이다.

하지만 제도 내부의 과정을 너무 쉽게 부정해서도 안 된다. 어찌됐든 매년 최저임금은 지금의 위원회가 결정하고 있다. 회의장 밖에서 사회적 힘을 조직하는 투쟁이 있다면, 회의장 안에서 10원이라도 더 올리기 위한 교섭도 있는 것이다. 두 가지 다른 원리의 싸움 사이에서 균형을 잡는 것이 중요하다. 한 번에? 그럴 수 있다면야 참 좋겠지만, 우리는 6030원에서 다시 시작하게 될 것이다. 그것이 지금 우리의 싸움이다. 발 디딜 곳마저 없애고 새롭게 시작할 순 없다.

'최저임금은 청년임금'이라는 구호의 싸움은 지금부터다. 최저임금이 자신의 임금 수준인 수많은 청년 노동자가 스스로 싸움을 시작해야 한다. 최저임금 대폭 인상이 필요한 이유는 불안정 저임금 노동으로 고통받는 우리의 삶을 개선하기 위해서다. 시장경제의 불평등에 침해받는 삶의 권리를 지키려는 것이다. 그것에 언제나 우선적인 의미가 있다. 노동자의 구매력 증대, 내수 진작, 소득 주도 경제성장 같은 공리주의적 의미 부여는 그다음 문제다. 사회를 설득하기 전에 최저임금을 인상해야 할 각자의 이유와 공동의 근거를 분명히 해야 한다.

박근혜정부에서 맞이하는 세 번째 최저임금 인상 투쟁을 마쳤다. 여전히 중반전이다. 그리고 2017년까지 아직 두 차례 더 남았다. 갈

길이 멀다. 2015년의 노력으로 한 발씩 더 나아갈 수 있는 작은 디딤돌을 놓고 싶었으나, 어땠을까.

앞으로도 최저임금 투쟁은 지루하게 이어질 것이다. 그것이 우리의 삶이자 운동이다. 긴 호흡의 움직임을 다시 준비하자. 청년의 최저임금 투쟁, 청년 노동의 사회적 임금 인상 투쟁은 이제 시작이다.

배석 | 정준영

책을 쓰고 만드는 과정에서 도움을 준 분들에게 감사의 마음을 전합니다.

최저임금연대

한국비정규노동센터 정책연구위원회, 변정윤, 강인수, 정흥준, 김종운,
스토미, 박주현, 김수영 변호사, 강호민 변호사, 한국비정규직노동단체 네트워크,
최저임금 당사자로 살고 있는 노동자들

고제규, 김은지, 신한슬, 풍부한 취재거리를 제공해준 명동 음식점 동료들,
김천호, 최도정, 김경구, 정윤숙, 정통 시사 주간지 〈시사IN〉 선배들

친구 Olive 님

참여연대 노동사회위원회

최저임금 대폭인상 청년학생단체 연석회의, 청년유니온 최저임금사업단,
청년유니온 조합원, 후원회원 여러분, 거리에서 웃으며 인사를 나눈 동료 시민들

사진 및 표 출처

청년유니온
서울시 청년허브
한국비정규노동센터
시사IN

이런 시급 6030원

: 2016년 최저임금은 어떻게 결정되었는가

발행일 초판 1쇄 2015년 10월 3일

지은이 청년유니온·한국비정규노동센터·김연희·이상원
펴낸이 임후성 **펴낸곳** 북콤마
디자인 *sangsoo* **편집** *sangsoo* 임후성
등록 제406-2012-000090호
주소 (413-756) 경기도 파주시 문발동 파주출판단지 534-2 201호
전화 031-955-1650 **팩스** 0505-300-2750
이메일 bookcomma@naver.com **트위터** @bookcomma
블로그 bookcomma.tistory.com
ISBN 979-11-950383-9-8 03330

ʼBOOKcomma

이 도서의 국립중앙도서관 출판예정도서목록(CIP)은 서지정보유통지원시스템 홈페이지(http://seoji.nl.go.kr)와
국가자료공동목록시스템(http://www.nl.go.kr/kolisnet)에서 이용하실 수 있습니다.(CIP제어번호: CIP2015025851)